普通高等学校规划教材

Chuanbo Dongli Zhuangzhi Chaijian yu Caozuo
# 船舶动力装置拆检与操作

何宏康　熊正华　宿靖波　主编

人民交通出版社股份有限公司
China Communications Press Co.,Ltd.

## 内 容 提 要

《船舶动力装置拆检与操作》教材编写组坚持理论与实践相结合,依据《STCW73/78 公约》马尼拉修正案、《中华人民共和国海船船员适任训练大纲和规范(2011 规则)》《海船船员培训大纲(2016 版)》,结合航运企业对学生船舶动力装置拆检与操作岗位适任能力的要求,确定了三个项目共五十二个任务的教学内容。项目一:船舶动力装置拆检与操作概述,主要介绍船舶动力装置拆检中的常用工具、量具的操作注意事项,以及拆检操作的一般原则及技术要求等;项目二:船舶动力装置拆检,重点介绍柴油机主要零部件、船舶主要辅机的拆检方法和步骤;项目三:船舶动力装置操作,主要介绍船舶主推进装置、船舶主发电机、船舶辅机机械的操作方法和步骤。

本书适合作为轮机工程专业本科教学和职业教育的教师和学生用书,也可用作航运企业、海船船员的学习资料使用。

**图书在版编目(CIP)数据**

船舶动力装置拆检与操作/何宏康,熊正华,宿靖波主编. — 北京:人民交通出版社股份有限公司,2019.7

ISBN 978-7-114-15594-9

Ⅰ. ①船… Ⅱ. ①何… ②熊… ③宿… Ⅲ. ①船舶机械—动力装置 Ⅳ. ①U664.1

中国版本图书馆 CIP 数据核字(2019)第 111557 号

| | |
|---|---|
| 书　　名: | 船舶动力装置拆检与操作 |
| 著 作 者: | 何宏康　熊正华　宿靖波 |
| 责任编辑: | 张　淼 |
| 责任校对: | 孙国靖　扈　婕 |
| 责任印制: | 张　凯 |
| 出版发行: | 人民交通出版社股份有限公司 |
| 地　　址: | (100011)北京市朝阳区安定门外外馆斜街 3 号 |
| 网　　址: | http://www.ccpress.com.cn |
| 销售电话: | (010)59757973 |
| 总 经 销: | 人民交通出版社股份有限公司发行部 |
| 经　　销: | 各地新华书店 |
| 印　　刷: | 北京鑫正大印刷有限公司 |
| 开　　本: | 787×1092　1/16 |
| 印　　张: | 13.75 |
| 字　　数: | 319 千 |
| 版　　次: | 2019 年 7 月　第 1 版 |
| 印　　次: | 2019 年 7 月　第 1 次印刷 |
| 书　　号: | ISBN 978-7-114-15594-9 |
| 定　　价: | 35.00 元 |

(有印刷、装订质量问题的图书由本公司负责调换)

# 前 言

船舶轮机管理工作实践性强,随着轮机工程技术的不断发展,如何有效增强海船船员的实践操作水平和岗位适任能力,越来越受到海事主管机关及航海教育工作者的重视。现阶段航海教育如何加强学生岗位适任能力的培养,提高广大船员实践动手能力已成为海事主管机关和航海教育界面临的重大研究课题。

船舶动力装置拆检与操作能力是《STCW73/78公约》(国际海事组织1978年海员培训、发证和值班标准国际公约)马尼拉修正案STCW规则A部分中船员岗位适任能力的重要组成部分,作为轮机部高级船员的强制性适任标准,也是国家海事局海船船员适任考试评估的两个重要科目。

《船舶动力装置拆检与操作》教材编写组坚持理论与实践相结合,尽量避免介绍太多深奥的理论知识,突出实践教学特点。依据《STCW73/78公约》马尼拉修正案、《中华人民共和国海船船员适任实训大纲和规范(2011规则)》《海船船员培训大纲(2016版)》,结合航运企业对学生船舶动力装置拆检与操作岗位适任能力的要求,确定三个项目共五十二个任务的教学内容。项目一:船舶动力装置拆检与操作概述,主要介绍船舶动力装置拆检中的常用工具、量具的操作注意事项,以及拆检操作的一般原则及技术要求等;项目二:船舶动力装置拆检,重点介绍柴油机主要零部件,船舶主要辅机的拆检方法和步骤;项目三:船舶动力装置操作,主要介绍船舶主推进装置、船舶主发电机、船舶辅机机械的操作方法和步骤。

为提高教材通用性,本教材船舶动力装置拆检部分以实训设备为主,部分采用海船典型设备介绍;操作部分以海船典型设备的操作介绍为主。每一任务按目的、要素、设备状态、拆检步骤几个方面组织编写。任务知识点紧扣考试大纲要求,语言通俗易懂,注重实用性,强调操作性,为该课程开展项目化教学和自学带来了极大的方便。

全书由何宏康、熊正华、宿靖波主编,何宏康统稿。具体分工如下:项目一由何宏康、任亦然编写;项目二主机拆检部分由宿靖波、谭显坤编写,辅机拆检部分由印洪浩、向波编写;项目三主机操作部分由何宏康、熊正华编写,辅机操作部分由闫波、刘德宽编写。本书在编写过程中,得到了长江海事局、重庆海事局、四川交通职业技术学院等单位领导和专家的大力支持与帮助,在此一并感谢。

本书适合作为轮机工程专业本科教学和职业教育的教师和学生用书,也可用作航运企业、海船船员的学习资料使用。

　　限于编写时间、资料来源及编者的水平,书中疏漏之处在所难免,敬请读者、同行专家批评指正。

编　者
2019 年 2 月

# 目 录

## 项目一 船舶动力装置拆检与操作概述 ············································································ 1
    任务一 船舶动力装置实训室安全规则 ······································································ 1
    任务二 船舶动力装置拆装常用工具的使用 ······························································· 3
    任务三 船舶动力装置拆检常用量具的使用 ······························································ 10
    任务四 船舶动力装置拆检一般技术要求 ·································································· 19

## 项目二 船舶动力装置拆检 ············································································································ 28
    任务一 柴油机气缸盖的拆检 ················································································· 29
    任务二 柴油机气阀机构的拆检 ·············································································· 33
    任务三 柴油机活塞组件的拆检 ·············································································· 40
    任务四 柴油机连杆大端轴瓦及连杆螺栓的拆检 ·························································· 45
    任务五 柴油机活塞环的拆检 ················································································· 50
    任务六 柴油机气缸套的拆检 ················································································· 55
    任务七 柴油机主轴承的拆检 ················································································· 61
    任务八 曲轴臂距差的测量与计算、曲轴轴线的状态分析 ············································· 64
    任务九 柴油机回油孔式喷油泵的拆检 ···································································· 71
    任务十 柴油机喷油器的拆检 ················································································· 77
    任务十一 柴油机气缸起动阀、安全阀、示功阀、空气分配器的拆检 ···························· 82
    任务十二 船用增压器拆检 ····················································································· 89
    任务十三 液压拉伸器的使用和管理 ········································································ 95
    任务十四 分油机拆检 ··························································································· 98
    任务十五 活塞式空气压缩机的拆检 ········································································ 105
    任务十六 制冷压缩机拆检 ···················································································· 109
    任务十七 离心泵拆检 ·························································································· 112
    任务十八 往复泵拆检 ·························································································· 116
    任务十九 齿轮泵拆检 ·························································································· 119
    任务二十 液压柱塞泵拆检 ···················································································· 124
    任务二十一 锅炉常用阀件拆检 ·············································································· 128
    任务二十二 锅炉水位计拆检 ················································································· 133
    任务二十三 锅炉燃烧器拆检 ················································································· 135
    任务二十四 换热器拆检 ······················································································· 137

任务二十五　自清过滤器拆检……………………………………………… 140
项目三　船舶动力装置操作…………………………………………………… 143
   任务一　船舶主柴油机开航前备车准备工作…………………………… 144
   任务二　船舶主柴油机起动后的参数监测与调整……………………… 147
   任务三　船舶主柴油机定速后的管理…………………………………… 149
   任务四　船舶主柴油机完车后的操作…………………………………… 151
   任务五　发电柴油机的起动与停车操作………………………………… 152
   任务六　发电柴油机的运行管理………………………………………… 155
   任务七　船舶辅锅炉点火、停炉操作…………………………………… 158
   任务八　辅锅炉的运行管理……………………………………………… 162
   任务九　管路系统图的识读……………………………………………… 166
   任务十　压载水系统的操作与管理……………………………………… 168
   任务十一　舱底水系统操作与管理……………………………………… 170
   任务十二　活塞式空气压缩机的操作与管理…………………………… 173
   任务十三　分油机的操作和运行管理…………………………………… 175
   任务十四　液压系统图的识读…………………………………………… 178
   任务十五　液压甲板机械的起动与停用………………………………… 181
   任务十六　液压系统的日常管理………………………………………… 183
   任务十七　液压甲板机械的操作与调整………………………………… 186
   任务十八　油水分离器的操作与运行管理……………………………… 189
   任务十九　造水机的操作和运行管理…………………………………… 191
   任务二十　空调装置的操作和运行管理………………………………… 194
   任务二十一　制冷装置的操作与管理…………………………………… 198
   任务二十二　液压舵机的操作与管理…………………………………… 204
   任务二十三　焚烧炉和生活污水处理装置的操作……………………… 206
参考文献………………………………………………………………………… 212

# 项目一 船舶动力装置拆检与操作概述

通过本项目的学习,旨在使学员达到《STCW73/78 公约》马尼拉修正案及中华人民共和国海事局《海船船员适任评估大纲》对船员所规定的实际操作技能要求,满足中国海事局签发船员适任证书的必备条件。

本项目学习目标:
(1)掌握动力装置拆检与操作的基本安全知识;
(2)掌握动力装置拆检的基本原则;
(3)掌握各种拆检常用工具、量具的使用方法;
(4)掌握动力装置拆检的技术要求。

每一艘船舶或每个学校实训室的设备有差异,但是拆检与操作的基本原则是一致的,应重视拆检过程的原理性、逻辑性、本质性的知识学习。

## 任务一 船舶动力装置实训室安全规则

船舶动力装置拆检与操作是轮机工程专业实践教学的一个重要环节。学员通过实训操作可将所学理论知识与船舶动力设备相结合,掌握船舶柴油机和辅助机械的结构;各部件间的运动关系和配合关系;专用工具和测量仪表的使用;设备运行参数的检查和调整;常见故障的分析和处理等。为了保证实践教学质量,确保实训设备和人身安全,学员必须严格遵守以下规定:

### 一、动力装置实训室上课基本要求

(1)按时上课,不得迟到或早退。不能按时上课,需按学校规定程序向指导教师请假。

(2)每次实训之前,阅读实训教材,复习相关理论知识,了解拆检设备,明确本次实训目的,掌握实训要点、实训注意事项等。

(3)进入实训室不得高声谈话,不随地吐痰,不准抽烟,不乱抛纸屑杂物,保持室内安静与整洁。

(4)实训前应检查本次实训所用的仪器、设备、工具及材料是否符合要求,若不符合应及时告知实训指导教师。实训中不准动用与本次实训无关的仪器、设备、器皿、试剂等。实训完毕,须做好仪器、工具的整理和实训台的清洁工作,在教师检查验收完毕后,方可离开实训室。

(5)实训室操作需注意防火安全,不可乱动消防设施设备,操作高温、高热设备时必须做好防火安全措施。

(6)动用机械设备必须指导教师在场或经指导教师同意方可进行。注意安全,听从教师的指导,严格遵守操作规程,做好安全防护。发生意外事故应立即采取必要措施,及时报告指导教师。尽力做到"不被他人伤害,不伤害他人,不伤害自己"。

(7)爱护公共财产,节约水电和实训材料。凡因违章操作或故意损坏、丢失实训器材者、均应填写报损、报失单,若须赔偿的要按有关规章制度赔偿。

(8)实训中应集中注意力,认真观察,积极思考,仔细分析,如实记录实训数据,不得马虎从事,不得抄袭他人的实训记录或实训数据。

(9)实训时需按照实训室环保的要求,含油垃圾及污水必须专门收集及处理,不可乱扔乱排含油垃圾及污水。

(10)实训时应服从实训室教师安排,按计划学习。实训后,按照实践教学要求认真分析实验数据,写好实习报告,在规定的时间内交给指导教师,凡不符合要求的实习报告必须在规定的时间内重写。

## 二、使用工具的安全注意事项

(1)拆装时,根据拆检设备合理选用工具,需用专用工具的,必须用专用工具。

(2)选择扳手时,应首选梅花扳手或套筒扳手,尽量少用活动扳手或开口扳手,因为后两种容易拧滑伤人和磨损螺母棱角,禁止使用损坏的扳手。使用活动扳手时,小螺母用尺寸相对较小的扳手,避免力矩过大导致螺栓折断。装配有力矩要求的螺栓,需选用扭力扳手。

(3)不允许随意加长扳手的长度,以防力臂过大而导致螺栓被拧断,甚至造成伤人事故。

(4)需要锤子敲击的地方,必须认真检查锤柄,是否有锤子松动或锤柄断裂现象。挥锤时严禁戴手套,尤其是沾油等易滑的布或皮手套,以防锤子滑落伤人或损坏机械设备。

(5)使用移动工作灯、移动电器设备(如手砂轮,手电钻等),必须认真检查其线路和电器的绝缘情况。工作灯最好选用安全电源,用手砂轮要佩戴防护眼镜,用手电钻禁止戴线手套。

## 三、吊装工作的安全注意事项

(1)在吊运部件前,应认真检查起吊工具,特别是吊索、吊钩及受吊处的抗拉强度,确认牢固后方可吊运。

(2)严禁超负荷使用起吊工具,起吊质量应比吊索额定载荷小20%~40%,起吊时应先用低速将吊索绷紧,再慢慢起吊,如发现起吊吃力,应即刻停止起吊工作,并采取相应措施。

(3)吊钩与吊索的悬挂中心应与机件中心保持一致。吊运过程要平稳,一般由经验丰富的人员操作起吊工具,必要时起吊部件需用拉索牵引,以避免其晃动。

(4)在起吊和吊运过程中,应禁止任何人在所吊运重物下面通过或工作,身体的任意部位都严禁置于重物之下。

### 四、穿戴好防护用品

（1）实训前须穿戴好工作服、防滑工作鞋。工作服袖口、衣边应扎紧。不可穿高跟鞋进入实训室。

（2）进入动力装置实训室需戴安全帽。女生应先戴简易帽子，将长发挽入帽内，然后戴上安全帽。

（3）开展动力装置拆检与操作实训前，根据学习项目特点，选择是否戴手套，若需使用手套，一般只选用线手套。

（4）进入动力装置实训室，若噪声较大，可佩戴耳罩或耳塞。根据学习项目的要求，选择是否佩戴护目镜。

## 任务二　船舶动力装置拆装常用工具的使用

### 一、扳手

扳手是用来拆装带有棱边的螺母或螺栓等各种螺纹连接件的常用工具，也是船舶机舱最多、最常用的工具。按结构形式和作用可分为：通用扳手、专用扳手和特殊扳手三大类。

（一）通用扳手

通用扳手又名活动（络）扳手，它的开口尺寸可以在一定范围内调节，在允许尺寸范围内拆装多种规格螺栓和螺母，使用方便。通用扳手使用注意事项如下。

（1）手要紧握扳手的后端，不可为了加大转动力矩或省力而在手柄上套上一根长管来加长手柄，更不允许采用把一只扳手的开口咬合在另一只扳手的手柄上的办法来加长手柄，这样易导致螺栓或螺母的紧固力矩过大或打滑，对所拆装的机件和人员都极不安全。

（2）扳手开口尺寸应调整到与被拆装螺栓或螺母尺寸一致，将其卡牢，如果太松容易损坏螺母棱角，致使打滑甚至伤人。上紧力不能超出螺栓或螺母所能承受的限度。

（3）使用时，应使固定端受主要力，活动部分卡住螺栓或螺母，受压力，如图1-2-1所示。

（4）手臂尽量垂直于扳手方向，这样比较省力。

（5）使用扳手时，不能双手同时扳动扳手，只能一只手用力，另一只手一定要有一个支撑，脚步要按丁字形岔开站稳，避免操作者用力过程中扳手滑落而发生伤人事故。

（6）不能把扳手当榔头使用，以免损坏扳手。

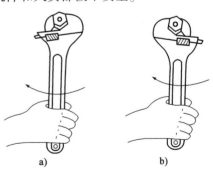

图1-2-1　活动扳手的使用
a）正确；b）不正确

(二)专用扳手

1. 开口扳手

开口扳手又称呆头扳手、呆扳手。其特点是使用方便,对标准规格的螺栓螺母均可使用,分双头和单头两种。

(1)双头开口扳手:如图1-2-2所示,其开口的中心平面和本体中心平面成15°角,这样既能适应人手的操作方向,又可降低对操作空间的要求。其规格是以两端开口的宽度来表示,并标注在扳手上,如10mm、12mm等。通常成套装备,使用注意事项如下:

①应根据螺栓头和螺母的大小来选用合适的开口扳手,大拇指抵住扳头,另外四指握紧扳手柄部往身边拉扳,切不可向外推扳,以免滑脱伤人。

②扳转时不准在开口扳手上任意加套管或锤击,以免损坏扳手或损伤螺栓螺母。

③禁止使用开口处磨损过度的开口扳手,以免损坏螺栓螺母的六角。

④不能将开口扳手当撬棒使用。

⑤禁止用水或酸、碱液清洗扳手,应用煤油或柴油清洗后再涂上一层薄润滑脂保管。

(2)单头开口扳手:单头开口扳手用途同双头开口扳手,但因一端开口,另一端无开口,只适用于拆装一种尺寸的螺栓或螺母。单头开口扳手使用注意事项与双头开口扳手一样,使用时要注意正确的握紧方法,如图1-2-3所示。

图1-2-2 双头开口扳手

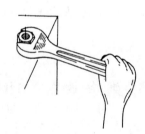
图1-2-3 开口扳手的使用

2. 整体扳手

整体扳手有正方形、六角形、十二角形等几种形式。常用的十二角形又名梅花扳手,如图1-2-4所示。由于只需转动30°就可以改变扳手的方向,所以在狭窄空间扳动螺栓或螺母时,使用起来较方便,另外由于其套上螺母后不易打滑,使用较安全。其规格是以外六角螺母的对边距离为扳手的公称尺寸。使用注意事项如下:

(1)使用时,应选用合适的梅花扳手,轻力扳转时,手势与开口扳手相同;大力扳转时,四指与拇指应上下握紧扳手手柄,往身边扳转。

(2)扳转时,不能在梅花扳手上任意加套管或锤击。

(3)禁止使用内孔磨损过度的梅花扳手。不能将梅花扳手当撬棒使用。

3. 两用扳手

两端用于相同规格的螺栓和螺母,一端为开口扳手,另一端为梅花扳手,如图1-2-5所示。该种扳手综合了两种扳手的优点,使用起来方便。使用注意事项如下:

(1)选用合适尺寸的扳手,防止打滑伤人。

(2) 不能在扳手尾端加接套管延长力臂,防止损坏扳手或损坏螺栓、螺母。

(3) 不能锤击扳手,扳手在冲击载荷下易变形或损坏,同时易滑脱伤人。

图 1-2-4  双头梅花扳手　　　　　图 1-2-5  开口梅花扳手

### 4. 锤击扳手

锤击扳手一端是梅花扳手,另一端是锤击手柄,如图 1-2-6 所示,这种扳手主要用于拆装较大尺寸的螺栓或螺母。一般手持式扳手拆卸力矩不够时,可用这种扳手,用榔头击打手柄,从而拆装螺栓或螺母。使用时,应注意防止扳手滑脱,必要时,两人共同操作,一人用绳子拉住手柄,另一人用铁锤击打手柄。

图 1-2-6  锤击扳手　　　　　图 1-2-7

### 5. 套筒扳手

套筒扳手是由一套尺寸不等的套筒和一些不同形状的手柄组成,如图 1-2-7 所示。套筒扳手适用于拆装位置狭小或凹陷处的螺栓或螺母。手柄常见有棘轮手柄、弯头手柄、活络头手柄、通用手柄、手摇手柄等。其套筒部分与梅花扳手的端头相似,根据需要,可选用不同规格的套筒和各种手柄组合。如活动手柄可以调整所需力臂;快速手柄用于快速拆装螺栓、螺母;同时还能配用扭力扳手,具有使用方便、安全可靠的特点。其使用注意事项如下:

(1) 使用时应佩戴手套,选用套筒的尺寸必须与螺栓或螺母的尺寸相符合,过大易滑脱伤手,并损伤螺纹件的棱角。

(2) 注意随时清除套筒内的尘垢和油污,套筒上不准沾有油脂,以防滑脱。

(3) 普通扳手是按人手的力量来设计的,遇到较紧的螺纹件时,不能用铁锤击打扳手;除套筒扳手外,其他扳手都不能套装加力杆,以防损坏扳手或螺纹连接件。

(4) 使用套筒扳手时,如图 1-2-8 所示,一只手握住套筒头部,一只手握紧手柄,手臂尽量与手柄在一个平面,向内侧用力,不可向外推,防止滑脱伤人。

a)　　　　　　　　　　　　b)

图 1-2-8  套筒扳手的使用

### 6. 内六角扳手

内六角扳手是用来拆装内六角螺栓的,扳手的头部经过淬火处理,其形状弯成90°。使用时一定要把扳手的头塞到内六角凹底,扳动时一只手握住扳手的转弯处,一只手向内侧用力,手臂尽量与手柄在同一个平面,用力要适当,必要时可加套管适当增加力矩。

### 7. 棘轮扳手

图 1-2-9

如图 1-2-9 所示,这种扳手尺寸固定,其通过往复摆动手柄转动螺栓或螺母,方便快捷,省时省力,适用性强。扳手尾部尖端在上紧法兰连接时可以作为辅助对中工具。棘轮扳手摆动的角度很小,拧紧时顺时针转动手柄,当手柄向反方向扳回时,螺栓或螺母不会跟随反转。如果需要松开螺栓或螺母,只需翻转棘轮手柄朝逆时针方向转动即可。

## (三)特殊扳手

### 1. 管钳

管子大多为圆形,要夹住圆形物体并使之转动难度较大,为了夹住管子使之在转动时不致滑脱,且保证管子不破裂,需要一种特殊的扳手——管钳。

(1)使用前检查:
①咬合齿部应无缺口及磨损,咬合部的开、合(移动)顺畅,且无明显间隙。
②管钳活动齿及手柄应无裂纹及损伤。调节螺母工作正常,无卡滞现象。
③手柄应无弯曲或扭曲,夹板的锁紧扣紧固,且嵌装正确。

(2)操作时的注意事项:
①使用管钳的规格应与管子直径相匹配,调节螺母要紧固至与管子直径充分吻合。
②不得在手柄上套装管子及敲打手柄。不能用沾油污的手操作手柄,以防打滑。

(3)操作要领:
①一手握住手柄,另一手按住咬合部操作,如图 1-2-10 所示。
②必须朝向身体侧(操作者)转动手柄。
③做好管钳滑脱的准备,应对管钳逐渐用力并确认无滑脱危险后,开始正式操作。

图 1-2-10 管钳的正确操作

### 2. 扭矩扳手

在紧固螺纹紧固件时需控制施加力矩大小,以保证螺纹连接被正确紧固,且不至因力矩过大破坏螺纹,一般用扭矩扳手(扭力扳手)来操作。首先设定好需要的力矩值上限,当施加的力矩达到设定值时,扳手会发出"卡塔"声响或者扳手连接处折弯一定角度,这表示已经达到紧固力矩了。常用的扭力扳手有:预置式扭力扳手、定值扭力扳手、表盘扭力扳手。预置式扭力扳手如图 1-2-11 所示。

图 1-2-11

(1)扭力扳手使用前注意事项:
①所使用的扭力扳手需经过校验合格,并在检验有效期之内;
②扭力扳手手柄是否变形或损坏;
③确认被紧固螺栓的标准扭矩是否在扭力扳手的量程范围内;

④选择并准备与扭力扳手配套使用的套筒及连接杆等附件;
⑤扭力扳手在使用前,要按照被紧固螺栓的技术标准调整扭力扳手的设定值。
(2)操作方法:
①施加力矩时,手应放在手柄的中间刻度线上,如图1-2-12a)所示;
②施加力矩时,应平缓施力,不能使用冲击力。施力方向应与扭力扳手指示方向一致,加力角度在水平和垂直方向都要小于±15°,如图1-2-12b)所示;
③使用开口型扭力扳手时,螺栓应放在开口处的底部,开口尺寸与螺母尺寸应匹配,如图1-2-12c)所示。

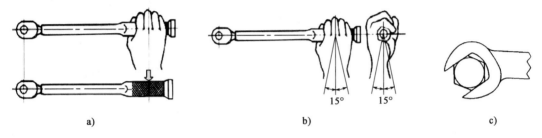

图1-2-12 扭力扳手的使用

(3)操作时的注意事项:
①任何时候不能扔、掷扭力扳手;除用于施加力矩外,不能用于其他操作;
②尽量避免油污、油漆沾到扭力扳手上;
③严格按时校验扭力扳手;严禁擅自改变扭力扳手的结构;
④严格按照扭力扳手的设定值使用扭力扳手。
(4)存放:由于扭力扳手工作环境恶劣,粉尘、潮湿等因素会造成扭力扳手组件损坏,引起扭力扳手指示值不稳定,因此,扭力扳手在使用完毕后的存放十分重要。注意事项如下:
①扭力扳手使用完毕,要将控制扭矩值调至最小位置;
②使用完毕,要拆除扭力扳手的相关部件(如套筒、连接杆等)并清理干净;
③扭力扳手存放时,应放入原有保护盒内,摆放到干燥通风的位置。

## 二、钳子类

(一)鲤鱼钳

如图1-2-13所示,鲤鱼钳的形状似鲤鱼,用以夹持及拉拔扁平或圆柱形零件。改变鲤鱼钳支点上孔的位置,可以调节钳口打开程度;鲤鱼钳也可在其颈部剪切细导线。

(二)挡圈钳(卡簧钳)

如图1-2-14所示,顾名思义,专门用于拆装弹性挡圈,按照挡圈的安装部位不同,分为直嘴式孔用、直嘴式轴用、弯嘴式轴用挡圈钳。

(三)斜口钳

又称为偏口钳,如图1-2-15所示,是日常工作中常用的手动钳类工具。斜口钳的前部是扁的,刀片尖部为圆形,用以弯曲金属薄片及金属细丝,在维修中用来装拔销子、弹簧等,也可用于切割细导线,或用于将所需的电线从线束中切下。

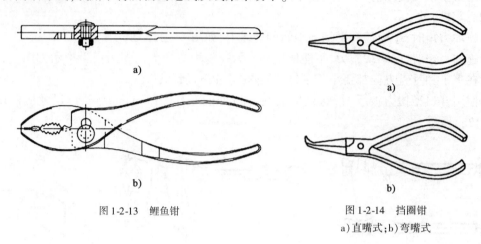

图1-2-13 鲤鱼钳

图1-2-14 挡圈钳
a)直嘴式;b)弯嘴式

（四）钢丝钳

钢丝钳又名老虎钳,如图1-2-16所示,是用来夹持和折断金属薄板及金属丝,分为铁柄和胶柄。带胶柄的可用于有电场所,其工作电压为500V。

（五）尖嘴钳

如图1-2-17所示,尖嘴钳能在狭小位置工作,在检修中用来装拔销钉、弹簧等细小零件。

图1-2-15 斜口钳　　　　图1-2-16 钢丝钳　　　　图1-2-17 尖嘴钳

## 三、其他拆检用工具

（一）螺丝刀

螺丝刀又名起子,是用于旋转螺钉的工具,按其结构分为扁头螺丝刀、十字头螺丝刀及夹柄螺丝刀三种。使用时应按螺钉的头部大小及沟槽宽度选择螺丝刀。螺丝刀头部嵌入沟槽中不应存在过大间隙,否则旋动时容易造成槽口变形,以至损坏螺钉,并禁止在工作中将螺丝刀当撬棒或者凿子使用。

塑料柄和胶柄螺栓严禁用榔头敲击。夹柄螺丝刀坚固耐用,刀柄可用榔头敲击,并能承受较大力矩,但禁止在有电场合使用。

（二）锉刀

锉刀是锉削的主要工具,常用碳素工具钢T12、T13制成,并经热处理淬硬至HRC62~67。它由锉刀面、锉刀边、锉刀舌、锉刀尾、木柄等部分组成。主要用于锉平或锉圆及修整相应的零件表面或孔。按其结构形状有扁锉、三角锉、圆锉、方锉、半圆锉、什锦锉等;按其锉刀的粗细可分为粗锉、细锉和什锦锉。

（三）刮刀

刮刀分为三角刮刀和平面刮刀两种,在轮机拆装中主要用来刮拂孔径和平面,如刮拂柴油机的厚壁轴瓦,机件的端平面等。刮刀使用时,一手握住手柄,一手握在头部推动,如图1-2-18所示。

（四）拉马

拉马是使轴承与轴相分离的拆卸工具,常用于从轴上拆卸滚动轴承、齿轮、皮带轮等。常见的有二爪式、三爪式拉马,如图1-2-19所示为三爪式拉马。使用时用三个抓爪勾住轴承,然后旋转带有丝扣的顶杆,轴承就可被缓缓拉出。

（五）吊装工具

1. 环链式手拉葫芦

如图1-2-20所示,这是一种悬拉式手动提升重物的工具,而且使用特别广泛。能较灵活地起落重物,但一定要使被吊件的质量与手拉葫芦的起重吨位相匹配,严禁超负荷使用。

图1-2-18 刮刀的使用

图 1-2-19

图 1-2-20

2. 起重行车

起重行车又名天车,是用来吊装大型零部件的起重设备,如主机气缸盖、活塞、气缸套、飞轮等的吊装。根据动力源和使用场所的不同,起重行车又分为手动式和电动式两种。

3. 吊装附属具

吊装工作中还要使用到一些其他的工具,如索具、卸扣、吊索钩、吊环螺钉、钢丝绳及绳扎头、各式滑车、连接工具、千斤顶等。

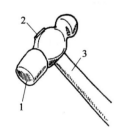
图1-2-21 手锤
1-锤头;2-楔块;3-手柄

（六）手锤

手锤又名榔头,它分为刚性榔头和弹性榔头。如图1-2-21所示,由碳钢淬硬制造的榔头为刚性榔头,根据大小、质量划分规格。它常与錾子、冲头、錾块等配合使用,但不宜直接敲击零件表面。由铜、铝、硬橡胶等做成的榔头为软榔头,它常用于拆装传动轴及轴端装置,如齿轮、轴套、轴承等机件,可以直接敲击零件表面,当然使用的力度要适当。

(1) 使用前的检查要点：

①手锤的前端有无卷起、缺口、损伤等。

②确认防止手锤脱落的楔块2是否已嵌入。

③手柄应为坚实材质,无松动、裂纹以及油污。

(2) 操作时的注意事项：

①应以未沾油污的手握住手柄。
②在有碎屑、粉尘飞溅等场合使用时,必须戴护目镜。
③使用金属垫板或垫棒时,必须检查垫板或垫棒是否牢靠。
④原则上不能直接捶打淬火后的材料,必须此操作时可使用铜锤、木锤或塑料锤。
⑤操作过程中应留意四周,并确保无物体突然飞起的危险。协同作业时,不得站立于手锤的前、后方,并且双方要默契配合。无关人员严禁进入手锤的作业范围内。

(3)操作要领:

①确保站立场地安全可靠。在高处作业、场地狭窄或站立不稳的状态下进行手锤操作时,要特别注意反弹力。

②操作手锤时,要握紧手柄尾部,如图1-2-22所示。手腕与手柄之间保持90°,举起手锤时对准打击面捶打。如图1-2-23所示。

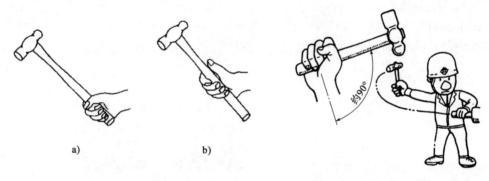

图1-2-22 手锤的握紧方法
a)正确;b)错误

图1-2-23 手锤的锤击方法

## 任务三 船舶动力装置拆检常用量具的使用

船舶动力设备长时间运行后,其零部件都存在一定磨损、腐蚀等,因此,机械设备维护时,必须测量、检查,以判断其磨损状况和适用性情况。

测量的基本要求是在被测件清洁干净的前提下,正确选择测量工具,采用正确的测量方法及步骤,在最具代表性的点测量。测量后,正确读数、记录,并分析。

用来测量、检验各种零件尺寸和角度的工具称为量具。量具的种类和形式繁多,根据其使用特点和使用范围大致可分为通用量具、专用量具、标准量具三种类型。

### 一、通用量具

图1-3-1

(一)钢直尺

钢直尺是最简单的长度量具,由于钢直尺的刻线间距为1mm,而刻线本身的宽度就有0.1～0.2mm,所以测量时误差较大,只能读出毫米数,比1mm小的数值,只能估计。钢直尺的使用方法如图1-3-1所示。

由于钢直尺无法正好放在零件直径的正确位置,若用钢直尺直接去测量零件的直径尺寸(轴径或孔径),则测量精度更差。因此,零件直径尺寸的测量,最好利用钢直尺和内外卡钳配合起来进行。

(二)内、外卡钳

卡钳是最简单的比较量具,是一种间接量具,其本身不能直接读出测量结果,而是把测量得到的长度尺寸,在钢直尺上读数,或在钢直尺上先取下所需尺寸,再去检验零件的直径是否符合。卡钳广泛应用于要求不高的零件尺寸的测量和检验,尤其是对锻铸件毛坯尺寸的测量和检验。

图1-3-2是常见的两种内、外卡钳。外卡钳用来测量外径和平面,内卡钳用来测量内径和凹槽。调节卡钳的开度时,应轻轻敲击卡钳脚的两侧面。先把卡钳调整到和工件尺寸相近的开口,然后轻敲卡钳的外侧来减小卡钳的开口,敲击卡钳内侧来增大卡钳的开口。

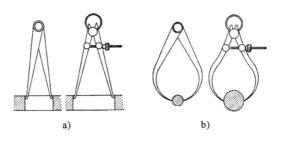

图1-3-2　内外卡钳
a)内卡钳;b)外卡钳

(三)塞尺

塞尺又称厚薄规或间隙片。主要用来检验两个结合面间隙大小,如活塞环槽和活塞环等。塞尺是由许多厚薄不一的薄钢片组成,如图1-3-3所示。每把塞尺中的每片具有两个平行的测量平面,且都有厚度标记,可组合使用。使用塞尺时必须注意下列几点:

(1)不能测量温度较高的工件;使用前必须擦净尺片;

(2)检验时,根据结合面间隙的大小,用一片或数片重叠在一起塞进间隙内,先用较薄的尺片试塞,逐步加厚,片数越少越好;

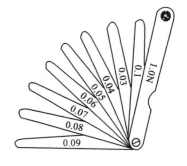

图1-3-3　塞尺

(3)插入时用力不可太大,更不可强塞,以免折弯尺片,反复测试几次,以厚薄规既能插进,又不明显用力,手头感觉厚薄规两面微有摩擦为合适。例如,用0.03mm的一片能插入间隙,而0.04mm的一片不能插入间隙,这说明间隙在0.03～0.04mm之间,所以塞尺也是一种界限量规;

(4)测量完毕,将尺片擦净,然后折合进塞尺套里。

(四)游标卡尺

游标卡尺是一种常用量具,具有结构简单、使用方便、精度中等和测量的尺寸范围大等特点,可以用来测量零件的外径、内径、长度、宽度、厚度、深度和孔距等,应用范围广。

## 1. 游标卡尺有三种结构形式

测量范围为 0～125mm 的游标卡尺,制成带有刀口形的上下量爪和带有深度尺的形式,如图 1-3-4 所示。

测量范围为 0～200mm 和 0～300mm 的游标卡尺,制成带有内外测量面的下量爪和带有刀口形的上量爪的形式,如图 1-3-5 所示。

测量范围大于 300mm 的游标卡尺,只制成仅带下量爪的型式,如图 1-3-6 所示。

图 1-3-4　　　　　　图 1-3-5　　　　　　图 1-3-6

## 2. 使用游标卡尺的注意事项

(1)测量前应擦净卡尺,校对零位:即检查卡尺的两个测量面和测量刃口是否平直无损,当两个量爪紧密贴合时,应无明显间隙,同时游标和主尺的零位刻线要相互对准。

(2)移动尺框时,首先松开固定螺钉,应活动自如,不宜过松或过紧,更不能晃动。用固定螺钉固定尺框时,卡尺的读数不应有变化,固定螺钉不宜过松,以防掉落。

(3)测量零件的外尺寸,卡尺两测量面的连线应垂直于被测量表面,不能歪斜。测量时,可以轻轻摇动卡尺,放在垂直位置,如图 1-3-7a)所示。否则,量爪若在如图 1-3-7b)所示错误位置上,将使测量结果比实际尺寸大。先把卡尺的活动量爪张开,使量爪能自由地卡进工件,把零件贴靠在固定量爪上,然后移动尺框,用轻微的压力使活动量爪接触零件。如卡尺带有微动装置,此时可拧紧微动装置上的固定螺钉,再转动调节螺母,使量爪接触零件并读数。不可把卡尺的两个量爪调节到接近甚至小于所测尺寸,把卡尺卡到零件上去,这样做会使量爪变形,或使测量面过早磨损,使卡尺失去应有的精度。

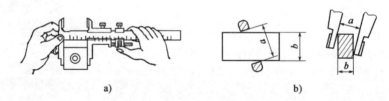

图 1-3-7　测量外尺寸时正确与错误的位置
a)正确;b)错误

(4)测量沟槽时,应用量爪的平面测量刃测量,尽量避免用端部测量刃和刀口形量爪去测量外尺寸。而对于圆弧形沟槽尺寸,则应当用刃口形量爪测量,不应当用平面形测量刃测量,如图 1-3-8 所示。

测量沟槽宽度时,应使卡尺两测量刃的连线垂直于沟槽,不能歪斜,否则,量爪若在如图 1-3-9b)所示的错误位置上,将使测量结果不准确。

(5)测量零件的内尺寸,如图 1-3-10 所示。要使量爪分开的距离小于所测内尺寸,放入零件内孔后,再慢慢张开并轻轻接触零件内表面,用固定螺钉固定尺框后,轻轻取出卡尺来读数。

取出量爪时,用力要均匀,并使卡尺沿着孔的中心线方向滑出,不可歪斜,免使量爪扭伤、变形和受到不必要的磨损,同时防止尺框走动,影响测量精度。

卡尺两测量刃应在孔的直径上,不能偏歪。如图 1-3-11 所示,为带有刀口形量爪和带有圆柱面形量爪的游标卡尺在测量内孔时正确的和错误的位置。当量爪在错误位置时,其测量结果,将比实际孔径要小。

(6)用游标卡尺测量零件时,施加压力应使两个量爪刚好接触零件表面。如果压力过大,不但会使量爪弯曲或磨损,且量爪在压力作用下产生弹性变形,使测量尺寸不准确。

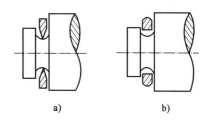

图 1-3-8　测量沟槽时正确与错误的位置
a)正确；b)错误

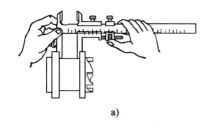

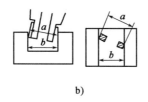

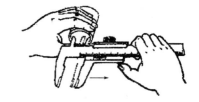

图 1-3-9　测量沟槽宽度时正确与错误的位置
a)正确；b)错误

图 1-3-10　内孔的测量方法

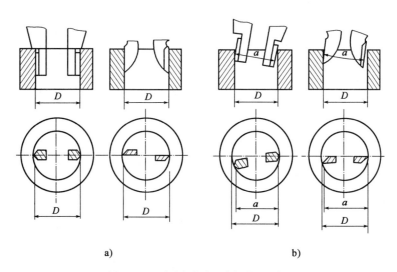

图 1-3-11　测量内孔时正确与错误的位置
a)正确；b)错误

在游标卡尺上读数时,应将卡尺水平拿着,使人的视线尽可能和卡尺的刻线表面垂直,以免由于视线的歪斜造成读数误差。

(7)为获得正确的测量结果,可以多测量几次。即在零件的同一截面上的不同方向测量。对于较长零件,则应在全长的各个部位测量,务使获得一个比较正确的测量结果。

### (五)高度游标卡尺

图 1-3-12

如图 1-3-12 所示,高度游标卡尺用于测量零件的高度和精密划线。其量爪的测量面上镶有硬质合金,以提高量爪使用寿命。高度游标卡尺的测量工作,应在平台上进行。当量爪的测量面与基座的底平面位于同一平面时,如在同一平台平面上,主尺与游标的零线相互对准。所以在测量高度时,量爪测量面的高度,就是被测量零件的高度尺寸,它的具体数值,与游标卡尺一样可在主尺(整数部分)和游标(小数部分)上读出。用高度游标卡尺划线时,调好划线高度,用紧固螺钉把尺框锁紧后,在平台上划线。

### (六)深度游标卡尺

图 1-3-13

如图 1-3-13 所示,深度游标卡尺用于测量零件的深度尺寸或台阶高低和槽的深度。如测量内孔深度时应把基座的端面紧靠在被测孔的端面上,使尺身与被测孔的中心线平行,伸入尺身,则尺身端面至基座端面之间的距离,就是被测零件的深度尺寸。

### (七)外径千分尺

应用螺旋测微原理制成的量具称为螺旋测微量具。其测量精度比游标卡尺高,并且测量灵活。常用的螺旋读数量具是千分尺,其种类很多,常用的有:外径千分尺、内径千分尺、深度千分尺,分别测量或检验零件的外径、内径、深度等。

#### 1.外径千分尺结构

图 1-3-14

外径千分尺是用以测量或检验零件的外径、凸肩厚度以及板厚或壁厚等的量具(测量孔壁厚度的千分尺,其量面呈球弧形)。常见结构如图 1-3-14 所示,固定测砧和测微螺杆的测量面上都镶有硬质合金,以提高测量面的使用寿命。尺架的两侧面覆盖着绝热板,操作时,手拿在绝热板上,防止人体的热量影响千分尺的测量精度。

#### 2.千分尺的使用方法

千分尺使用是否正确,对保持精密量具的精度和保证测量质量的影响很大。使用千分尺测量零件尺寸时,必须注意下列几点:

(1)使用前,应把千分尺的两个测砧面擦干净,转动测力装置,使两测砧面接触,若测量上限大于 25mm 时,在两侧砧面之间放入校对量杆或相应尺寸的量块,接触面上应没有间隙和漏光现象,同时微分筒和固定套筒应对准零位。

(2)转动测力装置时,微分筒应能灵活地沿着固定套筒活动,没有卡阻。如有卡阻或不灵活现象,应送厂检修或换新。

(3)测量前,应把零件被测量表面擦干净,以免有脏物存在,影响测量精度。绝对不允许用千分尺测量带有研磨剂或表面粗糙的表面,以免损伤测量面的精度。

(4)用千分尺测量零件时,应当手握测力装置的棘轮手柄来转动测微螺杆,使测砧表面保持标准的测量压力,即听到"嘎嘎"的声音,表示压力合适,并可读数。绝对不允许用力旋转微分筒来增加测量压力,使测微螺杆过分压紧零件表面,致使精密螺纹因受力过大而变形,损坏千分尺精度。

(5)使用千分尺测量零件时,要使测微螺杆与零件被测量的尺寸方向一致。如测量外径时,测微螺杆要与零件的轴线垂直,不要歪斜。测量时,可在旋转测力装置的同时,轻轻地晃动尺架,使测砧面与零件表面接触良好。

(6)用千分尺测量零件时,最好在零件上读数,放松后取出千分尺,这样可减少测砧面的磨损。如果必须取下读数时,应用制动器锁紧测微螺杆后,再轻轻滑出零件,把千分尺当卡规使用是错误的,因这样做不但易使测量面过早磨损,甚至会使测微螺杆或尺架发生变形而失去精度。

(7)不可用千分尺测量运动中零件和超常温零件。

(8)为了获得正确的测量结果,可在同一位置上再测量一次。尤其是测量圆柱形零件时,应在同一圆周的不同方向测量几次,检查零件外圆有没有圆度误差,再在全长的各个部位测量几次,检查零件外圆有没有圆柱度误差等。

(9)用单手使用外径千分尺时,如图1-3-15a)所示,可用大拇指和食指或中指捏住活动套筒,小指勾住尺架并压向手掌,大拇指和食指转动测力装置就可测量。用双手测量时,可按图1-3-15b)所示的方法进行。

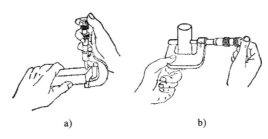

图1-3-15　正确使用千分尺测量
a)单手使用;b)双手使用

(八)内径千分尺

如图1-3-16所示,内径千分尺主要用于测量大孔径,为适应不同孔径尺寸的测量,可以接上接长杆,接长杆可以一个接一个的连接起来,测量范围最大可达到5000mm。内径千分尺与接长杆是成套供应的。

图　1-3-16

内径千分尺没有测力装置,测量压力的大小完全靠手感。测量时,把它调整到所测量的尺寸后,轻轻放入孔内试测其接触的松紧程度是否合适,如图1-3-17a)、b)所示。一端不动,另一端作左、右、前、后摆动,如图1-3-17c)、d)所示。左右摆动,必须细心地放在被测孔的直径方向,以点接触,即测量孔径的最大尺寸处(最大读数处)。前后摆动应在测量孔径的最小尺寸处(即最小读数处)。按照这两个要求与孔壁轻轻接触,才能读出直径的正确数值。测量时,用力把内径千分尺压过孔是错误的。这样做不但使测量面过早磨损,且易造成细长的测量杆弯曲变形,既损伤量具精度,又使测量结果不准确。

内径千分尺的示值误差比较大,如测0~600mm的内径千分尺,示值误差有±0.01~0.02mm。因此,在测量精度较高的内径时,比如测量主机缸径时,应把内径千分尺调整到测量尺寸后,放在由量块组成的相等尺寸上校准,或把测量内尺寸时的松紧程度与测量量块组尺寸时的松紧程度相比较,克服其示值误差较大的缺点。

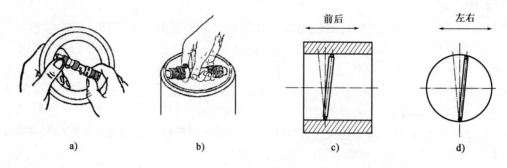

图 1-3-17 内径千分尺的使用

### （九）卡尺式内径千分尺

图 1-3-18

如图 1-3-18 所示，卡尺式内径千分尺可测量小尺寸内径和内侧面槽的宽度。其特点是容易找正内孔直径，测量方便。国产卡尺式内径千分尺的读数值为 0.01mm，测量范围有 5～30mm 和 25～50mm 的两种。卡尺式内径千分尺的读数方法与外径千分尺相同，只是套筒上的刻线尺寸与外径千分尺相反，另外它的测量方向和读数方向也都与外径千分尺相反。

### （十）百分表

**1. 百分表的结构及原理**

百分表是用来校正零件或夹具的安装位置，检验零件的形状精度或相互位置精度的。百分表的外形如图 1-3-19 所示。

图 1-3-19

**2. 百分表的使用方法**

（1）使用前，应检查测量杆活动的灵活性。即轻轻推动测量杆时，测量杆在套筒内的移动要灵活，没有任何卡阻，且每次放松后，指针能回到原来的刻度位置。另外还需检查百分表的外观状况，看表盘玻璃是否破损，表盘上有无积尘，后盖封得是否严密，测杆、测头等活动部分是否有锈蚀或碰伤等。测量前应将测杆、测头、装夹套筒和被测零件表面擦净。

图 1-3-20

（2）使用百分表时，必须把它固定在可靠的夹持架上，如图 1-3-20a）、b）、c）所示，夹持架要安放平稳，免使测量结果不准确或摔坏百分表。用夹持百分表的套筒来固定百分表时，夹紧力不要过大，以免因套筒变形而使测量杆不灵活。用百分表测量零件时，测量杆必须垂直于被测量表面，如图 1-3-20d）、e）所示。即使测量杆的轴线与被测量尺寸的方向一致，否则将使测量杆活动不灵活或使测量结果不准确。

（3）如图 1-3-21 所示，用百分表校正或测量零件时，应使测量杆有一定的初始测力。即在测量头与零件表面接触时，测量杆应有 0.3～1mm 的压缩量，使表盘指针转过半圈左右，然后转动表盘，使表盘的零位刻线对准指针。轻轻地拉动手提测量杆的圆头，拉起和放松几次，检查指针所指的零位有无改变。如果是校正零件，此时开始改变零件的相对位置，读出指针的偏摆值,就是零件安装的偏差数值。

(4)测量平面时,百分表的测杆应与平面垂直,否则不仅测量误差大,严重时会把测杆卡住,甚至损坏百分表。

(5)测量圆柱形零件表面时,测杆中心线要垂直通过零件的轴线。测量时不要使测杆移动距离太大,更不能使测杆移动距离超出测量范围。粗糙的工件表面和凹凸不平的表面不要用百分表测量,以免损坏测头或百分表。

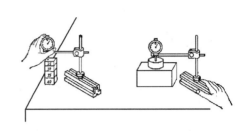

图 1-3-21　百分表尺寸校正与检验方法

(6)百分表要轻拿轻放,不可把零件强迫推入测量头下,避免损坏百分表,不要使表剧烈震动,不要敲打表的任何部位,不要让测头突然撞到被测零件上;不要过多拨动测头,使它做无效的运动,否则,将加速表内零件磨损;不要拆卸表的后盖,防止灰尘和潮气侵入;不得让水、油或其他液体侵入。

## 二、专用量具

专用量具是指专门为检测某个零件的某一技术参数而设计制造的量具。船舶上常用的专用量具有拐档表和量缸表等。它们的结构特点和使用方法如下:

### (一)拐档表

拐档表又名开档表,如图 1-3-22 所示,是专门用来测量曲轴臂距差的量具。其结构是将百分表装在一个支架上,一般表一侧有三角支架,便于安装到位。它与百分表不同之处是表盘上的示值数值随测杆的伸长和缩短而增加和减小,而百分表正好相反。使用时要注意以下几个方面:

图 1-3-22

(1)测量前,应清洁曲柄上装表部位,拐档表的安装位置如图 1-3-23 所示。

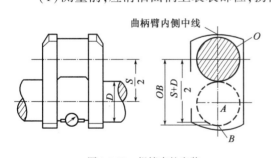

图 1-3-23　拐档表的安装

(2)取出拐档表,手压缩百分表,检查活动测头是否灵活,若有卡滞现象,应换表。

(3)将拐档表装在曲轴指定位置,并应有预压缩,压缩量一般 2~3mm,调整百分表刻度盘,使指针指到零位。

(4)按照测量要求转动曲轴,测取读数。

(5)使用完毕,清洁拐档表,放回专用的盒子内。

### (二)量缸表

量缸表是内径百分表的一种,其结构如图 1-3-24 所示。在船上用来测量小型柴油机气缸直径,计算气缸的圆度及气缸磨损量。

**1. 安装、校对量缸表**

(1)按被测气缸的标准尺寸,选择合适的接杆,装上后,暂不拧紧固定

图 1-3-24

螺母。

(2)取一外径千分尺,并调到被测气缸的标准尺寸,将组装好的量缸表放入校准用的千分尺内,如图 1-3-25 所示。

(3)稍微旋动接杆,以便量缸表指针转动约 2mm,转动表盘使指针对准刻度零处,扭紧接杆的固定螺母。为使测量正确,重复校零一次。

2. 读数方法

(1)百分表表盘刻度为 100,指针在圆表盘上转动一格为 0.01mm,转动一圈为 1mm;小指针移动一格为 1mm。

(2)测量时,当表针顺时针方向离开"0"位,表示缸径小于标准尺寸,其值是标准缸径与表针离开"0"位格数的差;若表针逆时针方向离开"0"位,表示缸径大于标准尺寸,它是标准缸径与表针离开"0"位格数之和。

(3)若测量时,小针移动超过 1mm,则应在实际测量值中加上或减去 1mm。

3. 测量方法

(1)使用量缸表,一手拿住隔热套(图 1-3-26),另一只手托住管子下部靠近本体的地方。

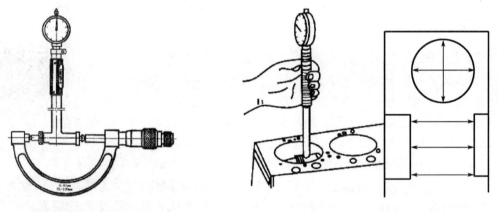

图 1-3-25　量缸表的校准　　　　　　图 1-3-26　量缸表的使用

(2)将校对后的量缸表活动测杆在平行于曲轴轴线方向和垂直与曲轴轴线方向等两个方位,沿气缸轴线方向上、中、下取三个位置(图 1-3-26),共测六个数值。上面一个位置一般定在活塞在上止点时,位于第一道活塞环气缸壁处,约距气缸上端 15mm。下面一个位置一般取在气缸套下端以上 10mm 左右处,该部位磨损最小。

(3)测量时,便量缸表的活动测杆同气缸轴线保持垂直,才能测量准确。当前后摆动量缸表,指针指示到最小数字时,即表示活动测杆已垂直于气缸轴线。

## 三、标准量具

标准量具是用来作测量或检定标准的量具。比如量块、多面棱体、表面粗糙度比较样块等。这类量具在动力装置拆检中用得较少,这里就不介绍了。

## 任务四　船舶动力装置拆检一般技术要求

### 一、船舶动力装置拆检的步骤

对一名轮机工程技术人员而言,在日常工作中,对机械设备拆装、检查、维修是一项经常性工作。为保证拆检工作能安全、有效地进行,保证维修的质量,要求每位轮机工程技术人员必须熟练掌握拆检的基本要求与步骤。

(一) 船舶动力装置拆检前的准备

1. 工具准备

为确保拆检工作有序、高效地进行,应事先准备好拆检所需工具、吊具、索具、量具、油盆、碎布、棉纱等;同时还要准备好拟换的各种备件、易损件、橡皮纸板等;并清理好拟拆检的场地及摆放拆检下来的零部件的位置或空间;还应检查所选工具、吊具、索具等的可用状况,确保其安全可用。

2. 设备准备

隔离设备,切断与设备有关联的电路、油路、水路、汽路、气路等。在设备电源开关处挂上"禁止起动""请勿合闸"等警告牌;关闭相关阀门,放空管路内的油、水、气、汽等;拆卸有压力的油、水、气、汽容器之前必须先释放内部压力,以防拆卸过程中压力突然释放引起伤害。

3. 人员准备

人员准备包括劳保用品、人身安全防护用品的穿戴;拆卸冷冻或者高温管、容器及相应部件时,要戴好防冻或者防烫手套,穿长袖衣裤以防冻伤、烫伤。

4. 技术准备

拆检人员应事先了解机器的工作原理、结构特点以及说明书中对修理装配技术的要求,明确拆检的目的,并制定合理的拆检方案。

(二) 拆卸的技术要点

(1) 拆卸中要严格遵守技术安全操作规程,严格按说明书的要求,按照正确的拆卸程序,正确地使用工具(尤其是需要专用工具的地方)。同时避免做不必要的拆卸,做到该拆的必须拆,能不拆的就不拆。

(2) 机械零件的结构不同,拆卸螺栓步骤和方法也不同,必须按照机械结构的相互配合关系,决定拆卸螺栓的顺序。一般是由整体到总成,由总成到部件,由部件到零件,由外表到内层,由简单到复杂。拆卸螺栓时要注意螺栓有无锁止、防松装置。在拆下最后一个螺栓或螺母时,要托住零件,避免因单个螺栓受力而导致弯曲或折断,从而损伤机件。

(3) 拆卸时要为后续的检修和装配做好准备,注意机件之间相互位置关系,有无配合标记,如没有则需在拆卸前做好装配标记,原则上要原样装复。如对柴油机中的活塞、活塞环、连杆轴承、主轴承等,要尽量保持原来已磨合好的配合关系,并注意其方向性。

(4)拆卸的零件,应按部件和精度不同,尽可能按零件的拆检次序和原配的位置关系摆好。拆下的螺栓和零件应分类存放,同一总成或部件的零件应集中在一起,易变形或易丢失的零件、垫片等要单独放置在纸盒内或塑料袋内,需用不同清洗液和不同清洗方法的零件,不同部位的螺栓要分别放置,并注意清洁、防尘。拆下的零件应放置在木板或帆布、塑料布上,严禁直接放在地板上,以防零件擦伤或污染。对于成套件,如齿轮、轴、柱塞副、螺栓、螺母、键、垫片、定位销等应按原结构套在一起或用铅丝穿起来以防散落丢失。对涡轮转子等动平衡要求较高的零部件要放在专用架子上,螺杆、泵、转子等要竖挂起来存放。

(5)拆检螺母应按一定的顺序进行,不可单边松或紧,以避免螺栓受力不均,零部件变形,达不到装配要求等。正确做法是采用对角线方向,分2~3次均匀放松,且每次不要用力过猛。如果螺母拆卸不动时,不要盲目加长扳手手柄或用力过猛,在正确判断出螺纹旋向的前提下,可以考虑加除锈水、轻柴油等润滑剂;用榔头敲击轻微震动螺栓或螺母;适当加长扳手手柄等方法拆卸。对于锈蚀严重难以拆卸的螺栓,可先加热,使其锈渍破坏或受热膨胀后再拆下,但要注意控制加热温度,避免螺栓过热损坏,且应防止着火。

(6)对拆开的孔口、管口、吊缸后的气缸上部等位置,应用木塞、木板或硬质纸板封住或盖住,防止异物、杂物进入。

(7)拆卸时,拆不开的机件应仔细查阅说明书,弄清其结构,查明有无暗锁,不能硬拆,以免损坏机件。对配合较紧的机件,如果一时找不到合适的拆卸工具,只允许用干净的木榔头或铜棒慢慢轻打。

(三)装配的技术要点

(1)装配时,应按"先拆下来的后装,后拆下来的先装"的原则从里往外进行。

(2)配合件的工作表面不允许有伤痕、缺陷,所有零件装配前应清洗干净,有孔、道、口的,应用压缩空气吹干净,并在运动部件配合面上涂上润滑油。

(3)装配时应确保配合件之间的正确配合关系,间隙符合说明书的技术要求。

(4)对有标记和装配方向要求的零部件,均应按原位安装。

(5)对于形状相同,但有位置和顺序要求的零件如活塞、活塞环、连杆螺栓、连杆大端轴承等,应按原来的编号位置和顺序装配,不得随意互换。

(6)重要的螺栓,如缸头螺栓、连杆螺栓等不得有损伤,上紧时要按规定的顺序和预紧力反复多次上紧。防松零件,如开口销、销片、卡簧、弹簧垫圈等应按规定的尺寸规格装配,不可用不同或不符合规格要求的装配件替代。

(7)在装配过程中除完好的金属垫圈、片可以继续使用外,对纸质、软木、石棉、塑料、橡皮垫片等原则上都应换用新件。对紫铜垫圈、片等要退火处理。

(8)在装配过程中,应随时检查零件的灵活性和密封性,确保其符合要求以避免装配完成后返工。

(9)装配完毕后,应全面检查装配质量,如有无漏装,误装等现象,若出现上述现象应及时纠正。

（四）拆检结束后的工作

1. 设备的恢复

（1）设备静态测试：拆检后的设备，依次通油、水、气、汽等，检查是否有泄漏，需排除空气的先排除空气，手动转动运动部件，检查是否卡阻，一切正常后，才可通电。

（2）设备动态测试：设备通电后，根据操作规程，起动设备短时间运行，检查是否有异常振动、噪声等；各温度、压力等参数是否符合说明书要求。

（3）恢复运行：进过静态测试、动态测试均正常的设备才可投入正常工作，设备刚投入运行期间应密切注意各参数是否正常。

2. 工具场地的整理

拆检工作完毕，工具、量具应清洁干净并放回原位，对场地、设备进行清洁。

3. 拆检记录

对拆检涉及的知识回顾，整理经验，做好相关的记录工作。

## 二、螺栓的紧固方法

螺纹连接，具有装拆简单、调整更换方便、宜于多次拆装等优点，在现代机器制造和船舶制造中得到广泛应用，因此，有必要掌握常见螺栓的拆卸与紧固方法。

（一）双头螺栓的装配

1. 双头螺栓装配的主要技术要求

保证双头螺栓的紧固端与机体螺纹配合的紧固性，而不致在装拆螺母的过程中，双头螺栓有任何松动的现象。因此，双头螺栓的紧固端应采取螺纹中径有过盈、有台肩的形式，如图1-4-1所示；或最后几圈螺纹浅些，以达到螺纹配合的紧固性，当双头螺栓装入软材料工件时，过盈要大些。

双头螺栓的轴心线必须与机体表面垂直，通常用角尺进行检验，如图1-4-2所示。螺栓轴线的不垂直度较小时，一般可以把它敲正。

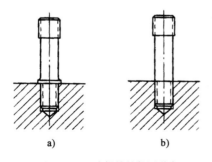

图1-4-1　双头螺栓的紧固形式
a）带有台肩的；b）带过盈或末几圈带浅螺纹的

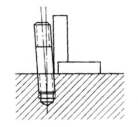

图1-4-2　用角尺检验双头螺栓的垂直度

2. 双头螺栓安装时注意事项

（1）双头螺栓安装时如果歪斜，应观察是螺栓不直还是孔歪斜。如果螺栓不直应更换螺栓。如果是孔歪斜,应先把螺栓取出来,再用丝锥校正螺孔;对于偏斜较大的,则应钻掉孔内螺纹,重新攻丝,更换一端有相应中径的双头螺栓。

(2)如果双头螺栓还没有拧到底,会感觉阻力很大,这时应拧出来,检查是螺栓还是孔的螺纹有问题,再用板牙或丝锥校正。

(3)双头螺栓旋入过深或过松时,应先旋出,选择中径较大的螺栓旋入,以保证螺栓的伸出长度和紧密配合。

(4)双头螺栓有旋入端和拧紧端之分,一般旋入端较短,拧紧端较长。双头螺栓的有效旋入深度一般为螺纹直径的1.5倍以上。

(二)螺母和螺栓的装配

在装配螺母和螺栓时,要保证它们连接紧固,不会松动;拆卸时,要求零件完好无损。为此,正确使用旋紧螺纹的工具,掌握旋紧螺纹的要点非常重要。

1. 螺母与螺栓的装配要求

螺栓或螺母与零件贴合的表面应光洁、平整,贴合处的表面应精加工,否则易松动或使螺钉弯曲,接触表面应清洁,螺栓、螺母应用机油清洗,螺孔内的脏物应用压缩空气吹净。

2. 螺纹连接的拧紧力矩

旋紧螺纹时,松紧程度必须合适。旋紧力太大,会出现螺栓拉长或断裂、螺纹拉坏或滑牙、机件变形等现象,从而使螺栓在工作中发生断裂,可能引起严重事故;旋紧力太小,则不能保证机器工作时的可靠性和准确性,并容易产生回松现象。为了达到连接牢固可靠,连接时必须施加适当的拧紧力矩,使螺纹之间产生预紧力,从而使螺纹具有一定的摩擦力矩。确定拧紧力矩的方法有下面几种。

(1)测量长度:根据装配要求,测量螺栓拧紧前后的伸长量,便可确定拧紧力矩是否合适。

(2)扭角法:即螺栓拧至与被连接件贴紧后,再拧转一定的角度。

(3)使用专用工具:利用专门的装配工具控制拧紧力矩比较准确、方便。常用的工具有扭力扳手和定力矩扳手。

3. 螺栓的防松装置

一般来说,连接螺栓具有一定的自锁性。但是,如果应用在冲击、振动、变载荷的场合下,螺纹副之间的摩擦力会出现瞬时消失或减小的现象;另外在高温或温度变化比较大的场合,材料将发生蠕变和应力松弛,也会使摩擦力减小。为了确保连接可靠,必须采取防松措施。常用的防松方法有三种:摩擦防松、机械防松和永久防松。

(1)摩擦防松:

①弹簧垫片防松:如图1-4-3所示,弹簧垫圈材料为弹簧钢,装配后垫圈被压平,其反弹力能使螺纹间保持压紧力和摩擦力,从而实现防松。这种防松装置可靠,应用较普遍。

②对顶螺母防松:如图1-4-4所示,利用螺母对顶作用使螺栓始终受到附加的拉力和附加的摩擦力。由于多用一个螺母,并且工作不十分可靠,目前已经很少使用。

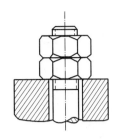

图 1-4-3　弹簧垫圈防松　　　　　图 1-4-4　对顶螺母防松

③自锁螺母防松：如图 1-4-5 所示，螺母一端制成非圆形收口或开缝后径向收口。当螺母拧紧后，收口胀开，利用收口的弹力使旋合螺纹间压紧。

（2）机械防松：

①槽形螺母和开口销防松：如图 1-4-6 所示，槽形螺母拧紧后，用开口销穿过螺栓尾部小孔和螺母的槽，也可以用普通螺母拧紧后进行配钻销孔。

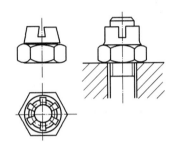 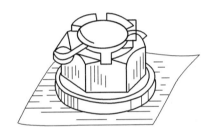

图 1-4-5　自锁螺母防松　　　　　图 1-4-6　开口销防松

②六角螺母和止动垫圈：如图 1-4-7 所示，使垫圈内舌嵌入螺栓（轴）的槽内，拧紧螺母后将垫圈外舌之一折于螺母的一个边。

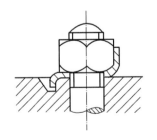  

图 1-4-7　止动垫圈防松

③成对或成组的螺栓和螺母，可以用钢丝穿过螺栓头互相绑住，以防止回松（图 1-4-8）。用钢丝绑住的时候，必须用钢丝钳或尖嘴钳拉紧钢丝，钢丝旋转的方向必须与螺纹旋转方向相同，使螺栓或螺母不松动。

④用止动螺钉来防止螺纹的回松，如图 1-4-9 所示。

（3）永久防松：

①点铆法防松：如图 1-4-10 所示，螺母拧紧后在螺纹末端冲点破坏螺纹。这种方法用在不常拆卸的螺栓上。

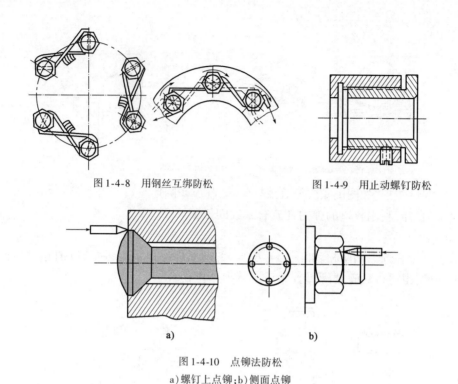

图1-4-8 用钢丝互绑防松　　图1-4-9 用止动螺钉防松

图1-4-10 点铆法防松
a)螺钉上点铆；b)侧面点铆

②涂黏合剂：在旋合的螺纹表面，涂上黏合剂，拧紧螺栓待黏合剂固化，起到防松作用，特别对双头螺栓来讲效果更佳。

### 三、动力装置实训中机件的清洗

机器的零部件拆下来经过必要的检查后，须清洗，清除零部件表面及孔、道、口处的水垢、积炭、油污、铁锈等，以便进行彻底检查、测量和装配。因此，清洗零部件是维护保养工作中了解机械设备最直接的一项重要内容。

（一）水垢的清除

机器长时间运行后，冷却水腔将会有水垢附着在传热面上，堵塞冷却水道，影响传热效果，为此要定期进行清除和清洗。水垢的清除，一般采用机械清除法或化学清洗法。机械清除法是先打开冷却水腔道门，用软刮刀或钢丝刷伸进冷却水腔掏搅，然后用清水冲洗，再用压缩空气吹扫。化学清洗法主要针对水垢较厚，机械清除法有困难时，用化学药品浸泡，使水垢软化，甚至从金属表面自行脱离，一般和机械清除法配合使用。在采用化学清洗时必须注意选择合适的化学清洗剂和合适的浸泡时间，以免对零件的表面造成腐蚀。

（二）积炭的清除

1. 机械法

对于非光滑表面上的积炭可以用刮刀、锯片、钢丝刷、纱布等对其表面进行刮擦清除。对光滑配合表面上的积炭则可用铜或铝制的软刮刀清理。

## 2. 化学清洗法

对零件表面难以刮除的积炭可以用化学药品浸泡，使其软化、脱落，然后用清水进行冲洗，或者用化学药品(清洗液)进行擦拭，以清除积炭。

### (三) 油污的清除

对于零件表面的油污一般可以用轻柴油或煤油清洗，也可用化学清洗剂，清洗时用毛刷、铜丝刷等较软的器具进行擦拭清除，然后用洁净的布擦干或用压缩空气吹净。

## 四、动力装置拆检常用材料

动力装置拆检时常用到一些辅助材料，如密封剂、密封垫片和密封填料等，正确掌握这些辅助材料的性能和使用要点，是动力装置拆检所必须具备的基本技能。拆检中涉及的辅助材料种类繁多，这里只介绍一些衬垫材料、填料及绝热材料。

### (一) 衬垫材料

衬垫材料具有可塑性，利用其可塑性，可以密封零件与零件、零件和部件或部件与部件之间的接触面，防止油、水、气、汽的泄漏。

#### 1. 黄铜片

多作为轴瓦间的间隙调整垫片，一般厚度为0.05～1mm，再厚的即可选用黄铜板材。作为轴瓦瓦口间隙垫片时，可以直接用划针照瓦口外形描下，用空心冲冲出螺栓孔，再用剪刀剪出外形。

#### 2. 紫铜皮

多作为密封垫片、垫圈的材料。规格有0.05～1mm，再厚的各种规格的紫铜垫圈，一般为成型备品，必要时，也可自行加工。而对于薄紫铜皮，加工垫片时可以照原型剪出。紫铜垫圈使用前应退火。

#### 3. 铁皮

多作为电机的地脚垫片，或某些洞孔、盖门的遮盖板等，一般不能单独作为密封垫片。

#### 4. 石棉板

是以橡胶石棉为主而制成的密封衬垫材料，呈紧密平坦的板状，具有弹性，常用规格有1～3mm，分为几档。除了不能作为油的密封垫料外，可做各种水、气(汽)管道接头、锅炉、蒸汽机机件的密封垫片。制作时可直接用色油覆盖在机件上印出，然后根据印迹冲出洞孔，剪出外形。

#### 5. 橡皮

具有柔韧性，是作为防水最好的密封材料。水管路阀门、水密盖门等处，多用橡皮做密封垫。规格有1～3mm，分为几档。除了特制的耐油耐热的橡皮外，一般橡皮垫料不宜做油和热水的密封垫。垫片可比照原形自行加工。

#### 6. 纸柏垫

用石棉和亚麻纤维加压制成。具有紧密性和气密性，并能防止油的渗漏。作为压力不太高的油、水、气密封垫料,特别是油质的密封垫材料,最为合适。但一般不作为蒸汽的密封衬垫材料。厚度一般为 0.1~0.5mm。制作时,除了用上面的方法外,也可直接覆盖在机件上,用小榔头沿机件的外形、洞孔轻轻敲击成型。

7. 液态密封胶

这是一种新型化学物质密封垫料,在很多场合用它来代替固体密封垫料。它具有密封性能好、使用方便、使用温度范围广(一般在 45~150℃之间)、存放保管方便等优点。随着技术的发展,不同用途的新产品出现,使得液体垫料的应用越来越普遍。相对固体垫料,液态密封垫料也存在一定缺点。主要是价格较贵、没有弹性、有些密封胶有微量的毒性。另外,有些在使用时尚需干化过程,从抢修工作的速度来说,不及固体密封垫料来得快。

8. 生胶带

管子接头的螺纹处,常用一些白漆及麻丝进行水管密封,但在干燥后,管子拆卸较困难,现在多采用生胶带。采用生胶带安装、拆卸均方便。

(二)填料

对于穿过孔盖、轴筒、封盖和壳体,并作旋转或往复运动的轴的径向间隙的密封,就需使用填料。填料既起密封作用,又起减小机件磨损的润滑作用。

填料分为金属填料和非金属填料两大类。金属填料多用于高温高压件的密封,都是预制成型的备件,在拆检过程中,只做拆检或换新工作。非金属材料,大都是石棉制品,多用作油、水和蒸汽的阀杆、泵轴的密封材料,常用的有油浸石棉填料和橡胶石棉填料两种。

1. 油浸石棉填料

是用润滑油和石墨浸渍过的石棉线,或用铜丝石棉线编制(或扭制)而成。适用于回转轴、往复活塞杆或阀杆的密封,特别适用于蒸汽辅机的活塞杆和泵杆。有圆形和方形两种,直径(或边长)有多种规格。耐热温度 250~450℃,耐压 450~600kPa。蒸汽压力大于 1.0MPa 时,就需用嵌铜丝或橡皮等物的石棉填料或金属填料。

2. 橡胶石棉填料

是用石棉布或石棉线,以橡胶为结合剂,卷制和编制后压制成方形,外涂高碳石墨而成。适用于压力 600kPa,温度 450℃以下,蒸汽或水的往复泵、活塞杆及辅助锅炉阀杆处作为密封材料。

(三)绝热材料

在船舶上(或动力装置实训室)的一些高温管路、锅炉及制冷系统,为避免热量散失或灼伤工作人员,要将有关部件和管道用绝热材料包裹起来,常用的绝热材料有以下四种。

1. 石棉

是一种矿物纤维物质,白色,耐热温度可达 600℃。常用在高温机件(如柴油机的排气管、辅助锅炉)上以及制冷系统等,作绝热材料。使用时用水拌成浆状,直接覆盖在需要隔热的机件外表面,再用石棉布包扎绑牢。

2. 石棉布

用石棉纤维制成,厚约1~3mm。可以用来直接包扎蒸汽管,或热油、热水管;也可以和石棉、石棉板合用,包扎在这些材料之外。这样既可起到包扎作用,又可增强绝热性能。在直接使用石棉布做绝热材料时,只能用于温度低于250℃的场合。

3. 石棉板

用石棉纤维和磁土(一种难溶的白色黏土)混合后加工压制而成,石棉板能耐450℃高温,可用作隔热室的门壁,或锅炉的外壳等。

4. 石棉线(石棉绳)

由石棉纤维制成,呈多股绳状。用来直接缠绕一些热水、热气(汽)管道。

(四)垫片(填料)使用制作注意事项

(1)制作垫片,首先要选好适当的材料,在规格、性能(耐油、耐热、耐压)等方面,尽可能选择与原垫片相同的材料。

(2)制作垫片时,一般先将洞孔冲出,再剪隔边和外形。

(3)制作好的垫片,要仔细检查是否有漏冲的洞孔,或断裂损坏处,垫片孔要稍大于机件上的洞孔。

(4)更换填料要用盘根钩或其他合适的工具,要防止损伤阀杆、泵轴等。填料装入填料函时,各切口必须错开,装入的圈数要合适。上紧压盖时要防止偏斜,也不可上得太紧。以用手触摸温度正常,又有少量液体滴漏为宜。

(5)用金属制作轴瓦垫片时,边缘不得露出或伸入机件,转角要做成圆角,以防损伤或划伤机件。不允许使用纸质材料做瓦口垫片。

(6)使用液态密封胶时,涂层不可太厚。在涂胶前,要将机件密封面清刷除锈,一般高分子液体密封胶,都含有溶剂,在涂后需晾置一段时间才可装合。

# 项目二 船舶动力装置拆检

通过本项目的学习,旨在使学员达到《STCW73/78 公约》马尼拉修正案及中华人民共和国海事局《海船船员适任实训大纲》对船员所规定的实际操作技能要求,满足中国海事局签发船员适任证书的必备条件。

本项目学习目标:
(1)掌握船舶主要轮机设备的结构原理和拆检原则;
(2)能正确使用各种拆检工具、量具及相关专用工具;
(3)掌握轮机设备拆检应检测的内容及检测的方法;
(4)能够评价设备的技术状况。

因每一艘船舶和每一个实训室的设备有差异,具体拆检时应避免僵化思维,重点注意拆检过程的原理性、逻辑性、本质性的知识学习。

本项目各任务的评分标准如表 2-0-1 所示。

《轮机工程动力装置拆检与操作》实操训练单项实训成绩评定表　　表 2-0-1

| 姓名 | | 专业 | | 实训任务 | | | | |
|---|---|---|---|---|---|---|---|---|
| 学号 | | 班级 | | 上课时间 | | | | |
| 任务 | 考核要素 | 权重系数 | 标准 | | | | 成绩 | 考核人 |
| | | | A 95 | B 85 | C 75 | D 55 | 百分制 | |
| 1 | 知识 实训背景知识 | 0.1 | | | | | | |
| 2 | 设备使用知识 | 0.1 | | | | | | |
| 3 | 操作安全知识 | 0.1 | | | | | | |
| 4 | 能力 工具使用能力 | 0.1 | | | | | | |
| 5 | 设备清洁测量能力 | 0.1 | | | | | | |
| 6 | 设备拆检能力 | 0.2 | | | | | | |
| 7 | 素质 实训出勤 | 0.1 | | | | | | |
| 8 | 实训态度 | 0.1 | | | | | | |
| 9 | 团结合作、沟通交流 | 0.1 | | | | | | |
| 10 | 总计 | 1 | | | | | | |

# 任务一 柴油机气缸盖的拆检

## 一、拆检目的

(1)掌握正确选用气缸盖拆检工具;了解气缸盖及其附件的结构和特征;
(2)掌握气缸盖以及相关附件的拆检程序及气缸盖吊装注意事项;
(3)掌握气缸盖清洁与检查方法;掌握气缸盖常见损坏形式,并能分析原因。

## 二、拆检要素

(1)气缸盖的拆卸与安装;
(2)缸盖底面烧蚀检查;液压试验法检查缸盖裂纹。

## 三、拆检设备状况

船用四冲程柴油机,现需对气缸盖拆卸检修。

## 四、拆检步骤

(一)气缸盖的拆卸

1.拆卸前的准备

(1)工具准备。拆卸之前准备好拆卸需用的工具、专用吊具(图2-1-1)、索具以及清洁气缸盖的工具及用料等,并详细检查上述工具,以保证其安全、可靠、可用。选择解体气缸盖的合适场地,以便后续解体气缸盖工作的顺利进行。

(2)备件备品准备。清点拆检可能用到的备件和备品,只有在备件足够的情况下,才能开展拆检工作。

(3)设备隔离。关闭起动空气、燃油、滑油、冷却水系统的相关各阀。放空机体内的冷却水、油等。

2.气缸盖拆卸的步骤

(1)拆下各缸的气缸盖罩,并按顺序摆放好,同时做好标识。

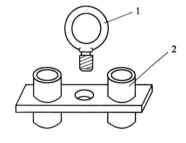

图2-1-1 气缸盖吊装工具
1-起吊工具;2-吊环螺栓

(2)识别如图2-1-2所示缸头附件,拆卸燃油回油管、摇臂润滑油管、高压油管、冷却水管接头、进气管、排烟管、起动空气支管的连接凸缘螺栓等。可将拆下的各管、接头、螺钉等附件放到各缸气缸盖罩里,同时将各接头用干净的抹布包扎或堵住,以免异物掉进油管、水管、气管等内部。

(3)使用扭力扳手或者液压拉伸器,按规定顺序,从外到里对角交叉逐步松下缸盖螺母。如果没有扭力扳手、液压工具等,在拆卸前应做好标记,标明缸盖螺母原来的拧紧程度,以便装复时参考。

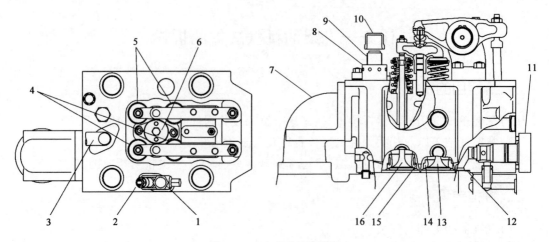

图 2-1-2 气缸盖结构及附件

1-示功阀；2-安全阀；3-冷却水出口管；4-进气阀；5-排气阀；6-喷油器；7-进气管；8-缸头螺母；9-缸头螺栓；10-保护帽；11-起动阀；12-气缸盖垫片；13-进气阀；14-进气阀座；15-排气阀座；16-排气阀

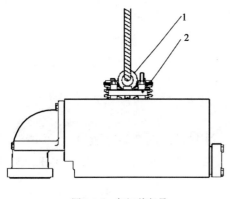

图 2-1-3 气缸盖起吊
1-起吊工具；2-吊环螺栓

(4) 仔细检查是否还有影响缸盖吊起的附件或管路没有拆下或者脱开,装上专用的起吊工具(注意所有起吊工具的螺丝必须拧紧到位),如图 2-1-3 所示。先拉紧起吊工具,然后左右摇晃,等气缸盖松动后,缓慢起吊。起吊过程中,为防止卡阻,可轻轻晃动,在确保没有阻碍起吊的连接件存在的情况下,方可加快起吊,但必须保证平稳,吊离缸头螺栓后严禁晃动,以免伤人,伤物。

(5) 吊出气缸盖后,及时用盖板将缸套盖住,以防异物掉落在缸套内。

(6) 将缸盖平稳地放在事先准备好的垫木上,以便后续工作的开展。

(二)气缸盖底面检查和液压试验

1. 气缸盖的清洁

(1) 气缸盖油污和积炭的清除。气缸盖的油污可以用轻柴油或煤油清洗,或者采用化学药水浸泡后清除。零件配合面上的油污要用毛刷、铜丝刷来刷洗。清洗后用干布擦净,并用压缩空气将零件孔道吹干净。

积炭可用钝刮刀、钢丝刷、砂布等工具通过刮、擦的方法清除,也可以用化学药水清除。清洗时应注意不要损伤气缸盖的密封面和各座孔的密封面。

(2) 冷却水腔锈、垢的清通。柴油机运转较长一段时间后,冷却水腔会有锈垢附着在传热面上,也会有泥沙之类杂质沉积,堵塞冷却水道,影响传热效果。清通时,打开气缸盖冷却水腔的盖板或丝堵,用刮刀或钢丝刷伸进冷却水腔掏搅,然后用压缩空气吹扫或清水冲洗。当锈垢太厚时,可用化学药水清除。若有防腐锌块,要注意检查防腐锌块:若锌块已被氧化则应换新;

如锌块一点都没有腐蚀,应检查接触情况是否良好;若腐蚀不太严重,则用刮刀清除锌块表面的氧化层。

**2. 气缸盖的检查**

由于气缸盖的结构复杂、工作条件恶劣,所以气缸盖是柴油机中易损机件之一。气缸盖常见的损坏形式主要有裂纹、烧蚀、翘曲等。

(1)气缸盖底部烧蚀检查。气缸盖底部烧蚀将使其强度降低。气缸盖底部烧蚀时,底面会出现金属层剥落而逐渐变薄,并且出现麻点,其大小、深浅及分布各异。检修人员可凭肉眼或放大镜观察检查,也可以用样板,通过塞尺进行烧蚀测量,判断气缸盖底部的烧蚀程度。

(2)气缸盖裂纹检查。气缸盖裂纹主要发生在底面上应力集中较严重的孔与孔之间及孔的圆角处。此外,在气缸盖的冷却面也可能会发生裂纹。气缸盖裂纹检查方法主要有以下几种。

①目测法:检查者直接用肉眼或凭借放大镜来观察和判断气缸盖裂纹的方法。这种方法的准确度完全依赖于检验人员的经验,只适用于有明显缺陷的零件检查。

②液压试验法:在试验前,先将气缸盖所有冷却水洞堵塞好,连接试验工具,然后向气缸盖冷却水腔注液体(一般用清水),注意排除冷却水腔中的空气,按规范要求加压到0.7MPa或不小于1.5倍冷却水压力,并保持15min后,观察零件表面有无渗漏现象。如果有渗漏现象,说明气缸盖有裂纹,不能继续使用。

③探伤剂法:将气缸盖清洁干净,用压缩空气吹干,在怀疑有裂纹的地方,用煤油白粉或使用探伤仪器进行探伤。煤油白粉探伤方法如下:

a. 渗透液:红色颜料、溶剂和渗透剂等成分。

b. 显像剂:氧化锌、氧化镁或二氧化铁等白色粉末和有机溶剂组成。

c. 过程:检验时,先用清洗剂清洁零件待检表面,然后喷涂一层红色渗透剂并保持一定渗透时间,清洗表面(去除渗透剂),再喷涂一层白色显像剂,凉干后在白色衬底上显示出红色缺陷痕迹。

d. 特点:渗透剂渗透时间对检验效果影响很大;时间短,小缺陷难以发现,大缺陷显示不完全;时间长,难以清洗,且检验效率低。

(3)气缸盖密封面与垫片的检查。气缸盖与气缸套密封面应保持完整、平滑、没有划痕、凸台和凹陷。如果有轻微缺陷,可以用刮刀或锉刀、油石等修复,然后用砂纸磨平。如有研磨专用工具也可对缸盖及缸套密封面进行研磨,从而获得良好的密封面。

气缸盖垫片(图2-1-2的12)一般使用0.5~1.5mm厚的紫铜或软钢制成。垫片使用一段时间后会出现变形、变硬、折断,甚至烧损等情形。如果紫铜垫床只是变硬而无损坏,则可退火后继续使用;而对于软钢垫片,建议使用一次后予以换新。

**(三)气缸盖的装复**

**1. 缸头附件的安装**

首先根据图2-1-2所示安装相应附件,装复前应对各附件仔细检查与清洁,按正确的程序进行装复(不能错装、漏装、上紧螺栓)。气阀安装完成后,用木榔头敲击阀杆,观察气阀能否正常工作。影响气缸盖吊装的附件,待气缸盖吊装完毕后,再行安装。

2. 缸套及机体清洁

气缸盖吊装之前,做好清洁,确保缸套内无异物;确保气缸垫片完整(若气缸垫片有正反面的,切勿装反),必要时给予换新。在垫片上涂抹耐高温的润滑油(金油、格兰粉),以便下次拆卸;准备好与缸套连接的水管,更换密封圈;取下先前包扎或堵住接头的抹布等物,检查有无异物进入这些管道(口),如有应清洁干净。

3. 气缸盖的吊装

按要求装好缸盖专用起吊工具,如图 2-1-1 所示,待所有部分都彻底清洁干净后,注意用布将喷油器孔堵住,缓慢而平稳地将气缸盖吊至对应位置。吊装时,可以边下降边晃动,防止卡住。快落到缸套上时,应注意防止缸盖垫片的移位,注意观察气缸盖是否完全落座,避免碰伤相应的零部件。

4. 气缸盖螺母及各连接管的安装

上紧气缸盖螺母之前,可在螺栓螺纹上抹上耐高温的金油或格兰粉。使用液压工具上紧缸盖螺母,操作如下:第一次紧固到说明书规定的预紧力的一半,用专用撬棒上紧螺母;泄压后,第二次紧固到说明书规定的预紧力,上紧螺母;泄压后,第三次紧固到说明书规定的预紧力矩,检查螺母有否移动,若没有移动,证明已经上紧、泄压,拆卸液压工具。若是使用扭力扳手紧固同样分三次紧固,紧固螺母应交叉进行,不可一个螺母上到规定力矩了,再上另一个螺母。

待缸头螺母上紧后,才可依次安装气缸盖上各管接头、附件,安装顺序与拆卸的顺序相反,先装难于安装、位置不好安装的,比如,进气管和排气管螺栓,最后装喷油器。

5. 安装后的检查

缸头所有附件和管路安装完成后,检查缸头上是否有遗留的工具、物品,并清洁干净缸头。需润滑的地方,适当加注滑油润滑。

开启拆卸前关掉的冷却水管路上各截止阀、闸阀等,检查冷却水管系接头处有无渗漏,如有应查明原因,立即解决;开启燃油管系上各阀,燃油系统充油驱气,检查系统有无泄漏现象,若有应查明原因,及时解决;开启预润滑泵或手摇预润滑油泵,检查各润滑注油点是否有油流出,若没有应查明原因,及时解决。

6. 试车

(1) 开启暖缸水暖缸,调整气阀间隙,一切正常后再试车。

(2) 清理现场,收拾工具及换下的备件物料等。

(3) 回顾拆检过程,做好相关记录。

## 思考题

1. 简述气缸盖上各座孔及孔道的作用以及所拆下附件的名称及结构特点。

2. 简述检查气缸盖裂纹的方法。

3. 简述气缸盖吊装注意事项。
4. 简述气缸盖液压试验的操作程序。

# 任务二　柴油机气阀机构的拆检

## 一、拆检目的

(1)掌握柴油机进、排气阀的结构特征;掌握柴油机进、排气阀拆检步骤;
(2)掌握如何选用研磨工具及研磨膏,并能正确地研磨进、排气阀;
(3)掌握气阀烧蚀检查和密封性检查方法;
(4)掌握气阀间隙的测量;气阀定时的调整方法等。

## 二、拆检要素

(1)气阀机构拆卸与装配;
(2)气阀研磨及密封性检验;
(3)气阀间隙检查和调整;
(4)气阀定时检查与调整。

## 三、拆检设备状态

船用四冲程柴油机气缸盖已经拆卸下来,现需对气阀机构进行拆检并研磨。

## 四、拆检步骤

(一)进、排气阀的拆卸

1. 准备

(1)准备拆卸所需的工具(尤其是专用工具,如图 2-2-1 所示)、油盆、垫料、物料。
(2)将已经从柴油机上拆卸下来的气缸盖外部清洁干净。
(3)将气缸盖倒置,识别进、排气阀,若没有标记,应做好标记。如图 2-2-2 所示。

2. 气阀的拆卸

首先拆卸气缸盖上的摇臂、喷油器、示功阀等附件。找一平整地面将气缸盖用木板垫平放稳,保证进、排气阀底部接触木板。

如图 2-2-3 所示,将气阀拆卸专用工具——保持架 2 安装在喷油器安装螺栓上,并上紧。然后将专用盖板 4 套在气阀的弹簧承座上,旋紧压紧螺栓 3,向下压缩气阀弹簧,旋紧压紧螺栓过程中,要注意观察盖板是否歪斜,若有歪斜,应及时调整,注意用力要平稳,避免楔形锁块弹出伤人或弹出失落。当弹簧压缩到一定程度后,从弹簧上承座中取出两块气阀楔形锁块。待 4 对楔形锁块均取出后,旋松压紧螺栓,取下专用工具。

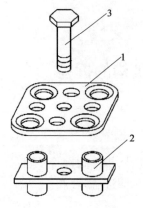
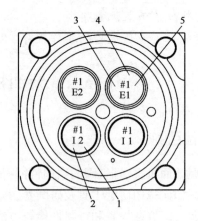

图 2-2-1 气阀拆卸专用工具
1-专用盖板;2-保持架;3-压紧螺栓

图 2-2-2 气缸盖气阀标记
1-进气阀编号;2-"I"表示进气阀;3-"E"表示排气阀;4-气缸号;5-排气阀编号

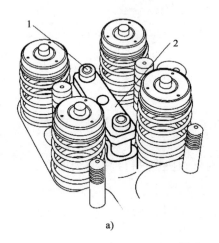
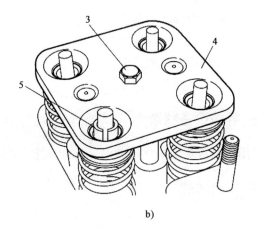

a) b)

图 2-2-3 气缸盖气阀拆卸
1-喷油器安装螺栓;2-保持架;3-压紧螺栓;4-专用盖板;5-楔形块

依次取出气阀弹簧及承座,并按顺序放好。

将气缸盖翻过来,从气阀座中抽出进、排气阀(如气阀很紧,可用硬木块或铜棒轻轻敲击阀杆使之松动,或在导套处喷入除碳剂或除锈剂,然后取出气阀)。注意进、排气阀应有序存放,避免混淆。

(二)气阀的研磨和密封性检查

1. 清洁与检查

(1)清洁。气阀拆卸下来后,若积炭不严重可直接用钢丝刷清洁;若积炭严重,则应先将其放在轻油或煤油里浸泡一段时间,然后将其清洗干净,并按顺序放好,以备检查和研磨。

(2)检查。主要检查阀盘、阀座及阀面有无过度烧蚀现象;检查阀线是否光亮连续、阀线宽度和阀面锥角等是否符合要求;检查阀杆及导套有无裂纹及过度磨损现象;检查气阀弹簧是否歪斜、弹力是否丧失。检查方法如图 2-2-4 和图 2-2-5 所示。

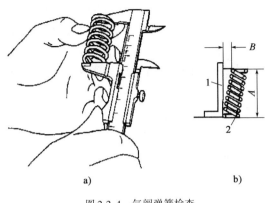 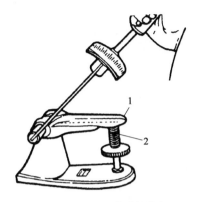

图 2-2-4　气阀弹簧检查  
1-角尺;2-平台

图 2-2-5　气阀弹簧弹性检查  
1-气阀弹簧测试工具;2-气阀弹簧

2. 气阀与阀座的研磨

对大型二冲程柴油机排气阀,如果气阀密封锥面严重烧蚀或磨损,可以在气阀研磨机上研磨,然后再将阀盘与阀座进行对研,以恢复技术状况。对于船舶四冲程发电柴油机进、排气阀一般情况下需手工研磨,以恢复技术状况。

(1) 研磨前的注意事项:

①准备好研磨台架,研磨工具和研磨膏;

②将气缸盖底面朝上放置在研磨台架上,并确认已放稳妥;

③将气缸盖清洗干净,气道、气阀导管、阀杆、阀座处的积炭刮洗干净;

④进、排气阀不能弄错,将气阀阀面和阀座配对做好标记,配合关系也不能弄错(特别是进、排气阀阀面直径相当时)。

(2) 研磨操作方法及注意事项。研磨前先清洁干净阀盘底面小孔,在阀杆上装上研磨用的软弹簧,将合适的研磨砂涂在阀面上,研磨时用专用研磨工具嵌入小孔中(图 2-2-6,a)或夹住阀盘(图 2-2-6,b),也可用带木柄的橡胶皮碗将气阀阀面吸住(图 2-2-7),以拍打和转动相结合的动作进行研磨。研磨具体程序和注意事项如下:

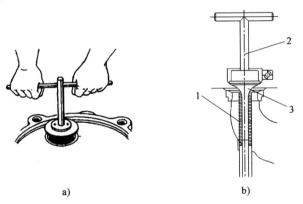

图 2-2-6　用专用工具研磨  
a) 专用工具嵌入阀盘小孔;b) 专用工具夹住阀盘  
1-弹簧;2-专用工具;3-气阀

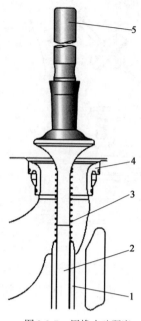

图 2-2-7 用橡皮碗研磨
1-导套;2-阀杆;3-软弹簧;4-阀座;5-橡皮碗和杆

①先在气阀密封锥面上涂一层薄薄的研磨砂(又称凡尔砂,一般用机油稀释研磨膏的方法得到)。研磨开始阶段,可用200目粗砂粗研,研磨砂的磨粒锋利,微切削作用强,零件研磨表面的几何形状误差和粗糙度能够较快得到纠正,气阀与阀座的缺陷也较快被磨掉。

②擦净阀座和阀面上的残余粗砂,再用600目以上细砂进行精磨。

③最后涂上一层机油、研磨数分钟后检查磨合情况,直到气阀锥面出现一条十分整齐的灰青色环带为止。

④研磨时,注意用力不要太大,且确保阀线宽度:进气阀应在1.5~2mm之内,排气阀应为2~3mm。阀线过宽密封性不好,过窄工作寿命不长。

⑤注意不要将研磨砂涂得太多,以免进入气阀导套内,造成阀杆和导套的磨损而导致正常间隙被破坏。

⑥阀座工作面凹痕太深或角度不正,又无备件时,可用铰刀对阀座进行修正,铰刀修正一定要用专用的铰刀,操作过程如图2-2-8所示。气阀凹坑太深,无备件时可用车床光车的办法解决。

3. 气阀与阀座的密封性检查

(1)画线法。在经过研磨的气阀工作面上,每隔4~5mm用软铅笔画一直线,如图2-2-9所示,然后在与其相配的气阀座上捻转30°左右。如果铅笔所画直线在密封环带上全部中断,说明密封性好,如果部分中断说明密封性差,应对其重新研磨。

图 2-2-8

图 2-2-9 气阀密封性检查

(2)渗油法。将气缸盖倒置放平,清洁气阀和阀座,装入气阀,然后在进、排气阀与阀座接触处滴入煤油或轻柴油。3~5min后,小心擦掉煤油或轻柴油,迅速取出气阀,若无渗漏痕迹,说明密封良好。

(三)进、排气阀的安装步骤及要点

1. 安装前准备

安装进、排气阀前,首先用柴油清洁气缸盖各部位,包括气阀、弹簧、承盘、锁块的清洁并用压缩空气吹干净。特别是气阀导管一定要清洁干净,否则装配使用后会加剧导管及阀杆的磨损。

2.安装步骤

(1)将进、排气阀阀杆处涂上润滑油,装上气阀,要检查气阀杆与导筒之间有无卡滞、松动现象,上下运动自如。安装气阀时,进、排气阀切不可混淆。

(2)然后把气缸盖翻过来,底面垫上木块,应保证木块与阀盘正确接触。

(3)依次装上弹簧座、弹簧、旋阀器等。然后用拆卸时的专用工具压缩弹簧,装上楔形锁块。要特别注意楔形锁块必须安装到位,且开口对称均匀。

3.检查

气阀装复后,用木榔头敲击气阀,观察气阀启闭情况是否正常,是否正常旋转。若气阀不旋转,证明旋阀器损坏,应检查修复。

(四)气阀间隙测量与调整

1.气阀间隙测量与调整原则

(1)测量气阀间隙的目的是给气阀阀杆和摇臂留有合理的热膨胀余地,因此,气阀间隙的测量应在柴油机暖缸状态下进行。

(2)对于单气阀摇臂机构的柴油机进、排气阀间隙值,是在该气阀处于关闭位置时,通过测量气阀杆端与摇臂间的间隙得到的,如图2-2-10所示。

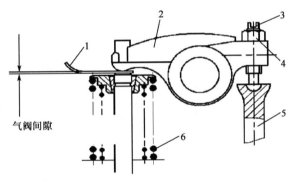

图2-2-10 单气阀摇臂机构

1-厚薄规;2-摇臂;3-调整螺钉;4-锁紧螺母;5-推杆;6-气阀弹簧

(3)大多数船用四冲程柴油机每一个缸有2个进气阀,2个排气阀。因此,在调整气阀间隙时,在进、排气阀关闭情况下,首先将2个进行阀(排气阀)阀杆与T型架之间的间隙调为零,如图2-2-11所示A、B处。可先旋松T型架调整螺栓1和摇臂调整螺栓6,然后用手拧紧螺栓1,感觉接触阀杆即可,再锁紧T型架调整螺栓。随后,旋松摇臂调整螺栓6,让C处间隙达到说明书规定的数值,锁紧摇臂调整螺栓6。

2.气阀间隙测量与调整的方法

(1)逐缸测量法:

以发火顺序1—5—3—6—2—4的六缸四冲程柴油机为例,说明测量方法和步骤:

①按曲轴工作转向转动飞轮,观察飞轮端的第6缸进、排气阀顶杆,当发现其两顶杆同时上下移动时,停止转车,则第6缸进、排气阀处于都开启的气阀重叠状态,那么第1缸活塞处于压缩行程上止点位置,此时第1缸的进、排气阀均可检查、调整。

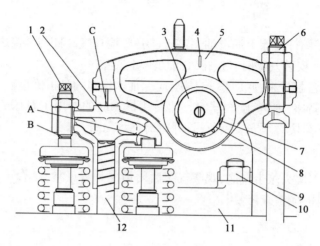

图 2-2-11 双气阀摇臂机构

1-T型架调整螺栓;2-T型组件;3-摇臂轴;4-指示标志;5-摇臂;6-摇臂调整螺栓;7-轴承;8-卡簧;9-顶杆;10-缸头螺母;11-摇臂架;12-T型架

更直观的办法是观察各缸高压油泵。若高压油泵柱塞位于上行喷油位置,则该缸可调。

②顺曲轴工作转向转动飞轮120°调5缸进排气阀。然后依次转120°后调3缸—6缸—2缸—4缸。

③为了防止错漏,每测一个缸,参照表2-2-1进行记录。

气阀调整记录表    表 2-2-1

| 气缸号 | 1 | | 2 | | 3 | | 4 | | 5 | | 6 | |
|---|---|---|---|---|---|---|---|---|---|---|---|---|
| 阀 | 吸入 | 排气 | 吸入 | 排气 | 吸入 | 排气 | 吸入 | 排气 | 吸入 | 排气 | 吸入 | 排气 |
| 标准值 | | | | | | | | | | | | |
| 测量值 | | | | | | | | | | | | |

(2)两次检查法:

①判断各缸所处的位置,以确定气阀是否关闭。

a. 按曲轴工作转向盘车,若观察到第6缸气阀顶杆同时上、下移动时,说明该缸在气阀重叠的上止点位置附近,则第1缸处于压缩上止点附近。

b. 组合式高压油泵可卸下泵的端盖板,观察第1缸喷油泵的弹簧是否处于压缩状态,确定相应气缸是否正好处于压缩过程结束状态。

c. 对单体油泵,可打开高压油泵道门观察该缸喷油泵凸轮的升起段是否与滚轮接触,如接触,该缸处于压缩冲程结束状态。

②此时,可检查各缸气阀间隙见表2-2-2所示。

当第1缸处于压缩冲程上止点时,可调的进、排气阀间隙    表 2-2-2

| 气缸号 | 1 | 2 | 3 | 4 | 5 | 6 |
|---|---|---|---|---|---|---|
| 可调整的气缸 | 进 | 排 | 进 | 排 | 进 | 排 | 无 |
| 调整后标记 | | | | | | |

③按表2-2-2调整好各缸气阀后,将飞轮旋转360°后,按表2-2-3进行调整各缸气阀间隙。

当第 1 缸处于换气上止点时,可调的进、排气阀间隙　　　　表 2-2-3

| 气缸号 | 1 | 2 | 3 | 4 | 5 | 6 | |
|---|---|---|---|---|---|---|---|
| 可调整的气缸 | 无 | 排 | 进 | 排 | 进 | 进 | 排 |
| 调整后标记 | | | | | | | |

3. 气阀间隙测量与调整的操作

盘车杆(撬杠),螺丝刀,梅花扳手或开口扳手,塞尺等。螺丝刀和扳手的配合操作如图 2-2-12 所示。

图 2-2-12　气阀间隙调整

(五)气阀定时的检查与调整

1. 千分表测定法

(1) 在该缸气阀关闭的情况下,把磁性表架稳妥放置在缸盖上,并使千分表的表脚与气阀的弹簧上承座平面接触,并预压缩 1~2mm,调整表盘,使指针指向"0"。

(2) 顺正车转车,注意观察表针,表针刚动,说明该阀已开,此时的飞轮刻度即为气阀开启时刻。

(3) 继续正车转动,当气阀开始关闭,弹簧上升,表针开始返回,千分表指针停止转动时的飞轮刻度即为气阀关闭时刻。

(4) 如此逐缸检查,记下各缸气阀启、闭角度与说明书对比。

2. 手摸推杆法

(1) 从第 1 缸开始,转动曲轴使气阀与摇臂保持间隙,用手摸着气阀杆,捻动旋转。如感觉产生阻力瞬间,立即停止,此时正转刻度为气阀开启时刻。

(2) 继续转车,当气阀顶杆由转不动到转得动的瞬间为关闭角度。

(3) 如此逐缸检查,记下各缸启、闭角度与说明书对比。

该种方法测得的气阀定时不够准确,与操作者的经验有关,但是可大致判定气阀定时。

3. 气阀定时的调整

(1) 单缸调整:若单缸气阀定时误差较大时,可转动该缸凸轮的位置进行调整。

(2) 整体调整:若每个缸气阀定时均误差较大,则需转动定时齿轮进行调整。

## 思考题

1. 进、排气阀的阀线宽度、阀面锥角有何不同？描述气阀研磨的方法及注意事项。
2. 简述确保气阀良好密封性的重要性。
3. 简述排气阀常见损坏形式及高温腐蚀的形成机理。

# 任务三　柴油机活塞组件的拆检

## 一、拆检目的

(1) 掌握从柴油机内吊出活塞连杆组件的操作方法与步骤；
(2) 掌握拆检活塞连杆组件(针对浮动式活塞销)的方法；
(3) 掌握活塞销磨损的测量及连杆小端轴承间隙的测量；
(4) 掌握活塞组件装回柴油机的方法和步骤。

## 二、拆检要素

(1) 吊出和装复活塞连杆组件；
(2) 解体和组装活塞连杆组件(浮动式活塞销)；
(3) 活塞销磨损测量及连杆小端轴承间隙测量。

## 三、拆检设备状态

船用四冲程柴油机，气缸盖已经拆除，现需吊出活塞连杆组件检修。

## 四、拆检步骤

(一) 吊出活塞连杆组件

1. 拆卸的准备及注意事项

(1) 准备好拆装常用工具、拆卸活塞连杆专用工具以及吊缸提升工具等。

(2) 清除缸套上部积炭，若缸套上部已经形成凸台，需先磨掉凸台，否则在活塞吊出过程中，活塞环卡在凸台处，阻碍活塞顺利吊出，严重的会导致缸套松动，而产生漏水。

(3) 用合适丝锥清理活塞头部吊环螺栓安装孔，如图 2-3-1 所示，随后安装吊环螺栓。

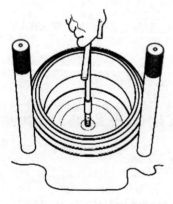

图 2-3-1　清理活塞头吊环螺孔

(4) 做好活塞缸号、方位标记、连杆大端轴承上下盖之间标记，以备原样装复。

2. 拆卸步骤

(1) 连杆大端的拆卸：

①盘车转动曲轴,使待拆卸活塞位于气缸上止点。若连杆大端为斜搭口,需盘车到合适位置,以便拆卸连杆螺栓。

②安装起吊葫芦,并钩在活塞头部吊环螺栓上,稍稍带紧即可。

③拆掉连杆大端螺母开口销(或其他锁紧装置),如图2-3-2的1所示。识别连杆大端上下盖的配对数字或其他编码,并记录。用扭力扳手从曲柄箱道门两边分2~3次交替拆卸连杆大端固定螺栓,不可一次将一根螺栓完全拆卸下来,如图2-3-2所示。拆卸下来的连杆螺栓和螺母配对按顺序放好。

**注意**：不同机型连杆大端螺栓拆卸方法有所不同。本教程中连杆大端可以和连杆分离,因此拆卸活塞连杆组件只需拆卸如图2-3-2的1所示螺栓即可。而对于连杆大端与连杆不可分离类型活塞连杆组件,需拆卸连杆大端螺栓,相当于图2-3-2的2所示。

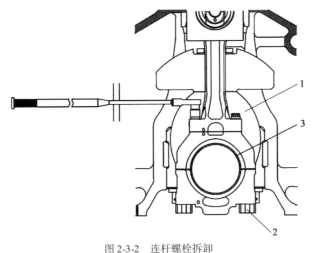

图2-3-2 连杆螺栓拆卸
1-连杆螺栓;2-连杆大端螺栓;3-连杆大端轴瓦

(2) 活塞组件的吊出：

①在连杆大端螺栓拆卸后,即可将该缸活塞组件吊出,如图2-3-3所示。可先拉紧葫芦,轻轻摇晃绳子,观察是否卡阻,确认没有卡阻,才可起吊。起吊过程中,可边起吊,边轻轻摇晃,一旦起吊阻力较大,应查明原因后方可继续起吊,切忌强行起吊。一旦活塞环全部吊出气缸套,应停止晃动,以防碰伤气缸套内壁,也勿使连杆摆动而碰坏活塞裙部。

②起吊活塞连杆组件时,要防止连杆大端转动、碰伤机件。若为斜搭扣的连杆大端,还必须采取措施防止连杆大端轴瓦跌落到曲柄箱内,一般待连杆大端上瓦吊离曲柄销后,用布条将轴瓦绑在连杆大端上,一并吊出。

③吊出活塞连杆组件后,应放在专用支架上,或平放在纸板

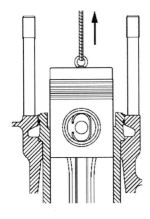

图2-3-3 活塞吊出

上,注意保护连杆大端与轴承座连接面,勿使其碰伤。

(二)解体活塞连杆组件

应根据柴油机活塞的材料,决定如何拆卸活塞销。若为铝质活塞,应根据活塞的大小,预先用铁桶或油盆(以能浸没活塞体为准)加温机油使其温度达到180℃左右,再把活塞倒置放入油中使其加温膨胀,然后取出拆卸活塞销;为铁质活塞(浮动式活塞销),可不必加热,直接拆卸。现以浮动式活塞销来说明具体拆卸过程:

(1)如图2-3-4所示,将活塞倒置,放平稳,用卡簧钳拆下活塞销一端定位卡簧。然后轻轻提起连杆,用榔头木手柄或铜棒在活塞销的另一端轻敲,即可取出活塞销,如图2-3-5所示。

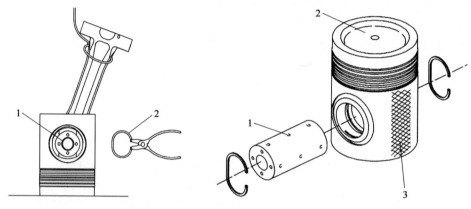

图2-3-4 活塞销卡簧的拆卸
1-活塞销;2-卡簧

图2-3-5 取出活塞销
1-活塞销;2-活塞头;3-活塞裙特殊涂层

(2)活塞销取下后,注意两端标记,且各缸不可混淆,连杆与活塞、活塞销等应配对整齐地摆放在木垫板上,装复时原样装复。

(三)柴油机活塞销的磨损检查和活塞销轴承间隙测量

1.活塞销的检查

(1)清洁活塞销,检查活塞销表面是否有磨损、变形、裂纹及锈蚀麻点等。

(2)活塞销工作表面容易产生疲劳裂纹,一般肉眼不易发现,通常可以采用磁力探伤或渗透探伤的方法检查。

(3)若发现有明显裂纹,不论其裂纹的长度和裂纹的条数多与少,均应换新。

2.活塞销的测量

(1)活塞销的测量用外径千分尺,测量前应先对千分尺检查校准。

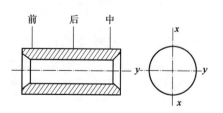

图2-3-6 活塞销测量部位

(2)测量活塞销直径的方法和测量部位,如图2-3-6所示,全浮动式活塞销测量部位可取销的两端和中间,在每个位置的水平和垂直两个方向上用外径千分尺测量直径,并将相关数据及记入表2-3-1内。

活塞销测量记录表  表2-3-1

| 活塞销编号 | 测量方向 | 测量位置 直径(mm) | | | 活塞销标准直径(mm) | 最大圆柱度值 | 最大圆度值 | 使用时间 | | 更换原因 |
|---|---|---|---|---|---|---|---|---|---|---|
| | | 前 | 中 | 后 | | | | 工作(h) | 累计(h) | |
| 1 | 垂直 | | | | | | | | | |
| | 水平 | | | | | | | | | |
| 2 | 垂直 | | | | | | | | | |
| | 水平 | | | | | | | | | |

(3) 计算活塞销圆度及圆柱度,并记录。将测量和计算结果与说明书上的要求比较,如果超过了规定极限,应采取相应的修理措施或换新。

3. 活塞销轴承间隙的测量

将活塞销装在连杆小端轴承中,用塞尺测量活塞销与连杆小端轴承间隙,如图2-3-7a)所示;将活塞销装在活塞座孔中,测量活塞销与活塞座孔的间隙。将测量间隙所得值与说明书比对,间隙过大,应更换活塞销或轴承。

也可通过测量活塞销的外径和连杆小端轴承孔的内径,比较两者即可得活塞销轴承间隙,如图2-3-7b)所示,$a$即为活塞销轴承间隙。

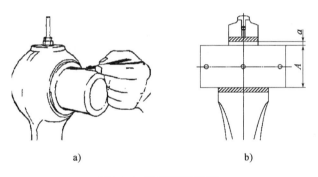

图2-3-7 活塞销间隙测量
a) 塞尺法测量;b) 比较法测量

(三) 活塞销及活塞连杆组件的装复

1. 活塞连杆组件的装配

浮动式活塞销和销座孔间的配合精度要求较高,因为间隙过大会引起冲击载荷,间隙过小不能保证润滑,会引起活塞销与销座咬死。活塞销组装时的注意事项及步骤如下:

(1) 活塞组件在经过仔细检查无裂纹,测量符合要求后,才可进行组装。

(2) 活塞销及销座孔、孔口卡簧、连杆组件等的方向位置标记等,一定要核对正确,尽量原样装复。

(3) 先将其中的一个卡簧用卡簧钳装入活塞销座孔的卡簧固定专用沟槽内,然后在活塞和连杆小端销座孔抹上润滑油。

(4) 将连杆小端插入活塞中,应特别注意活塞与连杆(连杆大端轴承的方位)的安装方向,需原样装复,一般情况下,连杆有字一面应和连杆大端轴承有字一面在同一面内。

(5)使活塞销座孔和连杆小端销孔对准,且孔朝上,否则安装时易损伤小端衬套,甚至无法使活塞销顺利装入。

(6)活塞销抹上润滑油,先慢慢地从没有装卡簧一侧装入活塞销,待活塞销完全装入活塞销座孔后,轻轻摆动连杆,直到活塞销自动滑入连杆小端孔内,从而进入活塞另一侧活塞销座孔中。若出现卡阻现象,可轻轻摆动连杆,若还是不行,应拆出重新安装。

(7)活塞销装入后,应检查连杆是否摆动灵活。若检查正常,用卡簧钳将卡簧装入活塞销座孔的环沟槽内。注意活塞销的安装不需使用外力,靠自身重量即可滑入,不可用手锤或铜棒敲击活塞销端面使之进入,否则易导致活塞销座孔损坏。

**注意:** 对于铝合金活塞,由于铝合金活塞和钢质活塞销的热膨胀系数不同,因此,组装时必须将活塞加热,使销座孔尺寸膨胀后,再将活塞销装入,严禁采用冷敲的方法强硬压入活塞销,以免拉伤销座孔表面,破坏配合精度。

### 2.活塞连杆组件的装复

(1)安装前的准备工作:

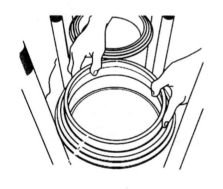

图2-3-8 活塞安装专用工具

①专用工具、吊装设备、备件等备用物品齐全。将安装活塞用的导向工具装在气缸套上,如图2-3-8所示。

②装复前,清洁干净组装好的活塞连杆组件和气缸套,各孔道用压缩空气吹扫清洁以保畅通。

③安装活塞环,注意活塞环上、下面不可装反,一般有标记面在上,相邻活塞环的搭口相互错开120°,以保证气密。

④核对拆卸时所做标记,确认活塞销和连杆正确装配。

⑤盘车使该缸曲柄销位于上死点。

(2)装配步骤:

①在气缸套、活塞和活塞环、安装活塞的专用工具上抹上清洁的润滑油。

②将活塞连杆组件谨慎地使用葫芦吊装到气缸套上部,缓慢下降,切勿使连杆碰伤缸壁。注意使每一道活塞环顺利进入导筒内,如图2-3-9所示,若不能进入,可用铜棒轻轻敲击活塞顶部。

③注意下降过程中,切勿使活塞连杆组件转动,当连杆大端接触到曲柄销时,在连杆螺栓上涂上金油或格兰粉,装上连杆螺栓,如图2-3-2的1所示。

④放松起吊葫芦,按照图2-3-10所示1—2—3—4顺序上紧连杆螺栓。先用扭矩扳手将每一个连杆螺栓上到A位置,然后用扭矩扳手上到B位置,注意检查力矩是否和说明书规定的力

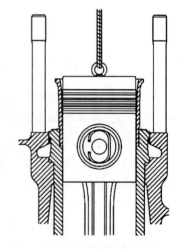

图2-3-9 活塞的安装

矩一致。如果力矩小于说明书规定力矩,证明连杆螺栓已经产生了塑性变形,被拉长。若力矩差太多,应换新连杆螺栓;若差值不大,应按照力矩上紧。如果力矩大于说明书规定扭矩,应旋松重新上紧。每一个螺栓都上到规定力矩后,再次用规定力矩按图 2-3-10 所示顺序检查连杆螺栓。

⑤连杆螺栓安装完毕,用螺丝刀撬动连杆大端,如图 2-3-11 所示,感觉有移动,证明有合适间隙即可。

⑥最后装上连杆螺栓防松装置,盘车检查,转动自如,即安装结束。

⑦检查清理曲柄箱,然后盖上曲柄箱道门。

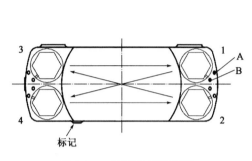

图 2-3-10　连杆螺栓安装顺序

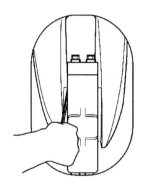

图 2-3-11　连杆螺栓安装顺序

**注意**:若连杆大端和连杆是一体的活塞连杆组件,安装时需先转动曲轴到合适位置,在连杆轴瓦和曲柄销上涂上机油。将大端轴瓦的上瓦用布带绑在连杆的轴承座上,防止坠落。当连杆轴瓦快落到曲柄销上时,拆掉布带,盘车,让连杆平稳地坐落于曲柄销上,装上连杆轴承盖及连杆螺栓。上紧连杆螺栓的方法与上述步骤④一致。

## 思考题

1. 描述活塞销的拆卸过程。
2. 分析活塞销的工作条件,列出活塞销常见的损坏形式。
3. 描述活塞连杆组件装复的步骤及注意事项。
4. 分析针对不同材料的活塞头,应采取什么样的活塞销拆卸方法?

## 任务四　柴油机连杆大端轴瓦及连杆螺栓的拆检

### 一、拆检目的

(1)掌握连杆大端轴承盖的拆卸程序及注意事项;
(2)掌握连杆大端螺栓和曲柄销的检查要点及常见损坏形式;
(3)掌握测量连杆大端轴承间隙的方法,并了解测量轴承间隙的意义。

## 二、拆检要素

（1）连杆大端轴承盖拆卸与装配；
（2）连杆大端螺栓检查；
（3）曲柄销测量及轴颈圆度、圆柱度计算，连杆大端轴承间隙测量。

## 三、拆检设备状态

四冲程柴油机气缸盖已经拆除，现需拆除连杆螺栓及连杆大端轴承盖，并检查曲柄销。

## 四、拆检步骤

（一）连杆大端轴承盖的拆卸

1. 连杆大端轴承盖拆卸前的准备

（1）准备好拆装常用工具，连杆大端螺栓拆检专用液压拉伸器或扭力扳手等专用工具，以及其他拆检用料。

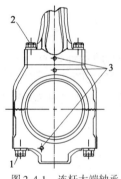

图 2-4-1　连杆大端轴承
1-连杆大端螺栓；2-连杆螺栓；3-凸台标记

（2）拆掉曲柄箱两侧道门的上紧螺栓，打开道门。从曲柄箱道门处认准连杆大端轴承上下盖的标记（如无标记，应做好标记），便于原位装复，如图 2-4-1 所示。

（3）清洁气缸套上部积炭，以及活塞上的起吊螺孔，安装吊环螺栓，挂上起吊工具，具体方法参照本项目任务三。

（4）盘车转动曲轴，使待拆卸活塞位于上死点，斜切口大端轴承盖应处于合适位置。

（5）拆除连杆大端螺栓防松装置。

2. 连杆大端轴承盖的拆卸步骤

（1）严格按说明书规定使用扭矩扳手或液压拉伸器从曲柄箱道门伸入拆卸螺栓，如图 2-4-2 所示。拧松连杆大端螺栓需对称松卸，切忌一侧拆卸完毕，再拆卸另一侧。

（2）为避免连杆大端螺栓或螺母及其他工具不慎落入曲柄箱油底壳损伤零件，应在曲柄箱油底壳与连杆大端之间垫上木板或其他衬物，以防万一。然后均匀取下螺栓，使大端轴承盖平稳落下，由道门内取出。

（3）连杆大端螺栓取出后，认准螺栓上面的数字含义，如图 2-4-3 所示。

（4）连杆大端轴承盖取出后，即可吊出活塞连杆组件。吊出组件后，将连杆大端下轴承盖装在活塞连杆组件上。

（二）连杆大端的检查

1. 连杆螺栓的检查

（1）清洁连杆大端螺栓，可先用柴油清洗，然后用电气清洁剂清洁，可用放大镜检查外观是否有裂纹、碰伤等,也可用渗透法或者磁粉探伤法检查,重点检查螺纹部分。

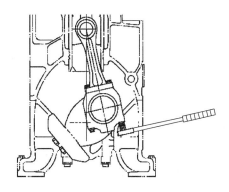

图 2-4-2 连杆大端螺栓拆卸

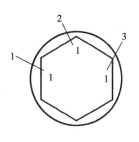

图 2-4-3 连杆螺栓上数字含义
1-气缸号;2-柴油机编号;3-螺栓编号

(2)检查螺栓有无塑性变形,方法是测量螺栓的长度与标准螺栓长度相比较,其长度不得超过原长度的 0.3%,如果超过长度规定值的应更换。还可用螺距规检查螺纹牙型是否变形,若有变形应换新。测量数据记录入表 2-4-1 中。

连杆螺栓检查记录表　　　　　　　　　　表 2-4-1

| 气缸号 | 1 | | 2 | | 3 | | 4 | | 5 | | 6 | |
|---|---|---|---|---|---|---|---|---|---|---|---|---|
| 螺栓号 | P | S | P | S | P | S | P | S | P | S | P | S |
| 螺栓原始长度 | | | | | | | | | | | | |
| 螺栓长度 | | | | | | | | | | | | |
| 上次检查时间 | | | | | | | | | | | | |
| 总工作时间 | | | | | | | | | | | | |
| 换新时间 | | | | | | | | | | | | |

(3)螺纹部分不应有损伤,螺栓杆身不允许有碰、刮、拉伤情形,轻微细小的伤痕应打磨修光,伤痕较大者应更换。

(4)检查螺栓头或螺母与连杆大端轴承盖接触面,可用色油检查,若接触不良,可研磨螺栓或螺母与连杆大端轴承盖的接触面修复,但不可修锉两者的接触面。

2.连杆大端轴承的检查

连杆大端轴承一般需检查轴瓦表面有无烧熔、裂纹、腐蚀及磨损,以及是否因磨损导致局部露出铜合金的现象。对于磨损量的测量是直接测量轴瓦上具有代表性点(如图2-4-4中ⓐ、ⓑ、ⓒ点)的轴瓦厚度。

3.连杆大端椭圆度检查

连杆大端椭圆度检查是非常必要的,椭圆度过大,导致大端轴承偏磨,甚至抱死,严重的会烧毁轴承。椭圆度测量步骤如下:首先在台架上将大端轴承盖上好,螺栓上到规定的扭矩值,然后用

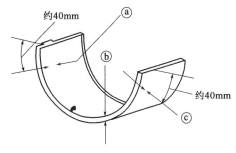

图 2-4-4 连杆轴承测量

内径千分尺或量缸表测量,如图2-4-5所示。测量过程中应做好相应记录。

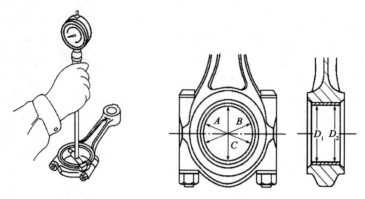

图2-4-5　连杆轴承孔直径测量

(三)曲柄销测量及轴颈圆度、圆柱度计算,连杆大端轴承间隙测量

1.曲柄销的检查与测量

(1)检查:一般通过肉眼或借助放大镜检查其表面有无裂纹、划痕、拉毛、擦伤、烧伤及腐蚀凹坑等。也可通过渗透探伤法检查。

(2)测量:曲柄销的测量应在两个部位和两个方向进行,即测量每段销颈长度中间至两端各四分之一处的截面上,两个互相垂直方向的外径。

(3)测量操作:测量前要把曲柄销表面清洁干净,外径千分尺校准。盘车到合适位置,测量时,一手握住外径千分尺一端,紧靠在曲柄销待测位置上,使外径千分尺所在平面与曲柄销轴线垂直,不能歪斜;另一只手扶住棘轮端,轻微上下移动,找到测量中心线与曲柄销中心线垂直的位置,若太松,调整棘轮,当听到"咔咔"声音时,表示压紧力刚好合适,锁定转筒,小心取出外径千分尺读数,将测量结果记录入表2-4-2中。

注意:不可先将外径千分尺调到一定尺寸,然后像量规一样测量曲柄销直径,这种方法易导致曲柄销表面划伤。

2.曲柄销圆度和圆柱度的计算(同活塞销圆度圆柱度计算方法)

曲柄销测量结果记录如表2-4-2所示,计算圆度与圆柱度,与上次检测值及说明书比较,若偏差太大,应核实并采取相应的修理措施。

曲柄销测量记录表　　　　　　　　　　　表2-4-2

| 位置 \ 气缸 | 1 | | 2 | | 3 | | 4 | | 5 | | 6 | |
|---|---|---|---|---|---|---|---|---|---|---|---|---|
| | TB | PS | TB | PS | TB | PS | TB | PS | TB | PS | TB | PS |
| 前(F) | | | | | | | | | | | | |
| 后(A) | | | | | | | | | | | | |
| 圆度 | | | | | | | | | | | | |
| 柱度 | | | | | | | | | | | | |

曲柄销原始尺寸∅单位:mm

3.连杆大端轴承装配间隙的检测

(1)塞尺法测量。测量时,连杆大端轴承盖螺栓必须正确紧固到要求的扭矩值,盘车到合适位置,用塞尺从轴承端面插入轴承与轴瓦之间测量。一般测量最大间隙所在的位置,因为塞尺平直,而大端轴承瓦与曲柄销间呈弧形,使得测量值小于实际值,所以测得的轴承径向间隙应加上0.05mm的修正值。塞尺测量法仅适用于端面便于插进塞尺的轴承。塞尺法简单,但精度较低,适合初步检测。

(2)压铅法测量:

①盘车到便于装上连杆大端轴承盖的合适位置。

②选择合适尺寸的铅丝,其直径一般为被测定间隙的1.5倍左右;铅丝长度取轴颈120°的弧长。一般取2根,放在前、后位置,或取3根放在前、中、后位置,用机械凡士林或润滑脂将所选软铅丝沿轴向等距贴于连杆大端轴承盖中。

③装上轴承盖,小心防止铅丝掉落。连杆螺栓拧紧到扭矩规定值,此时切勿盘车。

④拆卸轴承盖,取下软铅丝。将取下的软铅丝擦拭干净,在每道软铅丝上选取3个具有代表性的测量点用外径千分尺测量其厚度。

⑤取最大值作为曲柄销轴承间隙,并将结果记录在表2-4-3中。

**曲柄销轴承间隙**(单位:1/100mm)　　　　表2-4-3

| 气缸号 | 1 | 2 | 3 | 4 | 5 | 6 |
|---|---|---|---|---|---|---|
| 轴承间隙 | | | | | | |

(四)连杆大端轴承盖的装配

(1)准备好工具、量具、滑油等物品,盘车到合适位置。

(2)清洁螺栓、螺母。用手把螺栓、螺母旋上,感觉较紧但又能旋进为好。

(3)将轴瓦装在轴承盖及连杆大端中,注意轴瓦方向,突出的舌边应正确装入卡槽,上、下轴瓦应原样装复,不可调换使用。在轴承瓦面与曲柄销表面涂上适量洁净的润滑油。

(4)按本项目任务三的方法正确装配活塞连杆组件。缓慢下降活塞连杆组件,防止碰到曲柄销,在快碰到曲柄销时,停止下降,缓慢盘车,使曲柄销缓慢转入连杆大端上轴承座孔内。

(5)用手托住连杆大端轴承盖,若太重应两人配合,小心伸入曲柄销下方,注意防止曲柄销轴承盖的边缘碰到曲柄臂。装上螺栓,并旋上螺母,同时注意螺栓的定位销或缺边(一般连杆螺栓头部是圆形,为便于定位,将一侧切掉,形成直边,使之与连杆轴承盖相匹配,确保拧紧螺母时,螺栓不转动)。连杆螺栓放进螺栓孔应紧密配合,但不能猛敲。若无法装进螺栓,说明螺杆已变形,应换新螺栓。螺栓换新时,螺栓、螺母应成套换新。

(6)检查螺栓头、螺母与连杆上的支撑面,应贴合紧密,否则螺栓会承受超过原有几倍的应力。禁止在螺栓头或螺母支撑面之间加垫片来增加厚度或使接触面变为平整的做法。

(7)按说明书规定的方法交替拧紧螺栓和螺母。上紧后用规定的扭矩检查螺母预紧力,用螺丝刀左右拨动连杆大端,检查侧隙。

(8)连杆螺栓安装完毕,装上保险开口销或其他类似防松装置。

(9)组装完毕,盘车检查,确认无卡阻后,清理曲柄箱内部,装上曲柄箱道门。

## 思考题

1. 描述拆检连杆大端轴承盖的程序。
2. 对连杆螺栓的检验有哪些要求?
3. 如何测量连杆大端轴承间隙?
4. 连杆大端为什么要有合理的间隙?过大或过小对柴油机工作有何影响?

# 任务五　柴油机活塞环的拆检

## 一、拆检目的

(1)掌握活塞环拆检的正确程序,以及活塞环的拆卸方法;
(2)了解活塞环的结构特点,正确测量活塞环;
(3)掌握判断活塞环、活塞环槽状况的方法;掌握安装活塞环的注意事项;
(4)了解活塞环常见的损坏形式及处理工艺。

## 二、拆检要素

(1)活塞环拆卸与装配;
(2)测量活塞环搭口间隙及天地间隙;
(3)活塞环及环槽检查,判断活塞环能否继续使用;判断环槽的状况。

## 三、拆检设备状态

四冲程柴油机活塞已经从气缸套内吊出,现需拆检活塞环。

## 四、拆检步骤

(一)活塞环拆卸

1. 拆卸活塞环的准备

(1)清洁活塞冠表面积炭,防止拆卸活塞环时卡住。
(2)根据不同的柴油机,准备不同的专用工具。没有配置专用工具的,准备两条细麻绳或结实的布带。拆卸大型二冲程柴油机的专用工具如图2-5-1所示。

2. 拆卸活塞环步骤

(1)中、小型柴油机采用麻绳或布带等扣成环形套在拇指上,分别挂在活塞环开口两端,缓慢地用力使活塞环张开,取下活塞环,如图2-5-2所示。

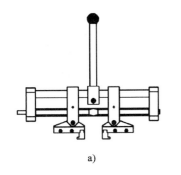 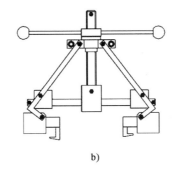 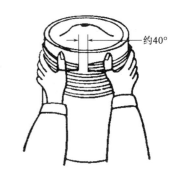

图 2-5-1 拆大型二冲程柴油机活塞环专用工具　　　　图 2-5-2 中小柴油机活塞环拆卸

（2）张开活塞环时，在其能够移出环槽的情况下尽量开口小些，否则容易使活塞环折断或产生塑性变形。

（3）拆下的活塞环按顺序放置，以备清洁检查，不能弄乱次序或随意乱放。

（二）活塞环搭口间隙及天地间隙的测量

1. 活塞环搭口间隙测量

（1）清除缸套内表面上积炭、油污，用抹布擦拭干净。

（2）用手握住环的开口对边，如果是新环，则将环放入缸套中磨损最小的部位，一般在气缸下部 1/3 处，保证有一定的间隙，防止活塞环卡死；若是旧环则应放在缸套磨损最大处，防止漏气太大。

（3）用尺子测量与缸套上边缘的距离，前、后、左、右都均匀时则意味着已经放平。小型柴油机可用活塞倒置放入缸套中，推到下部，即可保证活塞环放平，如图 2-5-3 所示。

（4）用塞尺插入环的搭口处，如图 2-5-3 所示，松紧合适的塞尺厚度为环的搭口间隙，并将测量值记入后面的表格 2-5-1 中。

（5）也可将几个活塞环都放入气缸中，搭口上下对齐，保证活塞环均放平，紧靠在一起，然后在搭口处抹上一层薄薄的油，用白纸拓印搭口处。随后取下白纸，上面可以清晰地展现每道活塞环搭口的形状，用游标卡尺测量即可得到搭口间隙，这种方法测量的搭口间隙精度较低，但效率高，能满足一般柴油机搭口间隙的测量要求。

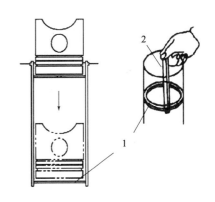

图 2-5-3 搭口间隙测量
1-活塞环；2-塞尺

（6）如果旧环搭口间隙大于允许的最大间隙时，该环不能继续使用；如果新环的搭口间隙小于最小允许间隙时，也不能使用，以防新环在工作过程中卡住，从而折断。

2. 活塞环的天地间隙测量

（1）将活塞环和环槽清洁干净，将活塞环依次装入环槽，注意不可将上、下端面颠倒，一般搭口处标记有"TOP"字样的一面朝上，检查活塞环下端面应紧贴环槽的下端面。

(2)用塞尺沿圆周测量一圈,测取最小值和最大值,如图 2-5-4a)所示。将测量结果记录在表 2-5-1 中。

(3)对于小型柴油机,活塞环尺寸较小,质量较轻,可以一手持环,使环的下端面紧贴环槽下端面,如图 2-5-4b)所示,用塞尺沿圆周上多个点或整个圆周测量与环槽的间隙,取最大值和最小值,记录入表 2-5-1 中。

**活塞环测量记录表** 表 2-5-1

| 气缸<br>位置 | | 1 | | | 2 | | | 3 | | | 4 | | | 5 | | | 6 | | |
|---|---|---|---|---|---|---|---|---|---|---|---|---|---|---|---|---|---|---|---|
| | | $X$ | $Y$ | $G$ | $X$ | $Y$ | $G$ | $X$ | $Y$ | $G$ | $X$ | $Y$ | $G$ | $X$ | $Y$ | $G$ | $X$ | $Y$ | $G$ |
| 活塞环 | i | | | | | | | | | | | | | | | | | | |
| | ii | | | | | | | | | | | | | | | | | | |
| | iii | | | | | | | | | | | | | | | | | | |
| | iv | | | | | | | | | | | | | | | | | | |

$X$-天地间隙、$Y$-环槽高度　　　　$G$-搭口间隙　　　　$G$-搭口间隙

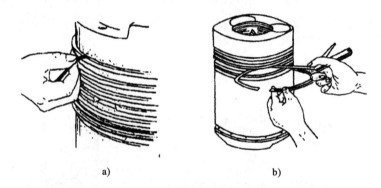

图 2-5-4　活塞环天地间隙测量
a)装上活塞环测量天地间隙;b)取下活塞环测量天地间隙

(4)如果环与环槽天地间隙过大,会引起环对环槽的冲击,加速磨损并且泵油严重;如果环与环槽天地间隙过小,会使环卡死在环槽中而失效。因此,最大值和最小值都必须在说明书规定的范围内,否则,换新活塞环。

3. 活塞环背隙的测量

(1)清洁活塞环和环槽内积炭、油污。

(2)将活塞环装入环槽内,用手按住活塞环外表面,使其紧靠在环槽上,此时,活塞环和活塞这两圆面相切,活塞环的外圆面应低于环槽外圆面,其值为环的背隙。

(3)用直尺竖直紧靠在活塞环与活塞两圆面切点处的活塞外表面上,用塞尺测量其间隙,即可得到活塞环的背隙。

（三）活塞环的检查

先将活塞环清洁干净后，进行以下检查：

1. 检查活塞环扭曲情况

将活塞环平放在研磨平板上做扭曲变形检查，若某处与平板接触不好，说明该环已扭曲，应换新环。

2. 检查活塞环的密封性

（1）将活塞环放入气缸中某处，用直尺测量前、后、左、右四个方向与气缸套上边缘的距离，保证活塞环放平，将环用盖板盖住，用灯放在被罩住环的下方，如图2-5-5所示。

（2）检查活塞环与缸套之间漏光范围。漏光要求：一处漏光弧度不超过30°，各处漏光总数相加不超过90°，且搭口30°范围内不允许漏光。漏光间隙要求：0.03mm塞尺检查不应通过。不能满足要求，应换新活塞环。

3. 检查活塞环的弹力

（1）自由开口法：活塞环取下后，测量自由状态下的开口大小，通常新环自由开口尺寸为$(0.10 \sim 0.13)D$（$D$为缸径）。旧环自由开口小于新环自由开口值，说明环的弹性下降。

（2）永久变形法：旧环取下清洁后，人为将自由开口闭合或将其扩大一倍再松开，其永久变形量大于自由开口值的10%，表明环的弹力下降。

（3）对比法：如图2-5-6所示，将旧环压在新环上，施力于活塞环，在旧环开口不完全闭合的情况下，用塞尺测量新、旧环的开口间隙，若旧环开口小于新环开口，说明旧环弹力不足。

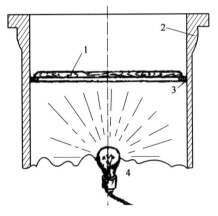

图2-5-5 活塞环漏光检查
1-盖板；2-气缸；3-活塞环；4-灯泡

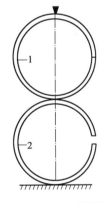

图2-5-6 活塞环弹性检查
1-旧环；2-新环

4. 使用过的活塞环状况检查

（1）良好状况：工作表面光亮、湿润，活塞环活动自如，无过度磨损（虽有棱边但无毛刺），如图2-5-7所示。如果倒角还存在，证明磨损量不大，可继续使用；如果倒角已经完全磨损掉，意味着磨损量太大，通常应该换新环。

（2）如图2-5-8所示，活塞环棱边有毛刺，对应缸壁有轻微磨痕，表示已经异常磨损。

（3）活塞环表面出现纵向拉痕，说明有硬质颗粒，应检查滑油状况。

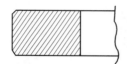
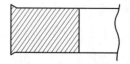

图 2-5-7　新环或状况良好的环　　　　图 2-5-8　异常磨损的环

（4）若环槽有较厚积炭，用木棒触动环检查环是否黏着和黏着的程度，黏着严重将导致密封不良，此种情况通常是滑油过多导致。

（5）若环表面干燥发黑，对应缸套有干燥发黑表面，说明漏气严重，应检查此活塞环的漏光性来确认。

（6）若活塞头部、头几道环环槽内有白色沉积物（含钙的盐类），表明缸内滑油的碱性过大。缸套表面出现漆状沉积物（褐色），缸套表面颜色发暗，说明滑油碱性过低，缸套出现酸腐（镀铬缸套会出现白斑）。

（7）观察润滑情况，除第一道环外，其余各道环的棱边应有滑油。

（四）活塞环槽的检查

在工作中活塞环在环槽中做相对运动，环槽会因与活塞环摩擦而产生磨损。由于燃烧产物中硬质颗粒和炭粒较多，加之环槽的工作温度较高，环槽变形、材料性能下降、环与环槽端面间的油膜破坏，则环槽磨损更加严重。

活塞环槽磨损后会使活塞环与环槽的天地间隙增大，活塞环的密封性下降，以及产生漏气、压缩压力和爆发压力降低，且运动过程中，活塞环与环槽撞击加剧，易导致活塞环折断。检查环槽磨损的方法如下：

（1）清洁活塞环槽积炭、油污。活塞环槽下表面应光滑明亮，若局部发黑，证明该部位没有同活塞环良好接触，应检查活塞环是否有扭曲、卡阻现象。

（2）分别在前、后、左、右四个方位将标准量块塞入环槽中，标准量块应与环槽底面良好接触，若发现标准量块倾斜或接触不良，说明环槽异常磨损；用塞尺测量环槽与标准量块的间隙，该间隙值加上标准量块的高度即为环槽高度，其数值记录入表 2-5-1 中，与说明书比较，若超过应修理或更换活塞头部。若没有标准量块，可用新活塞环替代。

（3）一般船上可用游标卡尺测量环槽高度，注意保证游标卡尺竖直放置，不可歪斜。

（五）活塞环的安装

1. 活塞环安装准备工作

（1）清洁活塞环槽、活塞环，并用压缩空气吹干净。

（2）安装时，如果不是一次全换新环，每道活塞环材质、制造工艺没区别，应将新环安装在第一、二道环槽中，旧环装在其他环槽中，这样既便于新环的磨合，又能发挥旧环的密封作用。但是，现在大多二冲程柴油机活塞环每一道制造工艺有区别，因此，应按照标识装配，不可随意用别道的活塞环来代替该道活塞环。

（3）不论是新环还是旧环，均需保证活塞环（气环）搭口间隙、天地间隙和弹力情况符合技术要求，才能装配。

## 2. 活塞环安装步骤

（1）按正确顺序装配，将搭口附近标识有"TOP"或"FIRE"字样的端面朝上，如图2-5-9所示。若有倒角的环应注意上下端面倒角是否一样，如果是旧环，应修整倒角，否则易起到泵油作用。

（2）活塞环安装时应使用拆检专用工具，将环的开口扩大使之缓慢顺利地装复到环槽中。如没有专用工具的中、小型柴油机可以用拆卸时相同的方法将其装入环槽。

（3）装配了活塞环且未能及时吊装入气缸套的活塞，应妥善保管，以免损伤活塞及环的工作表面，尤其是中、小型柴油机。

（4）装在活塞上的各道环，搭口应相互错开90°～180°，如图2-5-10所示。

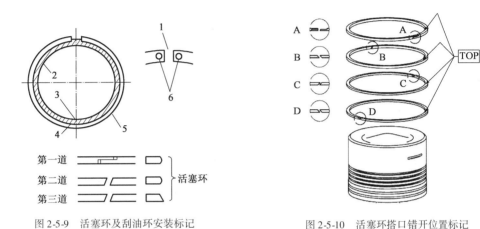

图2-5-9 活塞环及刮油环安装标记
1-环搭口；2-弹簧；3-弹簧搭口；4-接头；5-油环；6-触火面标记

图2-5-10 活塞环搭口错开位置标记

（5）活塞组件在即将装入气缸之前，应在气缸套、活塞环表面涂上润滑油，以确保其润滑，避免划伤气缸壁等。

## 思考题

1．简述活塞环装配的注意事项。
2．简述如何判断活塞环、环槽的好坏。
3．为什么安装活塞环时，搭口要错开一定角度？
4．如何正确判断旧环能否继续使用？

# 任务六 柴油机气缸套的拆检

## 一、拆检目的

（1）掌握正确拆检和安装气缸套的程序与注意事项；
（2）掌握气缸套测量方法和正确使用相关的量具；
（3）掌握计算气缸套圆度、圆柱度的方法，并能准确分析缸套的磨损状况。

## 二、拆检要素

(1)气缸套的拆卸与安装;
(2)气缸套磨损测量及圆度、圆柱度计算;
(3)气缸套密封件的预处理和安装。

## 三、拆检设备状态

四冲程柴油机活塞连杆组件已经吊出,现需吊出气缸套检修。

## 四、拆检步骤

(一)气缸套的拆卸步骤

1. 气缸套拆卸的准备

(1)关闭该缸缸套冷却水进、出口阀,放掉该缸缸套冷却水。
(2)准备好拆卸工具以及所需用到的专用测量工具,如图2-6-1所示。

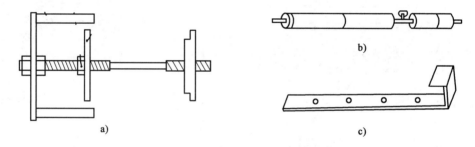

图 2-6-1 气缸套拆卸和测量专用工具

(3)检查拆卸缸套所需用的液压千斤顶,起吊设备,吊索长度适宜。
(4)存放地点安全稳妥,有利于缸套本身的清洁与检查,且不影响其他工作的开展。

2. 气缸套的拆卸步骤

为清洁气缸套水侧水垢,或更换密封圈,或更换气缸套都需将缸套拉出来。中、小型柴油机气缸套的拆卸可参照图2-6-2进行操作。

(1)如图2-6-2所示,将工具上压盖5放在气缸套上,装上中心螺杆及螺母4。
(2)打开曲柄箱道门,将下压盖8从曲柄箱道门放入气缸下口,并旋在中心螺杆上,使得上压盖、下压盖紧紧地压在气缸套上,旋紧螺母4,应注意上、下压盖准确装入缸套中,不得歪斜。
(3)将支架套在缸头螺栓上,并装上工具上承板2,上紧缸头螺母。
(4)拧紧螺母3,直至缸套凸肩与机架脱开,拧紧时应防止中心螺杆转动。
(5)感觉拧紧螺母3不再吃力时,可装上起吊钢丝绳,如图2-6-3所示。
(6)用起吊工具吊出气缸套,对于小型柴油机,用手提出也可。
(7)吊出气缸套后,放在木板上,卸掉专用工具。

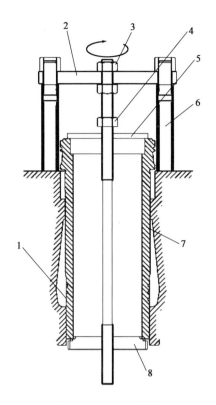 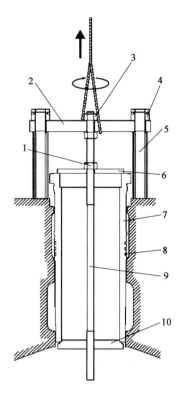

图 2-6-2 气缸套的拆卸
1-密封环;2-工具上承板;3-拉拔螺母;4-紧固螺母;
5-工具上压盖;6-缸头螺栓;7-缸套;8-工具下压盖

图 2-6-3 气缸套的吊出
1-紧固螺母;2-工具上承板;3-拉拔螺母;4-缸头紧固螺母;5-缸头螺栓;6-工具上压盖;7-缸套;8-密封环;9-中心杆;10-工具下压盖

【拓展知识】

大、中型二冲程柴油机气缸套需利用液压千斤顶和吊索具等专用工具进行拆卸。其拆卸程序及注意事项如下：

①吊出气缸套之前，为防止赃物从气缸体上落入活塞杆填料箱，填料箱和其周围应以帆布和其他适当物料遮盖起来。

②放掉所拆该缸柴油机冷却系统的冷却水，拆卸缸头水管接头，拆卸气缸注油器，使用专用工具首先拆卸气缸水套。

③把两只液压千斤顶对称安装在对向的缸盖螺栓之间，对准气缸套上的顶升凸台(有的二冲程柴油机需在缸套底部安装专用工具，然后用千斤顶顶该专用工具来拆卸缸套)。用机舱行车将专用工具吊起，缓慢放入缸套，直至上悬吊梁落在气缸套上。

④将起吊工具紧固在气缸套上，并缓慢升起，让起吊工具稍吃力。

⑤用高压软管将两台千斤顶与油泵连接起来，操纵油泵从而使缸套被顶出来。一旦缸套脱离机架，即可利用行车吊出缸套。缸套吊出后，需可靠放置气缸套，垂直放置时，可不取下行车吊钩，稍稍吃力即可，避免缸套倾倒。

⑥气缸套拆卸完毕,应收拾好各专用工具。清除缸套外锈垢,特别应清理密封环槽;用轻柴油将内部清洁干净,以备检查和测量。

(二)气缸套磨损测量及圆度、圆柱度计算

1. 柴油机气缸套测量前的准备

(1)缸套内圆面清除积炭,然后用轻柴油擦洗,最后用抹布擦拭干净。

(2)装上缸套测量位置样板。测量是在缸套内圆确定的部位(测量样板上固定的孔)上同一截面的前后(F－A)和左右(P－S)方向的测量,如图2-6-4所示。

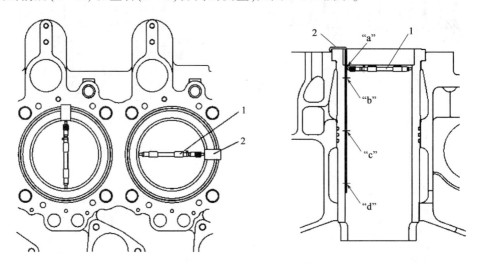

图2-6-4 气缸套的测量
1-量具;2-测量位置样板

(3)准备好纸、笔,一人记录,一人测量。

(4)采用随机配置的内径千分尺或内径百分表测量缸套内径。

2. 测量的位置

通常对测量部位的确定由随船配备的测量样板来决定,对于没有测量样板的情况下,可参照以下四个部位进行测量:

(1)当活塞在上死点时第一道活塞环对应的气缸套位置。

(2)第一道活塞环在行程中点时所对应的气缸套位置。

(3)最后一道刮油环在行程中点时所对应的气缸套位置。

(4)当活塞在下死点时最后一道刮油环所对应的气缸套位置。

对于大型低速二冲程柴油机气缸套,由于行程较长和有气口,因此除上述四个测量点外,在气口上下方增加两个测量点,并根据相邻两个测量点间的距离,适当增加测量点。

3. 测量的步骤

1)用量缸表测量缸径

对于小型柴油机,由于缸径比较小,采用内径千分尺不便于测量,因此,一般采用量缸表测量。

(1)用右手握住量缸表表杆(握住表杆上胶木部位),左手两指使表的定心架压在缸套壁面,将可换量头插入测量位置样板的孔内,然后放入缸套内,如图2-6-5所示。

(2)将量缸表移动到待测量部位,右手握住表杆前后稍做摆动。这样可换量头沿缸套轴线略做上下移动,观察表杆摆动时表盘上指针的偏转,应使表杆向表针转动的减值(所量值减小)的方向摆动。到表针刚要反转时,表杆立即停止摆动,这时百分表的读数为缸径相对变化尺寸。

(3)读数要根据大指针离开"0"位的格数和指针偏转方向来确定。百分表大指针每偏转1格为0.01mm,偏差的正负可在测量前用手按动量头观察大指针的转动方向来确定:用手按动量头,若大指针顺时针转,则当表杆在缸内摆动时,指针按逆时针方向偏转,距"0"的偏转格数为缸径比公称值的增大量即实际测量尺寸为正偏差;反之,指针按顺时针方向偏转,距"0"的偏转格数为缸径比公称值的减小量,为负偏差。

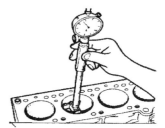

图2-6-5 使用量缸表测量缸径

(4)按表2-6-1做好记录。根据测得的尺寸,可得到该测量部位的实际尺寸和相对磨损量。根据同一缸套不同部位的测量结果,可计算缸套的圆柱度和圆度。

**气缸套测量记录表**　　　　表2-6-1

| CYL. No. | | 1 | | 2 | | 3 | | 4 | | 5 | | 6 | |
|---|---|---|---|---|---|---|---|---|---|---|---|---|---|
| | | FA | PS | FA | PS | FA | PS | FA | PS | FA | PS | FA | PS |
| 缸套测量位置 | A | | | | | | | | | | | | |
| | B | | | | | | | | | | | | |
| | C | | | | | | | | | | | | |
| | D | | | | | | | | | | | | |
| 最大直径增加量 | | | | | | | | | | | | | |
| 1000小时磨损率 | | | | | | | | | | | | | |
| 圆度 | | | | | | | | | | | | | |
| 圆柱度 | | | | | | | | | | | | | |

2)用内径千分尺测量缸径

对于大、中型柴油机一般使用内径千分表测量缸径。内径千分尺需先用标准量块或未磨损缸套部位校准。测量时,如图2-6-6所示,双手托住内径千分尺,一端插入测量样板的孔内,先预设一个尺寸,另一端首先在缸套直径平面摆动,找到最大尺寸,即为直径所在位置,然后在该位置沿缸套轴向方向上下摆动,最小值即为待测位置的缸径值。若太松,通过微调旋钮改变预设值,再次按照这种方法测量,感觉移动端刚好碰到气缸壁,不松也不太紧即可。内径千分尺测量时的正确位置,如图2-6-7所示。

3)测量时应注意如下几点

(1)不许用量缸表、内径千分尺测量未清理干净积炭的缸套表面。

(2)使用量缸表、内径千分尺过程中,严防水、油和灰尘渗入表内,影响准确性。

(3)在观察表的读数时,视线应与表盘相垂直。因为指针与表盘之间有一段距离,视线歪斜时,会造成读数的误差。

(4)量缸表、内径千分尺使用完毕,应从表杆上卸下百分表,可换量头、螺母等,擦拭干净后置于盒内妥善保存,以防止意外碰撞而损坏。

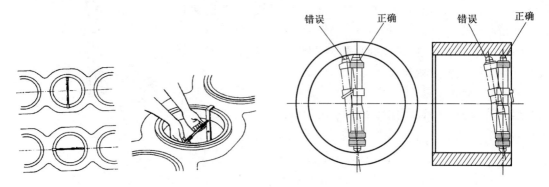

图 2-6-6 使用内径千分尺测量缸径　　　　图 2-6-7 内径千分尺测量时的正确位置

**4. 缸套内径圆度、圆柱度及最大内径增量的计算**

(1)圆度:指缸套的横截面接近理论圆的程度。缸套测量横截面上 F－A 和 P－S 方向的半径差,一个测量横截面对应一个圆度值。

(2)圆柱度:指任一纵向截面最大尺寸与最小尺寸之差。F－A 或 P－S 纵向测得的不同数值的最大与最小半径差即为圆柱度,取其中的最大差值为最大圆柱度。

(3)计算出最大内径增量,即测量出的最大内径值减去气缸套的标准内径值。以及每 1000h 磨损量等数值,最后将其测量和计算的结算记入表 2-6-1 内,再根据缸套的磨损极限和说明书之要求进行修复、更换。

(三)气缸套密封件的预处理和安装

(1)气缸套凸肩下缘面与机体凹槽肩位如装有紫铜垫圈,应换新或退火处理后再使用,如损坏,必须换新。

(2)水密封圈必须换新。新密封圈装进缸套前,应检查其弹性。一般,密封圈周长约为缸套圈槽周长的 9/10,靠密封圈本身的收缩力夹紧在缸套上。密封圈应平顺地装入缸套圈槽中,不得有绞缠、扭曲的现象。把密封圈装上后,可用手拉出部分,沿着缸套密封圈槽走一圈即可避免扭曲现象。密封圈装上后应高于缸套外表面 0.50～0.60mm。

(3)密封圈装上后抹上肥皂水,避免安装过程中,导致密封圈扭曲、折断。

(四)气缸套的安装

(1)装复前,气缸体应仔细清洁。机体内各专用孔道,必须用压缩空气吹扫清理,以保畅通。

(2)用专用工具将缸套平稳吊起,在气缸套凸肩处涂上耐高温润滑脂,以便于密封和下次拆装。

(3)准确对好定位标记,缓慢下降,一般靠自重即可将其装入机体。若下降困难,应查明原因,对于中、小型气缸套,下降困难时,可用专用工具的压板压下缸套,直至缸套与机体凹槽肩面贴紧为止。

(4)安装完毕,打开冷却水,检查橡皮圈处有无渗漏。必要时进行水压密封性试验以检验是否因装配不当致使缸套产生裂纹。

试验压力应为该机冷却水压力的1.5~2倍,一般为$(2~3)×10^5$Pa。筒形活塞式柴油机气缸套液压试验压力为0.7MPa,并保持5min后,检查缸套内、外表面是否有渗漏现象。

## 思考题

1. 气缸套安装的时候为什么橡皮圈要用肥皂水来润滑?用油脂可不可以?
2. 如何保证气缸套测量值的准确性?
3. 简述气缸套圆度、圆柱度的计算方法。

# 任务七  柴油机主轴承的拆检

## 一、拆检目的

(1)了解柴油机主轴承拆检程序及注意事项;
(2)掌握柴油机主轴承的检查方法及其换新的依据;
(3)掌握主轴承间隙测量的方法与要求。

## 二、拆检要素

(1)柴油机主轴承拆卸与安装;
(2)用压铅丝法测量主轴承间隙。

## 三、拆检设备状态

四冲程柴油机主轴承需拆检,并测量主轴承间隙。

## 四、拆检步骤

(一)主轴承的拆卸

**1. 主轴承拆卸前准备**

(1)准备好拆卸所需的常用工具、专用工具及物料等。
(2)打开曲柄箱道门,找准需要拆卸的主轴承的位置,盘车到合适位置。
(3)测量曲轴的轴向间隙,并做好记录(主轴承拆卸前后均应检测其间隙)。
(4)拆卸主轴承锁紧螺母的防松装置,并做好标记。
(5)对于大型二冲程柴油机,有润滑油管和测温传感器的需先拆除。

### 2. 主轴承的拆卸

(1)拆卸主轴承压盖螺母或撑杆螺栓,若有力矩要求的,需按力矩拆卸。拆卸后,按顺序放好,尽量原样装复。

(2)取下轴承上盖,注意防止上轴瓦掉落,引起轴瓦损坏,如果太重,可二人配合。

(3)若有调整轴承间隙的垫片,需按顺序放好,并记录多少片,便于原样装复。

(4)主轴承下瓦可通过转动曲轴盘出。一般中、小型柴油机利用在主轴颈上的润滑油孔中插入专用工具,如图2-7-1所示,即可盘车转出下瓦。安装专用工具时,要注意薄壁轴瓦一侧有定位唇边,此时应向有定位唇边一侧盘出,以免损坏轴瓦,如图2-7-2所示。

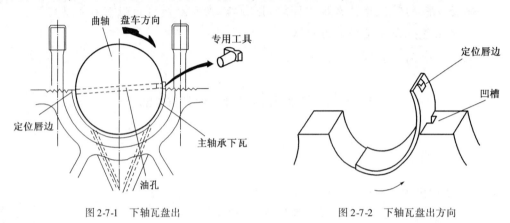

图 2-7-1  下轴瓦盘出　　　　　　　图 2-7-2  下轴瓦盘出方向

(二)主轴承间隙的测量

### 1. 主轴承和紧固螺栓检查

(1)检查主轴承紧固螺栓(撑杆螺栓),螺栓与螺母的螺纹不能有倒刺和毛刺,螺栓和螺母旋合时,不能有明显的松动或时松时紧的感觉。

(2)检查主轴承盖与机架定位两端面的过盈量,通常情况下主轴承盖定位端面没有磨损,其过盈量为0.03~0.05mm,靠此面与机架定位,使各道轴承盖中心线保持在同一直线。

(3)在轴承外观检查时,发现下列情况之一应予报废:

①轴承合金表面磨损起线严重、咬伤、烧熔;

②铅青铜合金层出现剥落现象以及白合金层有大片剥落现象;

③轴承合金层表面发现裂纹或用敲击法检查声音沙哑者;

④轴瓦定位块或定位唇边与定位凹槽损伤严重;轴承外圆有摩擦痕迹。

### 2. 主轴承间隙测量

1)塞尺测量法

在柴油机轴承端面与轴颈过渡圆角之间的空隙允许插入塞尺时,可用塞尺法测量轴承的安装间隙。这种塞尺一般是专用塞尺,随柴油机配置。把两面涂以薄层机油的塞尺插入轴颈和轴承间的适当位置,插入距离为轴承宽度的一半以上,紧度合适的塞尺厚度即为该轴承的安装间隙。但考虑到轴颈与轴承之间的间隙为圆弧形,而塞尺是平直的,两者不能完全贴合,其真正安装间隙应为插进去的塞尺厚度再加上0.05mm进行修正后的值。

2)压铅测量法

(1)拆去主轴承上盖和上瓦。

(2)选用直径为$(1.5 \sim 2.0)\delta$ mm($\delta$ 为轴承安装间隙),长度为120°~150°轴颈弧长的铅丝2~3条,沿轴颈首、中、尾位置用油脂粘在轴瓦内侧,注意避开油孔位置,如图2-7-3所示。

(3)装上轴承上瓦及上盖,按规定扭矩分几次均匀上紧轴承螺栓,此时切勿盘车。

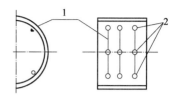

图2-7-3 铅丝的摆放
1-左侧铅丝;2-右侧铅丝

(4)拆掉轴承盖,取出铅丝,注意铅丝对应的轴承位置,切勿弄混。测量前用布小心清洁铅丝片上的油脂,用千分尺测量铅丝的两端及中间位置的厚度。一般情况下,中间厚度为轴承径向间隙,两端厚度为轴承两侧向间隙,两侧间隙通常应小于径向间隙,两侧向间隙差不超过0.05mm。测量结果应与上次检测结果比较分析。

(三)主轴承的安装(正置式主轴承)

1.主轴承安装前准备

(1)清洁轴承上盖、主轴颈、轴承座、轴瓦、螺栓等。

(2)在轴瓦内表面抹上适量润滑油,切不可在瓦背、轴承座孔等处抹润滑油。

2.安装下轴瓦

对于大型二冲程柴油机,是用专用工具将曲轴适当抬高,取出下轴瓦。安装的时候,只要把下瓦放在主轴颈上,注意定位唇边的方向,下瓦将顺利的滑入轴承孔中,若不能顺利滑入,可用随柴油机提供的专用工具,按拆卸的相反方向压入下瓦。

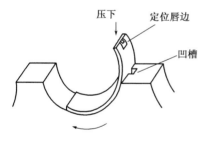

图2-7-4 主轴承装入方向

对于中小型柴油机,若没有曲轴,比较方便,直接装入即可,但要注意定位唇边的方向,如图2-7-4所示。在有曲轴的情况下,一般直接装入比较困难,同样需在轴瓦的内表面抹上润滑油,采用柴油机出厂配的专用工具压住轴瓦,注意定位唇边的正确方向,按盘出的相反方向盘入下轴瓦。

为了保证轴瓦背面与轴承座孔良好接触,要使轴瓦两端面对轴承座孔两侧有一定的凸出高度,一般凸出高度为0.03~0.10mm,尽量左右放平。

3.安装上轴瓦

(1)对于大型二冲程柴油机需先装轴瓦,然后装轴承盖。注意在上轴瓦内侧、轴颈表面抹上润滑油;对于中小型柴油机,上轴瓦需同轴承盖一起安装,需注意定位唇边的位置,同时有调整垫片的应按拆卸前一样的片数装入或按照调整轴承间隙的要求装入调整垫片。

(2)按说明书规定的上紧方法,紧固主轴承紧固螺母(或撑杆螺栓)。若不是用扭力扳手上紧的,必须根据螺母的配对标记来上紧。

(3)装上螺母开口销等防松装置。若有润滑油管的,装上主轴承润滑油管。

(4)清洁整理,注意将曲柄箱内的工具,杂物等清理出来。盘车检查,注意有无卡阻现象,若正常,可盖上道门,清洁外侧,整理工具。

**思考题**

1. 讨论倒置式主轴承拆检的步骤。
2. 主轴承间隙过大或过小对柴油机的工作有何影响?
3. 主轴瓦常见的损坏形式有哪些?
4. 如何用压铅法测量主轴承的安装间隙?

## 任务八 曲轴臂距差的测量与计算、曲轴轴线的状态分析

### 一、拆检目的

(1)掌握柴油机曲轴臂距差的测量方法和步骤;
(2)掌握柴油机曲轴拐档表的校准、安装与读数方法;
(3)掌握利用柴油机曲轴臂距差值分析曲轴轴线状态的方法;了解臂距差的影响因素。

### 二、拆检要素

(1)安装拐档表;
(2)曲轴臂距差测量与计算;
(3)画曲轴中心线状态图;分析主轴承的高、低状态。

### 三、拆检设备状态

四冲程柴油机,需测量曲轴臂距差,并分析曲轴轴线状态。

### 四、拆检步骤

(一)曲轴量表(拐档表)的使用方法及注意事项

1. 在下列情况必须测量臂距差

(1)柴油机吊出活塞连杆组件、主轴承、飞轮及轴系检修前后。
(2)机舱部位发生搁浅、触礁等影响轴线状态的事故后。
(3)正常状态下,一般每半年需检查一次曲轴臂距差,并分析曲轴轴线状态。

2. 拐档表检查

检查拐档表的灵敏度,用手指按动拐档表一端的顶尖,看表上的指针摆动是否灵活,放松

后指针能否回到原来位置。检查无误后,根据臂距的大小选择并调整拐档表测量杆的长度,使之比臂距大 1~2mm。

### 3. 读取拐档值

由于不同结构的拐档表在测量臂距增减时的表指针转动方向不尽相同,因而要注意观察,认真识别,当将曲轴量表的触头向表内压入时,表面上的读数应减少。在记录此数据时,可直接读作"负"值,以" – "号表示;当拐档表的触头伸开时,表面上的读数应增大,在记录此数据时,可直接读作"正",以" + "号表示。即缩小为" – ",增大为" + ",如图 2-8-1 所示。应该记住表指针的转动方向,以免读错正负,造成重大误差。

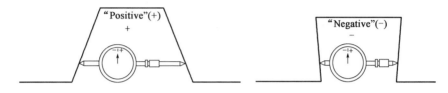

图 2-8-1　臂距的正负判断

(二) 臂距差测量与计算

### 1. 臂距差测量

测量操作应二人进行,一人观察读数,一人盘车,并约定好"盘车""停止"的信号,盘车一般为正车方向,绝不能因盘过了而往回盘到需要的角度,这样会导致测量误差。

(1) 打开示功阀,打开曲轴箱道门。

(2) 如果是曲柄销上没有安装活塞连杆组件的情况下测量臂距,将待测量臂距的曲柄盘车转到下死点,如图 2-8-2 所示的 B 处。

如果测量装有活塞连杆组件的曲柄臂距,由于曲柄销在下死点位置时拐档表受连杆阻碍而无法进行测量,为此,应把曲柄销转到下死点后 30°(部分机型 15°)左右的位置,如图 2-8-2 的 B1 位置,作为起始测量位置。测量完毕,用曲柄销处于 B1、B2 位置的臂距值的平均数来代替曲柄销在下止点位置时的臂距值。

(3) 找到两曲柄臂上的冲孔,冲孔应在距曲柄销轴线为 $(S+D)/2$ 处($S$ 为活塞行程,单位 mm;$D$ 为主轴颈直径,单位 mm),如图 2-8-3 所示,清洁冲孔周围,除去孔中油污或杂物。

(4) 正确安装拐档表,特别要注意连杆螺栓是否

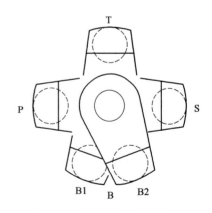

图 2-8-2　臂距测量的不同位置

会碰到拐档表,装上拐档表预压缩约 1~3mm。对配重式拐档表,用手轻轻拨转拐档表转 2–3 转,确认不会掉下来后,将拐档表的表盘指针调到"0"位,如图 2-8-4 所示;对没有配重的拐档表,用手轻轻转动拐档表,确认安装稳定后,应将表面转到朝外侧,便于观察读数。

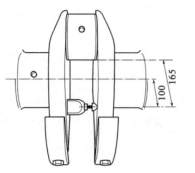

图 2-8-3　臂距差表安装位置　　　　　图 2-8-4　拐档表表盘调整

(5) 如果测取曲柄销安装有活塞连杆组件时,应确定正确盘车方向,例如,如果在曲柄销处于如图 2-8-4 的 B1 位置时安装的拐档表,则应当顺时针盘车,否则会使拐档表被连杆挡落,导致拐档表损坏。起始测点(如下止点后 30°或 15°)确定后,可根据销位法依次测量曲柄销处于如图 2-8-2 的 B1、P、T、S、B2 五个位置的臂距值。每盘车到一个位置,就读取一个臂距值,并记录在如图 2-8-5 所示相应位置上。当测量到最后一个位置,即曲柄销处于如图 2-8-2 的 B2 位置时,测量完毕,取下拐档表。

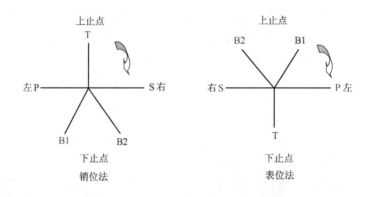

图 2-8-5　装有活塞连杆组件的曲柄臂距差现场记录

如果测取未装活塞连杆组件的曲柄臂距时,应分别在曲柄销处于下止点,上止点和左、右水平位置,即曲柄销转到如图 2-8-2 所示的 B、P、T、S 四个位置进行测量和记录。将其测量结果记录在如图 2-8-6 所示相应位置上。

现场测量完毕,整理数据,将测量结果记录入表 2-8-1 所示中,并分析计算。

2. 计算

根据表 2-8-1 所记录的测量数据,曲柄臂距差计算方法如下。

上下臂距差 $\Delta_\perp$ 为：　$\Delta_\perp = T - B$　（没装活塞连杆组件的计算公式）

　　　　　　　　　　　$\Delta_\perp = T - (B1 + B2)/2$（装有活塞连杆组件的计算公式）

左右臂距差 $\Delta_-$ 为：　$\Delta_- = P - S$

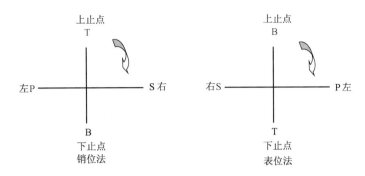

图 2-8-6 未装活塞连杆组件的曲柄臂距差现场记录

**臂 距 差 记 录 表**　　　　　　　　　　　　　表 2-8-1

冲程(Stroke)：_____　　　　缸径(Bore)：_____
吃水(Draft)：F _____；A _____　　曲柄箱温度：_____℃

| 曲柄销位置＼气缸 | 1 | 2 | 3 | 4 | 5 | 6 | 7 | 8 |
|---|---|---|---|---|---|---|---|---|
| $B1$ | | | | | | | | |
| $P$ | | | | | | | | |
| $T$ | | | | | | | | |
| $S$ | | | | | | | | |
| $B2$ | | | | | | | | |
| 垂直方向臂距差值：$\triangle_\perp = T - (B1+B2)/2$ | | | | | | | | |
| 水平方向臂距差值：$\triangle_= = P - S$ | | | | | | | | |

式中的 $T$、$B$ 分别为曲柄销在上、下止点位置的臂距差测量值，$P$、$S$ 分别为曲柄销在左、右水平位时的臂距差测量值。

(三) 画曲轴中心线状态图

**1. 简单作图法**

用简单作图法绘制曲轴轴向状态并分析，如所测臂距差如表 2-8-2 所示。

**柴油机臂距差值**(单位：mm)　　　　　　　　　表 2-8-2

| 曲柄号 | Ⅰ | Ⅱ | Ⅲ | Ⅳ | Ⅴ | Ⅵ | Ⅶ |
|---|---|---|---|---|---|---|---|
| $\triangle_\perp$ | +0.12 | +0.02 | +0.14 | -0.17 | -0.12 | +0.07 | +0.05 |

(1) 画出横坐标，并在其上等距离画出各缸中心线 (即曲柄中心线) Ⅰ，Ⅱ，Ⅲ，…，Ⅶ 和各道主轴承中心线 1,2,…,8，画出纵坐标，令其表示臂距差 $\triangle_\perp$，且在 0 以上为负值，原点 0 以下为正值。如图 2-8-7 所示。

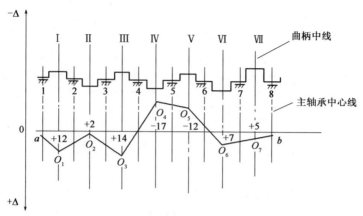

图 2-8-7　曲轴轴线状态简单作图法

（2）将各缸的曲柄臂距差值 △↓ 分别标于各缸中心线上。

（3）连接各缸中心线上的点，所得的折线 $O_1O_2O_3O_4O_5O_6O_7$；便近似表示垂直平面内的曲轴轴线，但未包括首、尾两端主轴轴线状态，如图 2-8-7 所示。

（4）用经验法中第一条关于曲轴两端轴承位置与臂距差的关系作为补充，得知第 1、8 道主轴承分别高于第 2、7 道主轴承，即 $a$ 点高于 $O_1$ 点，$b$ 点高于 $O_7$ 点。连接 $aO_1O_7b$，则得到完整的曲轴轴线状态 $aO_1O_2O_3O_4O_5O_6O_7b$。

从图 2-8-7 中可以看出：第 5 道主轴承位置最高，第 2、7 道主轴承位置最低。

2. 较精确作图法（MAN B&W 机型）

（1）画出 7 缸柴油机各缸曲柄中线 1,2,……,7；如图 2-8-8 所示。

（2）在第 1 道主轴承下方画出任意方向的线段 $A_1$，图中选取水平方向。

（3）令线段 $A_1$ 与第 1 缸曲柄中线相交于 0 点，延长与第 2 缸曲柄中线交于 $a_1$ 点，自 $a_1$ 向上截取 $a_1b_1 = +0.12$mm，即将第 1 缸曲柄臂距差值 +0.12mm 标于第 2 缸曲柄中线上。

（4）连接 $ob_1$，并延长与第 3 缸曲柄中线交于 $a_2$ 点，向上截取 $a_2b_2 = +0.02$mm。

（5）连接 $b_1b_2$，并延长交于第 4 缸曲柄中线上的 $a_3$ 点……依此类推作图。

（6）连接 $b_5$、$b_6$，并延长与在第 7 缸曲柄中线右边补画一条曲柄中线相交于 $a_7$，截取 $a_7b_7 = +0.05$mm。

（7）连接 $b_6$、$b_7$ 后获得垂直平面内曲轴轴线状态 $Ob_1b_2b_3b_4b_5b_6b_7$ 折线，将此折线修整圆滑成符合实际的曲轴状态。

作图过程中，正值臂距差应自交点向上截取，负值臂距差则自交点向下截取。依以上方法亦可画出水平平面的曲轴轴线状态图。

（8）确定主轴承位置的高低。

为确定各道主轴承高度，需先确定该曲轴轴线对应的基准线，以其相对基准线的距离判断各道主轴承的位置高低。确定基准线的方法有：

①利用桥规值作基准线。

②以曲轴轴线上位置最低的两道主轴承处的连线作基准线。

③用艏、艉主轴承中线与曲轴轴线的交点连线作为基准线，如图 2-8-8 所示。此法简便，为近似方法。

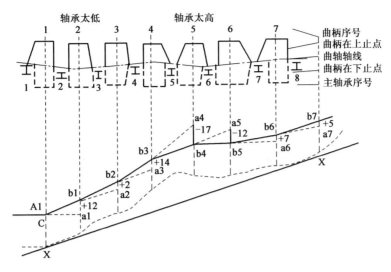

图 2-8-8 MAN B&W 型柴油机曲轴轴线状态作图法

## (四)分析主轴承高低状态

### 1. 分析轴线状态

根曲轴臂距差值可简单判断轴承的位置高低及轴线状态如表 2-8-3 所示。

**简单判断主轴承位置高低及轴线状态**　　　表 2-8-3

| 臂距差数据 | 曲柄臂状态 | 轴线状态 |
|---|---|---|
| $\Delta_\perp = T - B$　$\Delta_= = P - S$ | | |
| $\Delta_\perp > 0$ | 下开口"∧" | 下塌"∪" |
| $\Delta_\perp < 0$ | 上开口"∨" | 上拱"⌒" |
| $\Delta_= > 0$ | 右开口"<" | 右偏")" |
| $\Delta_= < 0$ | 左开口">" | 左偏"(" |

### 2. 经验法判断

根据多年实践经验总结出一套判断曲轴主轴承位置高低的规律,不需作图,直接依所测得的臂距差进行判断,举例如表 2-8-4 所示。

**经验法判断主轴承位置高低**　　　表 2-8-4

| | $\Delta_\perp$ | 判断端部主轴承高低 | 曲轴轴线状态 |
|---|---|---|---|
| 1 | + | 1# 高于 2# | |
| 2 | − | 1# 低于 2# | |

续上表

| | $\triangle_\perp$ | 判断端部主轴承高低 | 曲轴轴线状态 |
|---|---|---|---|
| 3 | + | 2# 最低 | |
| 4 | - | 2# 最高 | |

**3. 分析影响拐档差的主要因素**

1）主轴承下瓦的不均匀磨损

机座上各道主轴承下瓦磨损程度不同使下瓦的高度不等，坐落其上的曲轴轴线发生变形，拐档差发生变化。

2）机座变形或下沉

两者都会使曲轴轴线弯曲变形，拐档差无规律地变化，它是由于船体变形、机座地脚螺栓和贯穿螺栓松动或重新预紧时力矩不均匀等引起的。

3）船舶载荷的影响

船体如弹性梁，受力不均产生变形，船体刚性差和建造工艺差则变形更加严重。

4）运动部件和爆发压力的影响

柴油机各缸功率、轴承负荷及轴承间隙，通过连杆活塞运动作用于曲轴上的气缸爆发压力，活塞活动件的重量使轴线朝塌腰形变化。

5）飞轮、轴系连接的影响

飞轮使曲轴尾端的尾部轴线朝拱腰形变化，轴系法兰刚性连接的安装误差直接影响曲轴尾端轴线状态和拐档差的变化。

至于是由于主轴承的磨损不均还是机座变形引起的轴线变形可以通过桥规测量各道主轴承下沉量的办法来判断。

如果拐档差值与桥规所测的轴颈下沉量相互吻合，则说明曲轴轴线弯曲变形是由于主轴承本身因磨损不均而中心线不正所引起的；如两者相互矛盾，则说明机座已经变形。

曲轴拐档差不可能在任何条件下全部接近零值，因为在某种条件下调整接近为零值的拐档差，条件一改变拐档差也就跟着改变，甚至超过允许极限。在各种状况下，曲轴拐档差的允许极限如表2-8-5所示。若超出极限应检查，确认是否测量有误差，若核实测量正确，应对曲轴及轴承修理或调整。

曲轴臂距差参照标准　　　表2-8-5

| 柴油机状况 | 每米活塞冲程的臂距差(mm) | 处理措施 |
|---|---|---|
| 经过试车后 | ≤0.125 | |
| 营运中允许运转范围 | 0.125~0.25 | >0.25 应限期修理 |
| 最大极限 | ≤0.30 | >0.3 应立即停航修理 |
| 对活塞冲程<400mm者，修理试车后可适当放松为每米活塞冲程0.15mm，但不超过0.175mm | | |

总体来说,为了延长柴油机的运行期限,应该在最常用的状态下使曲轴处于良好的技术状态,而在其他状态下拐档差也不要超过标准值。当根据各种因素分析,确认需要用修刮主轴承来校正曲轴中心线时,一般只能凭经验边拂刮边测量拐档差来逐步校正曲轴中心线。

### 思考题

1. 为什么要测量拐档差?拐挡差大小对柴油机运行有何影响?
2. 如何检查拐档表?安装时有何要求?
3. 影响拐档差的因素有哪些?
4. 如何根据拐档差,判断相邻主轴承的位置高低?

## 任务九　柴油机回油孔式喷油泵的拆检

### 一、拆检目的

(1)掌握回油孔式喷油泵解体、检查、组装的程序;
(2)熟悉喷油泵各零件的名称及结构特征和作用;
(3)掌握喷油泵的工作原理;掌握回油孔式喷油泵油量调节方式。

### 二、拆检要素

(1)回油孔式喷油泵解体与组装;
(2)出油阀偶件检验及研磨修理;柱塞偶件检验;
(3)喷油泵供油正时的检查与调整(冒油法或标志法)。

### 三、拆检设备状态

四冲程柴油机回油孔式喷油泵已经整体从柴油机拆卸下来,现需解体检修。

### 四、拆检步骤

(一)喷油泵的解体

由于喷油泵属精密偶件,平时不允许随意拆卸。只有在工作时间已达到检修周期或确认此喷油泵有故障时,方才进行拆卸解体检修。

1. 喷油泵拆检的准备及要求

(1)准备好拆卸工具、专用工具以及拆检用料(木垫等物品)。

(2)拆卸时不得碰坏精密件,更不允许互相调换,尤其是柱塞套筒偶件,应成对放置在洁净的煤油或轻柴油中。

(3)需要在台虎钳上拆检时,除粗糙件外,有配合面或装配面的零部件需在台虎钳夹口上准备好紫铜皮衬垫。

(4)拆解过程中遇到难于拆卸部件时,应放在油中浸泡,严禁敲击,以免破坏原有的配合间隙,造成零件损坏。

(5)拆卸前注意喷油泵各部件原来的技术状态及与其他零件的连接方法,并检查其运动是否灵活,有无损伤、缺陷。注意主要零件的装配标记或自做标记,以便原样装复。

2. 喷油泵的解体

(1)将泵体外部清洁干净,将下部方形底座在台虎钳上夹紧(注意不可太紧),用套筒扳手旋出出油阀压紧螺母,取出弹簧,并用专用工具取出出油阀总成,如图 2-9-1 所示。

(2)松开台虎钳,将泵体倒置放在支撑平台上,用专用工具把柱塞导程筒压下,如图 2-9-2 所示,用卡簧钳取出卡簧,然后再缓慢松开专用工具,使导程筒上升至无弹力后,取出导程筒和弹簧下座及弹簧。

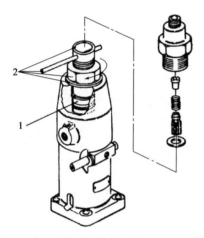

图 2-9-1 出油阀拆卸
1-出油阀座;2-出油阀拔出工具

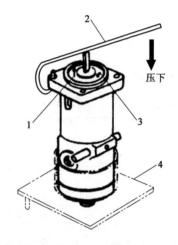

图 2-9-2 喷油泵弹簧挡圈拆装
1-卡簧;2-柱塞导程筒拔出工具;3-柱塞导程筒;4-支撑平台

图 2-9-3

(3)依次抽出柱塞,及控制套筒,弹簧上座。

(4)将泵体正置,拧出齿条限位螺钉,取出齿条拉杆,旋出定位螺钉后,用手指或铜棒将柱塞套筒由下往上顶出。此时喷油泵零件已全部分解完毕,如图 2-9-3 所示。

(二)出油阀偶件的检查及研磨

1. 外观检查

在出油阀偶件清洗干净后,可用肉眼或借助放大镜对出油阀的工作表面外观检查,检查有无明显划痕、凹坑,以及严重的磨损、腐蚀、裂纹等缺陷。

2.卡阻检查

紧握出油阀座上下抽动出油阀瓣,检查有无卡阻现象。

3.滑动性试验

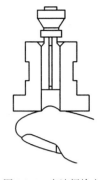

图 2-9-4　出油阀检查

如图 2-9-4 所示,用大拇指按住出油阀下部进油孔,用另一只手轻轻拉出出油阀一半(按其长度,出油阀全长的一半),应感觉到稍稍用力,放手后靠本身的自重缓慢降落,直到落座为止。如果降落太快,则说明间隙过大不能继续使用。如果降落至某一点卡住,应查明原因,否则应更换。正常时应自由缓慢下落,在阀座孔内的任一长度与角度位置时不应感到局部有阻力或卡阻等现象。

4.密封性试验

用大拇指和中指拿住出油阀座,食指按压住出油阀阀瓣,用橡胶皮碗吸出油阀座底平面的孔,若能吸住,说明密封性好。也可将其倒置,在出油阀底座平面的孔内倒入适量煤油,煤油平面与出油阀底座平面平齐,5min 内没有渗漏,证明密封性较好。

5.综合密封性试验

整套装复喷油泵,在高压油管接头处安装上压力表,之后手动泵油,压力增加至说明书规定的压力,停止泵油并松开泵油手柄。由于泵油手柄的松动,柱塞自然下行,这时若压力表读数基本保持不变,则认为出油阀密封良好。否则,说明密封性不好,应对其进行研磨,出油阀只能采用对研的方式修复。

(三)柱塞套筒偶件的检验

1.外观检查

在柱塞套筒偶件清洗干净后,可用肉眼或借助放大镜对套筒、柱塞面的工作表面进行外观检查,检查有无明显划痕、凹坑,以及严重的磨损、腐蚀、裂纹等缺陷。

2.柱塞套筒的滑动性检验

图 2-9-5　柱塞套筒偶件滑动性检查

将柱塞与套筒清洁干净后,使柱塞从垂直倒放的套筒中拉出 40～50mm(约为柱塞全长的一半),放手后靠柱塞自重缓慢降落,如图 2-9-5 所示。直到柱塞全部进入套筒为止。观察其下降速度,如果下降速度过快说明其间隙过大,如果降落过程中在某一点卡住,应查明原因,否则应更换。正常时应自由缓慢下落,毫无阻碍。在套筒内旋转柱塞至任何长度与角度位置时不应感到局部有阻力或卡阻等现象。

3.柱塞套筒偶件的密封性检验

如图 2-9-6 所示,用手指将套筒顶面上的孔以及进油孔、回油孔堵住,然后将柱塞向外拉,拉出柱塞大约全长的一半后松手。如果其配合间隙正常,则应缩回到原来的起点。如果间隙过大,拉动时则不感到费力,并有空气渗入,回弹的真空作用力不强,且不能回到原起点,这样可以判断柱塞套筒已经磨损。

图 2-9-6　柱塞套筒偶件密封性检验

4. 综合密封性检验

首先将整个喷油泵装复,然后在喷油泵出油接头上安装压力表,之后手动泵油,直到泵油压力达到说明书规定时停止泵油,并按住泵油手柄不动,观察压力表指针。此时压力表读数能在规定时间(一般不少于30s)保持不下降,则认为密封性良好。否则,则说明密封性不好,应分别检查其密封性不良的原因。

(四)喷油泵的装复(回油孔式喷油泵)

1. 装复过程中的注意事项

(1)装复时,必须注意零件和衬垫物的清洁。偶件工作表面禁止用棉纱头或布擦拭,防止纤维残留在配合间隙内引起卡滞。

(2)喷油泵高压油管接头螺母不要拧得过紧或过松,太松易使阀座与套筒接触端面漏油,太紧会使阀座和套筒变形,最好用扭力扳手拧到规定值。组装时应及时左右拉动齿条拉杆,检查柱塞在套筒内的运动,如果有卡滞现象,应查明原因,及时处理。

(3)确保套筒、柱塞、油量调节圈、齿圈、齿条的相互位置正确,调节机构运动灵活。

(4)注意油孔和定位螺钉各自的位置,不要弄错,垫圈应按规定装复,若为紫铜垫圈应退火后使用或换新,防止漏油。

2. 喷油泵的装复步骤

(1)将套筒从泵体上部装入泵体的套筒孔内,装入时应注意套筒上的长方形定位槽,应对准泵体上的定位螺钉孔(套筒的定位槽一般都在进油孔的对面)。将定位螺钉套上密封垫圈后拧入定位螺钉孔中,螺钉应对正套筒定位槽,不得顶住套筒外圆体。可用手转动和顶推柱塞套筒下端,看能否使柱塞套筒上下移动 1~2mm 或左右微动。如能,则安装正确,否则,应查明原因,及时处理。

(2)将泵体倒置,底座方形块夹在台虎钳上,把供油齿条插入齿条孔内。齿条上做有标记的齿应位于泵体的孔中央(有的车削一条圆弧),然后将控制套筒慢慢套入泵体的孔中央套筒上。放下时应注意控制套筒齿圈上有标记的齿要对准齿条上有标记的齿间,拉动齿条检验其是否在全行程中运动灵活,按住控制套筒,齿条的游动间隙应在 0.1~0.2mm 之间。

(3)将柱塞弹簧上座与柱塞弹簧一次装入泵体中,再将柱塞弹簧下座套在柱塞尾端上,然后小心插入套筒内。插入时必须使柱塞凸耳上的标记对准控制套筒直槽上的标记,按动柱塞,若能顺利压下,证明安装到位,否则,应拉出重新装配。

(4)在确认柱塞、套筒、控制套筒齿圈、齿条相互装配标记正确后,将柱塞导程筒装入泵体中,用专用工具用力压下导程筒,之后将卡簧装入泵体的环槽中,如图 2-9-2 所示。

(5)将出油阀总成装入泵体内,其底面与柱塞套筒顶面直接接触(有的泵靠紫铜垫圈密封),将出油阀弹簧装上后旋上出油阀压紧螺母并拧紧。拧入时要回松几次,最后按规定力矩拧紧,过紧会使套筒变形,柱塞运动发生阻滞。之后拉动油门齿条几次,检查柱塞在套筒内运动是否自如,如有卡滞现象,应查明原因并修复。

(6)将套有密封紫铜垫的放气螺钉拧紧到油泵本体上。

(7)将油泵装在机体上,手动泵油检验油泵工作是否正常。

(五)喷油泵供油定时的检查与调整

1. 供油定时检查与调整前的准备

(1)检查供油定时应首先检查飞轮的"0"位(即飞轮罩壳上的指针是否指向该缸上死点对应的角度位置)准确性。

(2)检查燃油供给系统,打开油柜到柴油机燃油系统截止阀,确保系统内充满燃油。

(3)驱气,松开高压油泵的排气螺钉,用手撬动高压油泵柱塞泵油驱气,直到放气螺钉孔排出的燃油中不含气泡为止。

(4)将喷油泵齿条置于供油位置,并将第1缸的高压油管紧靠喷油泵处的接头旋开,且移开一定位置。手动撬动高压油泵泵油,使得喷油泵出油阀口满油。

2. 供油定时(提前角)的检查

(1)用"冒油法"检查供油定时(以第1缸高压油泵检查为例)。

①按曲轴工作转向转动飞轮,使第1缸活塞位于压缩冲程上止点附近,当拆下喷油泵前盖板观察时,第1缸柱塞弹簧应处于压缩状态。此时若略微转动飞轮,第1缸进、排气阀均不应动作(对于四冲程柴油机,可观察与第1缸同在上止点的另一气缸进、排气阀均开启)。此时,指针应对准飞轮上的"0"刻度。

②拆卸第1缸高压油管紧靠高压油泵接头,松开高压油管另一端螺母,移开高压油管。

③反向转动飞轮约30°~50°,用螺丝刀撬动第1缸高压油泵柱塞,观察出油阀座孔中出油是否带有气泡,当不再冒气泡时即可停止撬动,用棉纱头吸去多余的柴油,使油面保持在出油阀座孔倒锥上平面,若没到上平面,可用油壶滴入柴油。也可在第1缸喷油泵出油管接头上拧上带玻璃管的接头来观察供油始点,预先用螺丝刀撬动柱塞泵油,当玻璃管内出现油柱时便停止,记下玻璃管油面高度。

④按曲轴工作转向慢慢转动飞轮,同时密切观察出油阀座孔中(或玻璃管中)油面情况,当油面刚一波动那一瞬间即刻停止盘车,此时即表示第1缸开始供油。根据指针所指飞轮刻度即可得到供油提前角。此角度应该在说明书规定范围以内。

同时,对组合式喷油泵,如135柴油机,油泵端盖板上的刻线应与油泵凸轮轴连接器上的定时刻线对齐,如图2-9-7所示。对单体式喷油泵,该缸喷油泵体上的定时刻线应与柱塞导程筒上的定时标记线对齐,如图2-9-8所示。

(2)用"标记法"检查供油定时(精度较低,只能用于初步检测)。

部分柴油机单体式喷油泵的柱塞导程筒上刻有一条定时标记线,如图2-9-8中2所示,泵体的检视孔上有一条定时标记线,如图2-9-8中1所示。缓慢盘车,同时密切注意标记线的位移。当两标线对齐重合的瞬间,停止盘车。读取指针所指飞轮刻度即为供油定时。

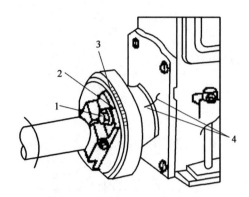
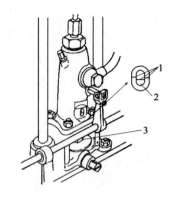

图 2-9-7 组合式喷油泵定时刻度线　　　　　　图 2-9-8 单体喷油泵定时标记
1-锁紧螺钉;2-基准线;3-分度线(每格3°);4-定时刻度线　　1-定时标记线;2-柱塞导程筒上定时标记线;3-锁紧螺母

**3. 供油定时(提前角)的调整**

(1) 组合式喷油泵的调整方法(以 135 柴油机为例)。

对组合式喷油泵,松开联轴器上的连接螺栓,用管子钳卡住油泵侧的联轴器卡盘。

当需要提前(或滞后)时则反工作转向(或顺工作转向)缓慢转动飞轮,使油泵传动轴侧的联轴器卡盘相对于油泵凸轮轴转动一个所需要的角度。传动轴卡盘上刻有分度线,每格相当于 3°曲柄转角。然后紧固连接螺栓,再按上述方法重复检查一遍,直到供油提前角在说明书规定值范围为止。

也可以转动飞轮使第 1 缸活塞位于压缩冲程上止点,再反工作转向转动飞轮,使飞轮罩壳上的上止点对准飞轮上的规定供油提前角。然后打开油泵前盖板,拧下喷油泵与传动轴联轴器卡盘上的连接螺钉,用手反工作转向转动油泵凸轮轴 40°~60°,使第 1 缸高压油泵柱塞与对应的凸轮基圆相接触;再按油泵凸轮轴工作转向缓慢均匀地转动,当第 1 缸高压油泵出油阀锥形座孔中的油面刚一发生波动的瞬间,立即停止转动;把联轴器卡盘上的连接螺钉拧紧,即调整完毕。为可靠起见,应重新盘车进行检查,查看供油提前角是否符合要求。

(2) 单体式喷油泵的调整方法。

①转动凸轮法:此法适用于分制式凸轮轴。由于凸轮轴分开制造后组装,所以可转动凸轮,改变凸轮与凸轮轴之间的相对位置,从而改变了凸轮与曲轴的相对位置,达到调整供油提前角的目的。当凸轮与固定在凸轮轴上的座套用端面齿相啮合固定时,可松开锁紧螺母来转动凸轮。

例如 8300 型柴油机高压油泵凸轮端面为 180 个齿,则凸轮相对座套转动一个齿,供油提前角改变 4°,因为正、倒车共用一个喷油凸轮,若正车供油提前,则倒车供油就落后。

当喷油凸轮采用无键液压安装在凸轮轴上时,则需要将 160~180MPa(1600~1800kgf/$cm^2$)的高压油压入凸轮环行槽内,涨开凸轮内孔,使凸轮在轴上浮动。转动凸轮改变凸轮与轴的相对位置,从而达到调整供油提前角的目的。

②升(降)注塞法:它是通过旋转喷油泵传动装置中顶头上的调节螺钉,改变柱塞与喷油凸轮的相对位置,从而改变供油提前角。松开锁紧螺母,将螺钉旋上,则柱塞向上移动,供油提前角加大,反之柱塞则下移,供油提前角减小。如 6300 型柴油机的喷油泵传动装置中,顶头调

节螺钉转一个棱面,即转1/6圈时,供油提前角相应改变2°~3°曲柄转角。该法定时调整幅度不大,适合微调。

③升(降)套筒法:单体式喷油泵泵体与底座的安装处,往往垫有一定厚度的可供调节的垫片。增加垫片,则供油提前角减小;反之则增大。如195型单缸柴油机、350型柴油机就采用这种方式来调整供油定时。该法定时调整幅度不大,适合微调。

通常,每次调整后都应做好记录,以备以后调整参考,记录表格如表2-9-1所示。

喷油提前角调整记录表  表2-9-1

| 柴油机名称: | | 标准供油提前角: | | | |
|---|---|---|---|---|---|
| 检测日期(Insp. date) | | 检测者(checker): | | | |
| 气缸号(Cyl. NO.) | 1 | 2 | 3 | 4 | 5 | 6 |
| 实测供油提前角 | | | | | | |
| 调整后的供油提前角 | | | | | | |

## 思考题

1. 简述回油孔式喷油泵的特点,及其各组成零件的名称及功用。
2. 简述回油孔式喷油泵的工作原理。
3. 简述回油孔式喷油泵的拆检程序。
4. 柴油机喷油泵有哪几种油量调节方式?说出各自的调节特点。

# 任务十 柴油机喷油器的拆检

## 一、拆检目的

(1)掌握柴油机多孔闭式喷油器解体和组装程序及注意事项;
(2)掌握柴油机喷油器检查及试验程序;
(3)掌握柴油机喷油器常见故障及修复方法;
(4)了解柴油机喷油器常见故障的原因,以及对柴油机工作的影响。

## 二、拆检要素

(1)多孔闭式喷油器分解与组装;
(2)多孔闭式喷油器针阀偶件研磨检修及总成密封性检验;
(3)喷油器启阀压力调整和雾化试验。

## 三、拆检设备状态

四冲程柴油机已经停下,最近发现排气温度偏高,燃烧状况不佳,现需将喷油器拆卸下来,解体喷油器,并检查雾化状况和测试启阀压力。

## 四、拆检步骤

### (一)多孔闭式喷油器的解体

**1.喷油器解体前的准备**

(1)关闭柴油机燃油系统进、回油阀,并将各油管接头擦拭干净,然后拆下与其相连接的管接头,如高压油管、回油管、油头冷却管等。

(2)拆除喷油器固定螺栓或螺母,将喷油器用专用工具从气缸盖喷油器孔中撬出(有的机型需用螺栓顶出),如图2-10-1所示。

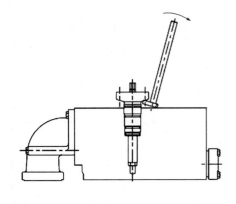

图2-10-1 气缸头上拆下喷油器

(3)喷油器拆卸出气缸盖后,应将各管口接头、孔等用干净的破布包堵起来,特别是喷油器孔,以防异物掉入。

(4)解体前,先在试验台上检查喷油器的压力和雾化情况。当发现喷油压力未达到说明书规定的启阀压力即开始喷油,或雾化不良:如喷射不立即中断、出现多次喷射、喷射孔堵塞或部分堵塞、喷射呈油束流出或者喷出的油出现分支状态、喷射角度不对或滴油等现象时,说明喷油器工作状态不佳,就必须解体、清洗、检查和修理。

(5)熟悉喷油器总成结构,如图2-10-2所示为(YANMAR)T260型柴油机喷油器。

**2.喷油器解体时的注意事项**

(1)喷油器外表面必须用轻柴油或煤油认真清洗,并注意保护好喷嘴头部。

(2)在解体过程中注意零件不要沾上任何污染物,尤其是针阀偶件;防止零件表面压伤或擦伤。

(3)针阀体表面任何时候都不允许用台虎钳夹持,以免针阀体导向工作面损伤和变形。

**3.喷油器解体步骤**

不同类型的喷油器,结构形式有一定区别,但基本组成,工作原理相似,拆解步骤也相似。现以雅马(YANMAR)T260型柴油机喷油器为例,具体拆检步骤如下:

(1)将喷油器本体夹在有保护垫的台虎钳上(注意夹紧力适中,用力不可太大,以防损伤喷油器),拆下喷油器顶部的回油连接管6和锁紧螺母8及调节螺杆10,以及相关垫片。

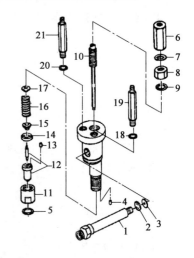

图2-10-2 喷油器总成

1-进油管;2-密封圈;3-垫片;4-定位销;5-垫片;6-连接管;7-垫片;8-锁紧螺母;9-垫片;10-调节螺杆;11-紧固螺母;12-针阀偶件;13-定位销;14-连接片;15-弹簧下座;16-弹簧;17-弹簧上座;18、20-垫圈;19、21-油冷却管

(2)拆卸喷油器冷却油管进、出口连接管,如图2-10-2中19、21。

(3)拆卸进油管1。将拆下的零件放在清洁的轻柴油中浸泡以备清洗。

（4）将喷油器本体倒置夹在台虎钳上，用扳手拧下油嘴紧固螺母3，如图2-10-3所示；取下喷嘴，注意定位销安装位置，如图2-10-4a)所示；取出针阀偶件，如果太紧可用钳子取出，如图2-10-4b)所示。检查针阀后，将偶件成对放入轻柴油中（一般需单独容器）浸泡，以备清洗。

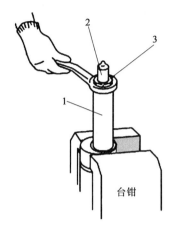

图2-10-3 拆紧固螺母
1-喷油器本体；2-喷嘴；3-紧固螺母

图2-10-4 喷油器分解
a)取下喷油嘴；b)取出针阀

（5）取出连接片，如图2-10-2中14。以及弹簧下座15、弹簧16、弹簧上座17等。

（二）针阀偶件研磨检修

**1. 喷油器清洗检查**

将拆卸下来的喷油器组件浸泡在油池中，仔细清除积炭，尤其是针阀偶件应小心取出清洗，避免碰撞，针阀偶件应成对放置。如果发现喷孔堵塞，可用专用工具清通，如图2-10-5所示。没有专用工具的，可以用同直径的钻头清通。

**2. 针阀偶件的主要损坏形式**

针阀偶件主要损坏形式有：针阀偶件锥面和针阀体座面磨损；针阀偶件圆柱配合面的磨损；喷油嘴喷孔的磨损。

**3. 针阀偶件的修复**

经过拆卸清洗后的喷油器零件，应仔细检查有无缺陷，缺陷轻微的可以修复，有严重缺陷的零件应予更换。遇下列情况可进行修复：

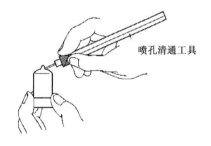

图2-10-5 油嘴喷孔的清通

（1）对喷油嘴应检查其导向面及密封锥面的状态，如有肉眼能看出的伤痕，即说明这些零件表面已经磨损；针阀导向部分如两端发现有暗黄色伤痕，表明由于过热变形而拉毛；若针阀体上的喷孔有椭圆形磨损时，即应换新。同样喷孔边缘压碎的喷油嘴也必须换新。

（2）喷油器体与针阀体接合的端面有轻微损伤时，接触面有局部发黑现象，会导致接触端面漏油，可在研磨平台上研磨修整。如经研磨后试验仍有漏油，必须再用更细研磨砂研磨或成对换新。同时还应检查调压弹簧的弹力有无减弱或折断等缺陷。

图2-10-6 针阀偶件滑动性试验

（3）检查针阀偶件圆柱面光滑情况，可做滑动试验，如图2-10-6所示，一只手拿起喷嘴，倾斜放置，观察针阀是否能自由落下，若缓慢落下，属于正常；若落下较快，证明磨损严重，应换新；若不能落下，并有卡阻现象，证明针阀圆柱形导向配合面不够光滑。针对这种情况，可在针阀导向面上涂上清洁的凡士林或机油，将针阀柄夹在钳口有紫铜做衬的台虎钳上，套上针阀体，用手左右旋转研磨。注意研磨时不要拍击，时间也不可太长，防止过度磨损，研磨后需用煤油清洗，并用压缩空气吹干净，然后再做滑动试验。

（4）针阀与针阀体密封锥面常有轻微损伤，用放大镜观察针阀上的密封带宽度未变而只有轻微的伤痕时，也可以用凡士林或机油涂在密封带上，用上述同样的方法进行研磨。如果损伤较重则可用少量的1000目以上的极细氧化铬研磨膏进行研磨，然后进行密封试验。注意在研磨时不得使研磨膏进入针阀与针阀体导向表面，否则会造成针阀偶件报废。

现在船舶上，一般对针阀偶件不要求修理，对有缺陷的喷油嘴偶件都采取成对换新的方法进行修复，换下的偶件送厂或专门的修理机构进行修理。

（三）多孔式喷油器的组装

1. 喷油器的组装准备及注意事项

（1）准备好工具，并清理台钳使之洁净。

（2）各部分的紫铜垫片，需退火处理或换新；各橡胶密封圈需换新。

（3）喷油器各零件经检查无损伤缺陷。

（4）喷油器针阀偶件的检验已符合要求，所需配件已准备好。

（5）喷油器各零件清洁干净后，用压缩空气吹扫，尤其各相应孔口等，要保证组装时，针阀与针阀体的结合面必须清洁无污物。

（6）认准喷油器各零件的配合关系，装配的顺序切勿弄错。

2. 喷油器的组装步骤

（1）用台钳将喷油器本体倒置夹持在台虎钳上，依次安装弹簧上座、弹簧、弹簧下座。

（2）安装连接片，如图2-10-2中14，安装时注意定位销必须对准。

（3）将针阀偶件部分装在喷油器本体上，注意定位销必须对准，拧紧紧固螺母，注意用力适度(部分机型有力矩要求的，应严格按照力矩上紧)。

（4）将喷油器从台虎钳上松开，调头（正置）夹紧，装入调节螺杆。

（5）装上冷却油进、回油管；燃油进油管；锁紧螺母；回油管接头等。

（6）安装过程中，需注意各垫片、橡胶密封圈应按顺序装好，不可遗漏。

（7）组装完成，以备检查、试验。

（四）多孔式喷油器总成的密封检验

喷油器试验装置如图2-10-7所示，其试验方法和步骤如下：

（1）按图2-10-7所示，连接好喷油器，拆掉回油连接管。

（2）用手快速压动手压杆1，排出针阀内部空气，并清洁喷嘴。

（3）用手缓慢泵油至表上压力为90%左右的燃油喷射压力时，停止泵油，观察油压降落速度，反复几次。如果降落速度过快，则说明针阀与针阀体之间间隙过大，密封不良。

（4）然后以每分钟约10次的速度缓慢压动手柄1，直至压力略低于启阀压力为止，查看油嘴附近是否有漏油现象，在10s内允许针阀喷孔周围稍微有些湿润。如喷嘴漏油，可能是针阀与阀座锥面密封不良所致。

（五）喷油器启阀压力的试验及调整

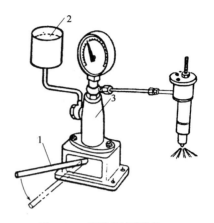

图2-10-7 喷油器试验装置
1-手压杆；2-柴油；3-测试泵

喷油器启阀压力是喷油器开始喷油时的最低压力。它对雾化质量的影响很大，每种机型在说明书中都规定了喷油器的启阀压力，一般在20～35MPa之间，这个压力可以在如图2-10-7所示的试验台上测得。测试步骤如下：

（1）用快喷频率泵油，让喷油器喷油并观察压力表指针的摆动幅度。

（2）用缓慢的速度压油泵手压杆1，注意压力表指针向高压方向移动的情况，在喷油压力开始下降的那一瞬间记下压力表的读数，此数值即为启阀压力。

（3）重复上述动作，检查压力表与规定的启阀压力的差值，若太低，则顺时针旋紧调压螺杆；若太高，则逆时针旋松调压螺杆，如图2-10-8所示，直到达到说明书要求为止，最后紧固锁紧螺母4。

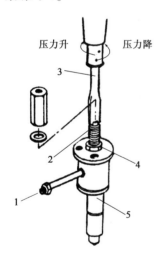

图2-10-8 喷油器启阀压力调整
1-喷油器测试装置；2-调节螺栓；
3-螺丝刀；4-锁紧螺母；5-喷油器

（六）喷油器的雾化试验

喷油器的雾化试验是对其偶件密封性的综合试验，上述各检验也可同时进行。喷油器无论快喷（120次/min）、慢喷（20次/min），均应有良好的雾化质量、声音清脆、无滴油现象。各种不同的雾化状态如图2-10-9所示。雾化检查要点如下：

（1）压动手压杆手动泵油时仔细观察喷出燃油的形状、数目、喷雾的细度和均匀度，总体表现应成雾状。

（2）喷出的燃油雾状，无肉眼可见的飞溅油粒、连续油柱和局部稀浓不均匀的现象。

（3）喷油开始和终了时声音清脆，雾炬的长度和扩散锥角良好，始喷和停喷敏捷、利落。

（4）喷油开始和终了时不得有渗漏，允许周围有湿润现象，但不得有滴漏现象。

（5）当针阀直径大于10mm时，允许喷孔周围有油液聚集的现象，但不得有滴漏现象。

（6）为检查喷孔是否堵塞，可在喷嘴下放一白纸，向白纸喷油，然后根据纸上油迹分布情况来判断，如图2-10-9所示。

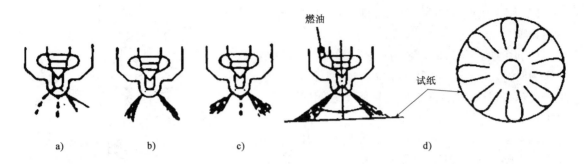

图 2-10-9 喷油器雾化试验
a)喷孔堵塞；b)针阀失灵；c)滴油；d)正常喷射

**注意**：在进行雾化试验的喷油过程中千万不能将手指伸到喷嘴处触摸，以免油柱穿透手指，引起伤害。

检查、试验完毕的喷油器可装回柴油机，安装之前需彻底清洁气缸盖上喷油器孔，并用压缩空气吹扫。喷油器喷嘴与气缸盖接触处，一般装有紫铜垫圈，需退火处理或换新。安装紫铜垫圈之前在垫圈两面涂上二硫化钼。将喷油器装入气缸盖后，上紧紧固螺栓。

### 思考题

1. 喷油器由哪些零件组成，其各自的作用是什么？
2. 描述一下喷油器的拆检步骤。
3. 喷油器的雾化质量好坏的标准是什么？
4. 喷油器的常见损坏形式有哪些？如何进行检查与修理。

## 任务十一　柴油机气缸起动阀、安全阀、示功阀、空气分配器的拆检

### 一、拆检目的

(1)掌握柴油机空气分配器、气缸起动阀、气缸安全阀、示功阀拆检程序及注意事项；
(2)掌握柴油机空气分配器、气缸起动阀、气缸安全阀、示功阀的结构及工作原理；
(3)了解柴油机空气分配器、气缸起动阀、气缸安全阀、示功阀的常见故障。

### 二、拆检要素

(1)空气分配器的拆检与检修；
(2)气缸起动阀、安全阀、示功阀的拆检与检修。

## 三、拆检设备状态

柴油机空气分配器、气缸起动阀、气缸安全阀、示功阀已经从柴油机上拆卸下来。

## 四、拆检步骤

(一)空气分配器的拆检与检修

起动空气分配器的主要作用是按柴油机的起动定时,将控制空气依发火顺序,分别送至各气缸起动阀,使之启闭。空气分配器一般不需拆检,但如果长期使用后,内部运动件磨损和脏污影响起动定时,造成起动困难时,应拆检空气分配器。常见的空气分配有转盘式空气分配器和柱塞式空气分配器。

1. 转盘式空气分配器的拆检

(1)拆检前准备好工具、物料,做好标记,便于原样装复。

(2)转盘式空气分配器结构如图 2-11-1 所示,拆解步骤如下:

①拆掉空气进口管 3。
②拆掉空气分配器压盖上 $n$ 个紧固螺栓 2。
③取下空气分配器压盖 1 和紫铜垫片 15。
④拔出旋转阀 14。
⑤拆掉到各气缸的连接管 5、7、8、10、11、12。
⑥拆掉空气分配器本体上四个紧固螺栓 4。
⑦取下空气分配器本体 6 及垫片 9。

(3)转盘式空气分配器的检查与检修:

①清洁空气分配器各零件,尤其阀座应仔细清洁,如果阀座上有污泥或灰尘,控制空气则无法进入气缸起动阀,发动机不能被起动。

②检查空气分配轴承 13 是否磨损,如果严重磨损,润滑油会进入空气管,使发动机起动困难。为防止此类现象发生,每月卸掉底部的泄放旋塞将管路泄放一次。

③检查旋转阀和阀座上是否有毛刺,如果有毛刺将妨碍两者之间的贴合,用锉或刮刀或油石将毛刺除掉。

④检查空气分配器和凸轮轴连接处是否有磨损,如果磨损偏大,将使空气分配器开/关定时延迟,会导致发动机起动困难。

⑤如果旋转阀与阀座密封不良,可将旋转阀和阀座成对研磨,提高密封性。

(4)转盘式空气分配器的装配:

①空气分配器旋转阀及阀座检查及修理后,仔细对其进行清洗,用空气吹扫零件,尤其是孔、槽等需吹扫干净,然后将旋转阀和阀座抹上润滑油。

②检查垫片 9 是否有损伤,若有损伤应换新;紫铜垫片 15 应退火处理。

③安装垫片 9 和空气分配器本体 6,并上紧紧固螺栓 4。

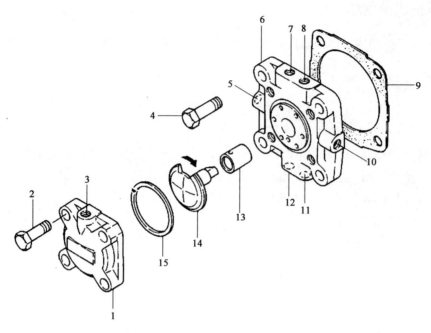

图 2-11-1 转盘式空气分配器

1-空气分配器压盖;2-压盖紧固螺栓;3-进气管口;4-本体紧固螺栓;5、7、8、10、11、12-到气缸连接口;6-空气分配器本体;9-密封垫片;13-轴承;14-旋转阀;15-紫铜垫片

④安装轴承13及旋转阀14,注意旋转阀卡槽应对准凸轮连接轴。此时应检查旋转阀槽口对准的气缸连接口所对应的气缸,其燃油凸轮是否处于上升位置,进、排气阀是否处于关闭位置。如果无法对齐,应将旋转阀调转180°。

⑤安装紫铜垫片15及空气分配器压盖1,并上紧紧固螺栓2,上紧时应对称上紧,以防压偏导致空气泄漏。

2. 柱塞式空气分配器的拆检

柱塞式空气分配器结构如图2-11-2所示。其套筒2精密加工并可互换。套管和柱塞均用耐腐蚀材料制成。分配器柱塞由凸轮轴端部的一个凸轮6控制。当主起动阀打开时,所有的柱塞8都在控制空气压力作用下压向凸轮。如某一柱塞位于凸轮的凹处,控制空气就可通过分配器进入与该柱塞对应气缸的起动阀,打开起动阀使起动空气进入该气缸。

只要主起动阀处于开启状态,这个过程在各个气缸间按顺序重复进行,直到起动过程结束。主起动阀关闭后,控制空气压力消失,弹簧7使柱塞脱离凸轮。这样柱塞仅在起动时与凸轮接触,因此,磨损较小。

柱塞式空气分配器一般不需维护保养。如果必须要解体检查和清洁,应从发动机上整体拆下分配器;若不拆分配器,则只能检查某几个柱塞。空气分配器的拆检步骤如下:

(1)拆下护板4和端盖3,松开所有与分配器相连接的管子,拆下紧固螺栓,取下分配器。

(2)旋下闷塞1,拆出弹簧7和柱塞8。

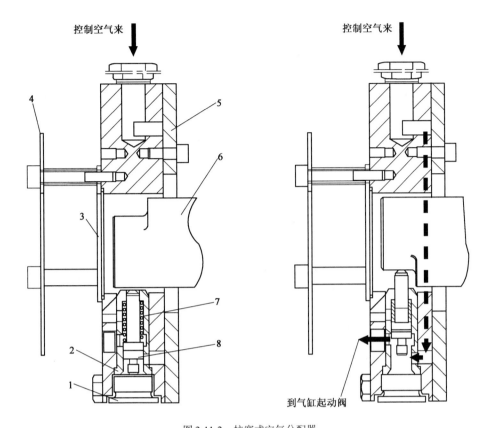

图 2-11-2 柱塞式空气分配器
1-闷塞;2-柱塞套筒;3-盖板;4-护板;5-中间板;6-分配凸轮;7-复位弹簧;8-柱塞

(3)注意不要损伤柱塞和柱塞套筒间的滑动表面。

(4)如果柱塞卡住的话,可用 M8 的螺钉旋入柱塞端面将之拉出。

(5)虽然柱塞是精加工而成并可互换,但建议不要改变它们的安装位置。可以利用控制空气接头上标记的气缸号码看出柱塞原来的安装位置。

(6)清洗部件并检查磨损,如果柱塞套筒磨损严重,则将其取出。由于安装时一般使用黏结剂固定和密封,此时需要将分配器加热到200℃左右,才能取出套筒。

(7)仔细清洁内孔,使新的套筒可以用手装入,否则就有可能使套筒变形卡死柱塞。

(8)安装套筒时在外表面涂上密封黏结剂,黏结剂不要涂太多,检查内部滑动表面应无残留黏结剂。检查套筒内的开孔与壳体的开孔应对准,柱塞应灵活运动,无卡滞现象。

(9)装配前在柱塞运动表面涂上二硫化钼润滑膏,擦去多余的润滑脂。

(10)在中间板 5 的双面涂硅密封胶,不可过多,以防紧固螺栓时硅密封胶挤进系统。

(11)在分配器装到发动机之后,连接至各气缸的控制空气管和装上盖板 3 之前,检查所有柱塞是否能正常运动。在分配器进口接通压缩空气(压力 6bar)并转动凸轮轴,观察柱塞是否能随凸轮型线运动。

**注意**:通气检查起动空气分配器时,必须断开至主起动阀的控制空气接管,以防发动机起动。

## （二）气缸起动阀的拆检与检修

气缸起动阀安装在柴油机气缸盖相应的阀孔中。气缸起动阀由来自起动空气分配器的控制空气实现开启和关闭。气缸起动阀应能满足速开、速闭、不漏气等技术要求。目前主要有单气路气缸起动阀和双气路气缸起动阀二种形式。气缸盖检修时，应同时检查清洁起动阀。

### 1. 单气路气缸起动阀

典型的单气路气缸起动阀结构如图2-11-3所示，该阀由阀杆8及安装在独立腔室内的、弹簧复位的活塞11组成。现简单介绍其拆检步骤如下：

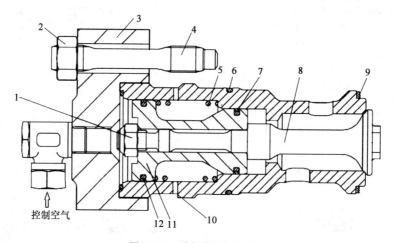

图2-11-3 单气路气缸启动阀

1-自锁螺母；2-紧固螺母；3-压盖；4-螺栓；5-弹簧；6-密封圈；7-下活塞环；8-阀杆；9-紫铜垫圈；10-排气孔；11-活塞；12-上活塞环

（1）拆下螺母2，取下起动阀压盖3，拉出气缸起动阀，若太紧，可借助撬杠取出。

（2）旋下自锁螺母1，取出阀杆8，拆下活塞11，取出弹簧5及活塞环7、12。

（3）清洁所有零部件，检查阀及阀座的密封面。若发现密封面局部发黑，则证明密封不良，或发现密封面有划痕，腐蚀磨损时，则应手工研磨。研磨时应将活塞装在阀杆上，可不装活塞环，以便于导向。

（4）如需更换活塞的密封，注意防止"O"形密封圈外面的特氟纶活塞环过度变形。

（5）装配完毕后，检查活塞连同阀杆运动是否灵活及是否能使阀完全关闭。

（6）检查起动阀的透气孔10是否畅通。检查起动阀阀座密封圈6是否完好，若有老化现象，应换新，换新后应涂上二硫化钼润滑。

（7）清洁气缸盖起动阀座孔，并用压缩空气吹扫。紫铜垫圈9应退火处理或换新，将紫铜垫圈9装上起动阀之前，应二面涂上二硫化钼润滑油。

（8）当把阀装入气缸盖时，检查密封是否完好，并正确就位。

（9）装上压盖3，并上紧螺母2，上紧力矩应按照说明书要求执行。

### 2. 双气路气缸起动阀

（1）双气路气缸起动阀特点。

双气路气缸起动阀属于平衡式起动阀，一般由三个面积不等但连成一体的启阀活塞、阀杆、弹簧及阀体等组成。这种气缸起动阀常用于某些低速大型柴油机，该起动阀开闭迅速，冲击小,但结构复杂,体积较大,管理中,应定期保养。

(2)双气路气缸起动阀的拆卸:

①首先准备好拆卸的工具、专用工具等。

②拆卸气缸起动阀时,控制空气管和固定螺栓必须先拆掉,若较大的气缸起动阀需用起吊设备,装上吊环螺栓将阀吊出。

③紫铜垫圈应拆下检查,如果完好无损,需再次使用,必须退火后使用。

④拆卸出气缸起动阀后阀孔应全面清洁,注意勿使异物落入气缸。

⑤阀孔座面必须仔细清除积炭,检查是否损伤。

⑥首先用弹簧压紧器拆卸阀杆螺母,将弹簧壳体和弹簧承盘压下后,将螺母旋松取下,然后再慢慢地松出弹簧压紧器,从而松开弹簧而取下。

⑦从阀的密封套上旋下螺钉之后,用拆卸工具可将控制活塞和导套向上拉出。将阀分解成单个零件后,逐个清洗检查。注意阀杆导套只能在拨下定位销后才可以拉出。

⑧拆卸时须使用专用工具,严禁敲打、锤击。注意保护阀座和气缸盖之间的密封面。

(3)双气路气缸起动阀的安装

①装复时密封紫铜垫圈必须先退火处理,或者换新件。

②阀座接触面应涂抹二硫化钼润滑油。

③装复前橡皮密封圈应换新,阀的零件须彻底清洗,并用压缩空气吹扫干净。

④因起动阀阀杆螺母是承受冲击力的,所以上紧时必须有足够的预紧力。正确的拧紧办法是先把螺母拧上使弹簧盘与控制活塞贴紧后,再拧紧螺母约20°。

⑤注意:如果螺母在某个位置开口销不能插进,绝对不能为使开口销插入而拧松螺母,此时应使螺母继续拧紧直至开口销能插进去为止。

⑥装配时,有配合间隙或其他要求时须按说明书的规定或要求相应调整。

(三)气缸安全阀的拆检

气缸安全阀安装在气缸盖上。其作用是一旦气缸内压力异常升高,超过安全阀开启压力时,安全阀将开启,释放气缸压力,保护机件。一般气缸盖检修时,安全阀应拆出清洁,以防长期不拆卸,阀孔内部严重积炭,无法实现正常功能。安全阀结构如图2-11-5所示。

1. 拆卸安全阀

(1)拆卸时,准备好所需工具,物料。用扳手直接旋出安全阀。

(2)安全阀取出后,不能让任何微小的金属颗粒(片)通过孔口而进入气缸燃烧室,一般拆卸后用干净的布堵住孔口。

(3)台钳钳口上铺上紫铜垫片,将安全阀夹在台钳上,用力不可太大。旋松锁紧螺母4,拧出弹簧座5,在弹簧座退到最后几圈时,弹簧已松弛。

(4)将阀杆和弹簧取出,清洁阀体和阀头,并用压缩空气吹扫干净。

2. 检查与修理

(1)检查阀体和阀头接触面,若有漏气痕迹,应用专用工具夹住阀头,使其与阀座成对研磨,以便获得良好的密封。

(2)使用专用工具测试安全阀的启阀压力,图2-11-4所示安全阀的启阀压力可通过弹簧座 5 调整;若没有专用工具测试,则拆卸前应测量弹簧座的高度,安装时原样装复,保证正确的启阀压力;有的安全阀可以通过调整弹簧座的垫片厚度,调整启阀压力。

3. 安装安全阀

(1)装复安全阀按拆卸程序反向进行,所有螺纹部分要涂一层二硫化钼润滑油,要特别注意弹簧端部须平滑,安装到位。

(2)清洁气缸盖安装座孔,并用压缩空气吹扫,在安全阀体与气缸接触面等部位涂上二硫化钼润滑油。安装安全阀,有力矩要求的,应严格按照力矩安装。

(四)示功阀的拆检与检修

示功阀,在船上也叫示功考克,装在气缸盖上。其作用之一是用来测示功图和气缸压力,以此判断燃烧情况;另外,柴油机起动前必须冲车,即打开示功考克起动柴油机但不给油(油门手柄放在零位),使柴油机运转几圈以吹除气缸内残油或水,并借以判断气缸内是否漏入油、水;还有盘车时,也需把示功阀打开,减少盘车阻力。示功阀总成结构如图 2-11-5 所示,拆检步骤如下:

1. 示功阀的拆卸

(1)准备好拆检用的工具,物料。

(2)拆卸紧固螺母 14,从柴油机气缸盖上取下示功阀,拆除后用布把示功阀安装孔堵住,防止异物落入气缸。

(3)将示功阀夹在台钳上,拆卸螺母 9,取下手轮 7,松开锁紧螺母 5,旋出阀导套,取出阀杆。拆卸套筒 5,旋出连接件 12。

(4)将拆出的零件清洗干净,并用压缩空气吹扫,尤其孔槽需吹扫干净。

2. 检查与修理

(1)所有紫铜垫圈应拆下检查,如果完好可以退火继续使用,否则应予换新。

(2)检查阀杆 6 密封面是否完好。若密封不良,有泄漏痕迹时,可将阀杆与阀座对研修复。研磨时应做一个专用工具,防止阀杆在阀体内晃动,可用锌棒做,与阀导套 10 的形状一样,只是没有螺纹。研磨完毕,密封面应有一道光亮的环。

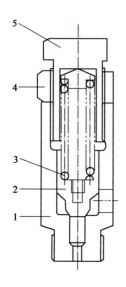

图 2-11-4 气缸安全阀
1-阀体;2-阀头;3-弹簧;
4-锁紧螺母;5-弹簧座

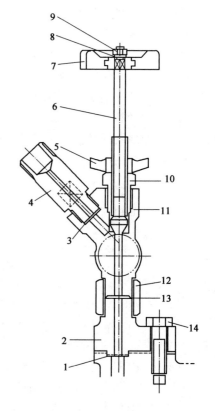

图 2-11-5 示功阀
1-紫铜垫圈;2-阀底座;3-紫铜垫圈;4-套筒;
5-锁紧螺母;6-阀杆;7-手轮;8-弹簧垫片;
9-螺母;10-阀导套;11-阀体;12-连接件;
13-紫铜垫片;14-紧固螺母

3.示功阀的安装

(1)气缸盖安装孔应清洁,特别阀座及其周围必须清洁干净,以便获得良好的密封。

(2)装复示功阀之前,各部件必须清洗干净,用压缩空气吹扫,特别是研磨过的示功阀,避免研磨沙残留导致异常磨损。

(3)安装时按拆卸程序反向进行,所有零件的螺纹面、紫铜垫片二侧要涂一层二硫化钼润滑油。

部分示功阀,将安全阀整合在一起,具有安全阀的功能。安全阀部分的拆检,按照拆检安全阀的注意事项来处理。

### 思考题

1.拆检空气分配器时应注意哪些事项?
2.简述气缸起动阀的结构特点及其功用。
3.简述示功阀的特点,在柴油机运行管理中的应用。

## 任务十二　船用增压器拆检

### 一、拆检目的

(1)掌握船用增压器的结构特点和工作原理;
(2)掌握船用增压器拆卸、清洁检查、测量、装复操作步骤和方法;
(3)了解船用增压器检修内容和方法,为今后废气涡轮增压器的维护管理打下基础。

### 二、拆检要素

(1)增压器轴承、转子的拆卸;
(2)气封环的测量检查与更换;
(3)增压器转子、轴承的安装。

### 三、拆检设备状态

MITSUBISHI MET 18SRC 型柴油机增压器需拆检保养。

### 四、拆检步骤

废气涡轮增压器是利用发动机排出的废气来推动涡轮,涡轮又带动同轴的叶轮,叶轮压送通过空气过滤器吸入的空气,使之增压进入气缸。进入气缸的空气压力和密度增大可以燃烧更多的燃油,从而增加发动机的输出功率。增压器类型较多,拆检步骤略有不同,但基本原则相似。

(一)增压器拆检准备

(1)清洁工作场地,准备专用工具。首先拆掉相关仪表,关闭冷却水截止阀,拆卸冷却水泄放旋塞,放出冷却腔室冷却水。若有滑油泵,停止滑油泵。

(2)仔细阅读说明书,对所拆部件的配合间隙应心中有数,转子轴上的运动件均有确定位置,不可改动或随意更换。

(3)做好各部件间配合标记,以备原样装复。拆卸的零部件应妥善放置,以防丢失。

(4)对各接合面的关键部位、易于损伤的地方,应采取必要的保护措施。

(二)增压器转子的拆卸

1.拆卸增压器压气蜗壳和废气蜗壳

(1)拆掉消音器,确保拆卸下来的消音器放在安全的地方,防止跌落或滚动。

(2)拆掉空气进气导管前,应测量进气导管和压气机叶轮间的间隙。然后用专用螺栓旋入进气导管的法兰,拉出进气导管。

(3)拆卸废气进气蜗壳之前,测量废气进气蜗壳和废气涡轮叶片之间的间隙。装上专用工具,移出废气进口蜗壳。

(4)拆卸蜗壳,用起吊工具小心吊起,注意不要碰到压气机叶轮。

(5)拆掉导流器,拆掉喷嘴安装螺栓后,取出喷嘴。

2.拆卸叶轮

(1)拆卸叶轮过程如图2-12-1所示。拆卸锁紧螺母之前,测量锁紧螺母端面和轴的端面之间距离,供安装时参考。

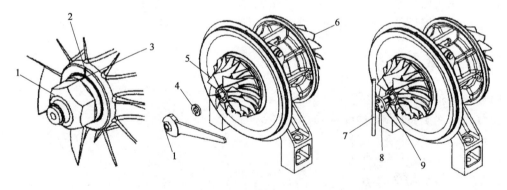

图2-12-1 叶轮拆卸过程

1-锁紧螺母;2-叶轮标记线;3-螺母标记线;4-弹簧垫圈;5-叶轮;6-涡轮;7、8、9-专用工具

(2)先检查叶轮标记线2和螺母标记线3是否对齐,若没有对齐,应记录差值,或重新做标记。

(3)固定涡轮6,用扳手拆卸锁紧螺母1,取下垫片4。

(4)安装专用工具7、8、9在叶轮的孔上,一只手握住叶轮,防止转动,另一只手缓慢转动工具7,拉出叶轮。

(5)拉出叶轮后,将叶轮垂直放在安全地方。用锥形帽套在转子螺牙上,保护螺牙。

3.拆卸转子

有的机型增压器转子需先拆除轴承后才能取出转子。但 MET 机型需先拆卸转子,才能取出轴承。增压器转子的分解图,如图2-12-2所示,其拆卸步骤如下。

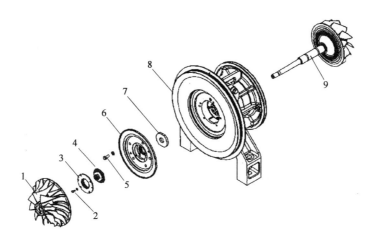

图2-12-2 转子拆卸过程
1-叶轮;2-螺栓;3-甩油环;4-套筒;5-螺栓;6-支撑架;7-推力块;8-机架;9-转子

(1)拆卸螺栓2,取出甩油环3,如果甩油环不能轻易取出,可用专用螺栓旋进甩油环上专供拆卸用的螺纹孔中,顶出甩油环。

(2)取出套筒4,如果套筒不易取出,将 M4 的螺栓旋入端面螺纹孔中,拔出套筒。

(3)拆卸螺栓5,然后用同样的螺栓旋入支撑架6上专供拆卸用的螺纹孔中,顶出支撑架。注意,压气侧的推力轴承在支撑架中。

(4)取出推力块7。

(5)用手稳住转子,然后慢慢从机架上取出转子,放在专用支架上。

(三)增压器轴承的拆卸

MET 增压器压气侧推力轴承在支撑架中,主轴承在机架上。轴承的拆卸图,如图2-12-3所示,具体拆解步骤如下:

1.压气侧推力轴承的拆卸

用内六角扳手拆下内六角螺栓1,然后将同样大小的螺栓旋进压气侧推力轴承上专供拆卸用的螺纹孔中,顶出推力轴承2。

2.涡轮侧推力轴承、主轴承的拆卸

(1)用内六角扳手拆下内六角螺栓4,然后将同样大小的螺栓旋进涡轮侧推力轴承上专供拆卸用的螺纹孔中,顶出推力轴承5。

(2)取出压气侧主轴承6。

(3)用内六角扳手拆卸螺栓11,取下压紧片10,然后用 M8 的螺栓旋进曲径式密封环9上专供拆卸用的螺纹孔中,取出曲径式密封环9。

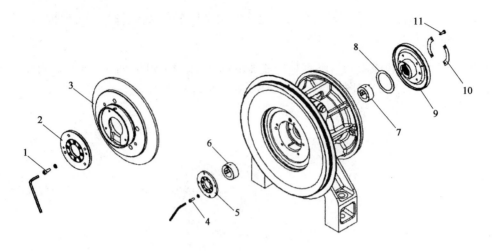

图 2-12-3 轴承拆卸过程

1-内六角螺栓;2-压气侧推力轴承;3-支撑架;4-内六角螺栓;5-涡轮侧推力轴承;6-压气侧轴承;7-涡轮侧轴承;8-垫圈;9-曲径式密封环;10-压紧片;11-螺栓

(4) 取出软铁垫片 8,取下涡轮侧主轴承。

(四) 气封环的测量检查与更换

增压器壳体与转子之间存在间隙,为了防止废气进入油室污染滑油,以及滑油被吸入到压气机内造成滑油减少。因此,在转子轴上设置了气封装置,如图 2-12-3 中 3 和 9 分别为压气侧和废气侧的气封装置。气封装置检修时要注意以下几点:

(1) 气封装置的损坏形式,多为转子拆装时不谨慎而碰坏,或增压器发生故障时,转子与壳体碰撞造成的。

(2) 气封装置多为铝质零件,如果损坏,必须更换;若是碰弯变形,可用平嘴钳把它校直,其外形尺寸仍在规定范围内可照常使用;若损坏严重或外形尺寸磨损后超过极限则必须换新。

(3) MET 型增压器,气封环只能整体更换。VTR 型增压器,气封环可以拆卸下来,单独更换,更换时需仔细阅读说明书,严格按照说明书操作。

(五) 增压器轴承的安装

1. 装配前准备

(1) 彻底清洁增压器各个零部件,并用压缩空气吹扫干净,尤其是孔、槽必须吹通。

(2) 涡轮上的积炭难于清除,可以用洗衣粉水浸泡,但需注意,浸泡时,安装主轴承对应处需抹上润滑脂,以防生锈腐蚀轴颈。

(3) 检查各壳体上有无碰撞或被异物擦伤的痕迹。

(4) 检查喷嘴环有无碰撞情况,有无腐蚀、变形和裂纹。

(5) 检查轴和叶轮是否有沟槽、弯曲和断裂迹象。叶片有无碰擦引起的卷边毛刺、扭曲变形等。

(6) 检查两侧气封有无损坏。所有的垫片、"O" 形橡胶密封环需换新。

(7)所有装配的螺栓、紧密配合处抹上二硫化钼润滑油,以防咬死。

2. 安装轴承

(1)安装轴承之前,用压缩空气彻底吹扫,然后抹上滑油。

(2)用干净的手把轴承装入机架,注意方向不可弄错,安装轴承时不能戴手套。

(3)如图2-12-3所示,依次装入压气侧轴承6和涡轮侧推力轴承5,涡轮侧轴承7,垫片8,曲径式密封环9。

(六)增压器转子的安装

1. 安装转子

(1)选择合适尺寸的套管套在转子轴上,慢慢装入转子轴,尽量避免碰到曲径式密封环,防止损坏密封环。

(2)将压气侧推力轴承安装在支撑架上。

(3)转子装入后,安装推力块。安装支撑架,安装套筒、甩油环等。

2. 安装叶轮

如果叶轮没有正确的紧固,可能会导致叶轮损坏,因此,必须严格按照说明书的方法紧固叶轮。紧固叶轮一般在室温下进行,如果紧固时温度太高,可能会导致运行中松脱,从而引起损坏。

(1)将叶轮安装在轴上,装上垫片,紧固螺母。用手轻轻转动扳手,当紧固螺母停止转动时,做个标记,这个标记就是紧固开始的"0"位。

(2)拆卸紧固螺母,转动叶轮和垫片,使叶轮和垫片上的刻度线距离(1)中标记的"0"位大约100°。

(3)用扳手紧固螺母,使得螺母和叶轮及垫片的刻度线匹配。

(4)再次松开紧固螺母,确保螺母上标记回到初始标记"0"位,叶轮和垫片上的标记距离"0"位大约100°。用扳手紧固螺母,使螺母上刻度线与叶轮及垫片刻度线匹配。如果没有转动100°,重复上述步骤。

(5)叶轮紧固完毕,用手转动叶轮,应转动平稳,无噪声。

(七)安装后的测量

1. 转子轴与螺母距离测量

如图2-12-4所示,用游标卡尺测量转子轴末端与螺母距离"S",与拆卸时的值比较。

2. 转子轴轴向位移的测量

如图2-12-5,安装百分表。测量用手推叶轮到最右侧和拉到最左侧时,转子轴轴向移动的距离。如果该距离超过0.05mm,叶轮、套筒、推力片或者转子轴,没有清洁干净。需解体,重新安装。

3. 转子的推力间隙测量

增压器组装完毕后,如图2-12-6所示,安装百分表,用手推、拉叶轮,测量推力间隙。与拆卸时所测量值进行比较。推力间隙正常值应在0.10~0.16mm之间。若超出范围,再次解体增压器,检查叶轮、转子、各轴承、套筒等是否有异物,是否清洁干净。如果还是超出范围,该增压器不能使用,应与厂家联系。

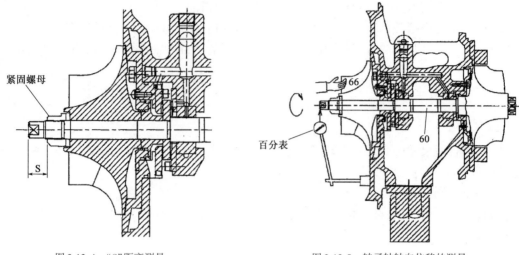

图 2-12-4 "S"距离测量　　　　　　　　图 2-12-5 转子轴轴向位移的测量

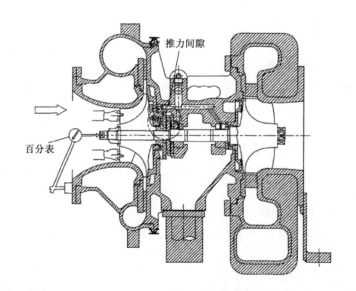

图 2-12-6 推力间隙的测量

## 思考题

1. 废气涡轮增压器拆卸时需测量哪些数值?
2. 简述废气涡轮增压器装配时的注意事项。
3. 废气涡轮增压器安装后,需测量哪些数值?如何判断是否安装到位?

# 任务十三　液压拉伸器的使用和管理

## 一、拆检目的

(1)掌握液压拉伸器的基本工作原理；
(2)熟悉常用液压拉伸器的基本结构；
(3)掌握液压拉伸器的应用范围及使用注意事项。

## 二、拆检要素

(1)液压拉伸器使用前的准备；
(2)使用液压拉伸器拆卸和装配螺栓；
(3)液压拉伸器的日常管理。

## 三、拆检设备状态

液压拉伸工具一套，现在需使用液压拉伸工具拆卸或装配螺栓。

## 四、拆检步骤

(一)液压拉伸工具拆装螺栓

在大、中型柴油机中，一些主要的连接螺栓，如贯穿螺栓、连杆螺栓、主轴承螺栓、气缸盖螺栓等，它们的尺寸较大，上紧或拆下螺母需要很大的力矩，过去一直用大尺寸的套筒扳手，用大锤敲击上紧，这样劳动强度大，螺母及螺纹容易损坏，而且难于控制螺栓的预紧力，可能导致螺栓上紧的预紧力不够，或每个螺栓的预紧力不均匀，易造成事故。因此，大、中型柴油机厂家一般都配备了液压拉伸工具，便于柴油机的拆检维修保养。

1. 液压拉伸工具的组成

如图 2-13-1 所示为液压拉伸工具，主要由液压泵、高压软管、连接端子、液压拉伸器等组成。其原理是利用螺栓材料本身的弹性变形，借助液压的力量把螺栓拉伸一定长度，使螺母与其压紧的平面处于松弛的状态，以便旋紧或旋松螺母。

(1)液压拉伸器。

液压拉伸器由液压油缸、液压活塞、支撑环等组成。液压拉伸器的结构如图 2-13-2 所示。其工作原理如下：支撑环 7 套在螺母 9 外面，活塞 4 旋在螺栓 10 上部安装工具螺纹 2 上，当用高压油管将液压泵和液压拉伸器的快速接头 1 连接起来后，提升压力至螺栓 10 的额定工作压力，螺栓 10 被拉长。若需紧固螺母 9，只需用撬棒 8 顺时针转动螺母 9，直到螺母 9 下表面接触压紧平面时，卸掉液压泵油压，螺母即被紧固；若需旋松螺母，只需用撬棒 8 逆时针转动螺母 9，直到螺母 9 下表面离开压紧平面一定距离(该距离应大于螺栓被紧固时拉伸的伸长量)时，卸掉液压泵油压,螺母即被松开,此时用手或扳手即可旋下螺母。

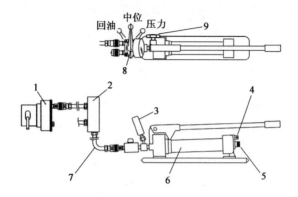

图 2-13-1　液压拉伸工具的组成

1-液压拉伸器;2-连接端子;3-压力表;4-放气螺塞;5-液位显示;6-液压泵;7-高压管;8-切换杆;9-释放阀

(2)液压泵的检查要点:

①检查油位,打开卸载阀,上下压动手泵手柄,充分地润滑手泵上的液压部件。

②顺时针旋转锁紧卸载阀手轮,上下压动手泵上的手柄,观察压力表上指针,当压力达到50MPa时停止操作,观察压力表读数是否稳定,压力表的读数略有降低也是正常的。

③检查完毕,卸载压力,确认压力表读数恢复零位。

2.拉伸器拆卸螺栓步骤(以拆卸辅机缸头螺栓为例)

(1)首先安装液压拉伸器,如图 2-13-3 所示,取下缸头螺栓 6 的保护帽,安装拉力螺栓 5 到缸头螺栓 6 上,并将拉力螺栓 5 旋紧。(有的缸头螺栓长度足够,可直接旋上液压油缸 3,不需拉力螺栓。)

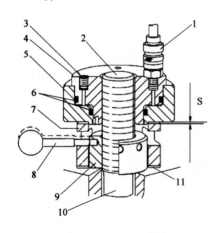

图 2-13-2　液压拉伸器结构图

1-快速接头;2-安装工具螺纹;3-放气螺钉;
4-活塞;5-气缸;6-密封环;7-支撑环;8-撬棒;
9-螺母;10-螺栓;11-塞尺测量铣槽

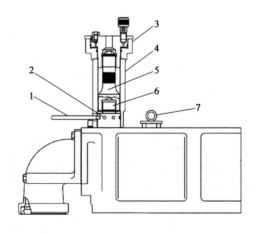

图 2-13-3　液压工具的安装

1-拨棒;2-缸头螺母;3-液压油缸;4-支撑环;5-拉力螺栓;6-缸头螺栓;7-吊环

(2)装上支撑环 4 及液压油缸 3,使支撑环 4 的开口方向转到利于插入拨棒 1 转动螺母 2 的位置。

(3)将4个缸头螺栓的液压拉伸器安装好后,如图2-13-4所示,安装高压油管3到每一个液压油缸快速接头2上,并通过分路器4连接到高压油泵5。

(4)如图2-13-3证实液压油缸3与支撑环4完全接触后,转动液压油缸3,旋松1/2圈,这一步在拆卸螺栓时是必须的,以防螺栓拉长,松开螺母2,卸掉油压后,螺栓恢复长度,使拉伸器受力而无法取出。

(5)关闭液压泵上的泄压阀,松开液压油缸3上面的放气螺钉,然后手摇液压泵加压,直到放气螺钉有油流出,旋紧放气螺钉。手摇液压泵加压到说明书规定的压力。此时,缸头螺栓6被液压拉伸器拉长。液压油缸的拉伸作用将使螺母2与缸头分离。

(6)确定系统压力稳定时,用拨棒1在支撑环的开口处转动螺母2,使其离开缸头,但要注意不可松太多,一般1~2圈即可。以防与液压油缸底部接触,当卸掉压力后卡住。

(7)当所有螺母2都松开后,缓慢打开液压泵上的泄压阀,卸掉压力。当压力卸掉后,用拨棒1检查螺母2能否转动。

(8)当所有螺母2都能灵活转动后,拆掉高压油管,拆掉液压拉伸器,取下螺母2。

3.拉伸器上紧螺栓步骤

(1)上紧螺栓步骤与拆卸螺栓步骤类似,如图2-13-3所示,首先将螺母2拧到位。

(2)安装支撑环4,并使支撑环4的开口方向转到利于插入拨棒1转动螺母2的位置,然后安装液压拉伸器3。注意:安装螺母时不需将液压油缸3旋松1/2圈。

(3)如图2-13-4所示,安装高压油管3到每一个液压油缸快速接头2上,并通过分路器4连接到高压油泵5。

(4)关闭液压泵上的泄压阀,松开液压油缸3上面的放气螺钉,然后手摇液压泵加压,直到放气螺钉有油流出,旋紧放气螺钉。手摇液压泵加压到说明书规定压力的1/2。此时,缸头螺栓6将被液压拉伸器的拉长。液压油缸的拉伸作用将使螺母2与缸头分离。

(5)确定系统压力稳定时,用拨棒1在支撑环的开口处转动螺母2,使其上紧。

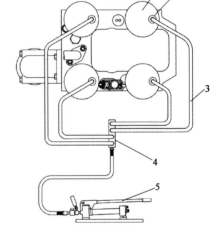

图2-13-4 液压管路连接
1-液压拉伸器;2-快速接头;3-高压油管;4-分路器;5-高压油泵

(6)上紧应分三步上紧:第一步:油压升到1/2,上紧所有螺母2;第二步:卸掉油压后,再次泵压到额定压力,上紧所有螺母2;第三步:卸掉油压,再次泵压到额定压力,检查是否有螺母2未上紧。

(7)所有螺母均上紧后,拆掉液压拉伸器,装上缸头螺栓保护帽。

(二)液压拉伸器的保养

1.液压拉伸工具使用后的保养

液压拉伸工具使用完毕,清洁干净各部件,放回专用工具箱,并盖上盖子。注意,液压拉伸工具的液压缸和支撑环必须水平放置。

## 2. 液压拉伸器的检修

液压拉伸器常见的故障是液压油从活塞处泄漏，导致无法拉伸螺栓，这时需拆解液压拉伸工具，更换如图 2-13-2 所示密封环 6，拆卸步骤如下：

(1) 拆掉放气螺栓。

(2) 拆卸液压缸时，需用木榔头敲击如图 2-13-2 所示活塞 4 的下部就可以把活塞从液压缸中拔出。

(3) 用煤油清洗所有部件，检查密封环 6(该密封环通常是由"O"-ring 和承压环 back-up-ring 组成)是否老化或损坏；检查各部件是否有刮痕、损坏、变形等。

(4) 安装密封环 6 时，需注意"O"-ring 和承压环(back-up ring)的上下关系，一般"O"-ring 在承压环(back-up ring)的上方，安装时应抹上润滑油，并防止扭曲。

(5) 安装活塞 4 的时候，要在液压缸内表面和活塞上抹上润滑油。

### 思考题

1. 拆卸和安装螺栓时，手摇泵加压前，松开液压油缸放气螺钉放气的目的是什么？如果没有放气会有什么后果？

2. 拆卸螺栓时，为什么需转动液压油缸松 1/2 到 1 圈，而安装螺栓时不需要？

3. 保养液压拉伸工具的注意事项有哪些？

# 任务十四　分油机拆检

## 一、拆检目的

(1) 掌握自动排渣分油机的工作过程，能说出相应油、水孔的作用；

(2) 掌握船用分油机拆检专用工具的正确选取、使用；

(3) 掌握分油机正确的拆检程序。

## 二、拆检要素

(1) 分离筒及其附件的拆检；

(2) 分离盘片的拆检与清洗；

(3) 滑动圈、分流圈、配水盘和导水座的拆卸与检修；

(4) 比重环的选择与更换。

## 三、拆检设备状态

DZY-30 型燃油分油机，运行正常，现需拆检保养，清洗分离盘片，清洗内部部件。

## 四、拆检步骤

DZY-30 分油机总体结构如图 2-14-1 所示。分油机主要由机械传动机构、分离筒、控制阀、齿轮油泵和机体等部分组成。

图 2-14-1

（一）分离筒及其附件的拆卸与检修

1.分离筒拆卸前的准备工作

（1）切断分油机控制箱电源，并挂上"严禁合闸"警告牌；

（2）确认分油机进、出油阀已关闭，各路水阀已关闭；

（3）准备好拆装用的专用工具；

（4）准备好放置分油机部件的油盆、清洗用料等。

2.分离筒的拆卸、解体

（1）分离筒的拆卸步骤：

①松开分油机活动罩盖（集油器）的手动扣紧装置 8，并打开活动罩盖 9，如图 2-14-1 所示。

②用止动器固定分离筒，一定要将止动器的止动头旋入分离筒外表面的凹坑内。

③用专用工具"顺时针"旋下比重环锁紧环（小螺母），取下比重环后并将比重环锁紧环重新拧紧，以便起吊分离筒上盖，如图 2-14-2 所示。

④用专用工具"顺时针"旋掉主锁紧环（大螺母）。如图 2-14-3 所示。

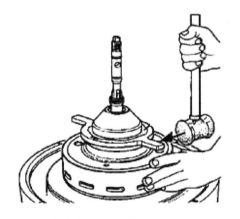

图 2-14-2　拆卸比重环锁紧环

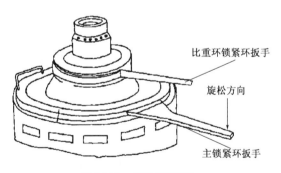

图 2-14-3　拆卸主锁紧环

⑤用专用工具吊出分离筒上盖，并取下分水颈盖。

⑥分离盘架的拆卸。可以先将分离盘从盘架上取下后，再用专用工具吊出分离盘架；也可用专用工具将分离盘架、分离盘一同吊出。如图 2-14-4 所示。

（2）拆卸的注意事项：

①拆卸前应熟读说明书，了解分油机内部结构，理清拆卸步骤，拆卸时不可硬敲硬打，必须按操作规程拆卸。

②分离筒是高速转动的机构，对其动平衡要求较高，因此，在拆卸分离筒时，应注意装配标

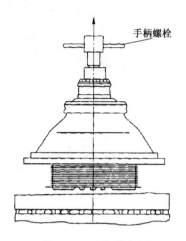

图 2-14-4 拆卸分离盘架

记,便于原样装复;若没有装配标记,可以打上相应的标记,便于安装。

③各个分油机部件应用专用工具拆卸。

④拆卸时,应特别注意各密封环、密封面的情况,防止人为损坏。

3. 分离筒的装复

(1)分离筒装复步骤

①将分离盘架装在底盘架上,使底盘架上的定位销固定住盘架。

②按编号顺序依次将分离盘片由下而上装入盘架。

③对准盘架上的三条筋放好颈盖。

④检查分离筒上盖的主密封环,若密封环老化或有划痕应更换,拆卸主密封环的方法如图 2-14-5 所示。主密封环通常是尼龙材料,装复时需注意不要损坏接触面,尼龙密封环可用热水浸泡,便于装入分离筒上盖的槽内。将装好尼龙密封环的分离筒上盖套入颈盖,注意分离筒上盖的缺口要对准分离筒本体上的定位块。

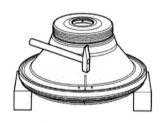 

图 2-14-5 主密封圈的拆除

⑤将主锁紧环螺纹部分涂上二硫化钼润滑油,并按逆时针方向旋入分离筒本体直至装配标记位置。

⑥将比重环锁紧环(小锁紧环)螺纹处涂上二硫化钼润滑油,按逆时针方向旋入已装好顶密封环和比重环的分离筒上盖,并拧紧。

(2)分离筒装复注意事项

①仔细清洗分离筒的所有零件,检查各密封环的完好性,并疏通各通道和小孔,特别是分离筒活动底盘上的"小孔"(阻尼孔)应用空气吹通。

②分离筒部件刻有标记,重新装配时,不许随意更换零件,须对准原来的装配标记。

③绝不允许将这台分离筒上的零件装到另一台分离筒上去,否则分离筒的平衡会受到破坏,分油机工作时将产生强烈振动。

④要用专用工具进行装复。

(二)分离盘片的拆检与清洗

1. 分离盘片的拆检

(1)使用专用工具,连同分离盘片取下分离盘架,并放在预先准备好的油盆里。

(2)小心取下分离盘片,注意避免分离盘片划伤手指,同时取放分离盘片均应轻拿轻放,避免损坏分离盘片。

(3)分离盘片取下时,原则上应按顺序放好,尽量避免分离盘片之间的位置更换,导致分油机平衡破坏。

(4)装复分离盘片应注意对准凹槽,原则上按拆卸的逆过程装复。

2. 分离盘片的清洗

清洗分离盘片要特别小心,避免清洗期间损坏分离盘片的表面。特别注意如果用硬物刮洗分离盘片表面,将损坏分离盘片表面镀层,会导致沉积物形成速度增加。因此推荐使用化学清洗法,化学清洗步骤如下:

(1)从分离盘上一片片地拿下分离盘片,放在化学药剂池中浸泡,一般2~4小时浸泡后,沉积物将被泡软。

(2)取下分离盘片后,清洗分离盘架,若结垢严重,同样可放在化学药剂中浸泡。若沉积物不是很坚固可直接用柴油或煤油清洗即可。

(3)浸泡后,用软毛刷刷洗分离盘片及分离盘架。

(三)滑动圈和分流挡圈的拆卸

1. 滑动圈的拆卸

(1)用金属棒顺时针旋下立轴螺母,如图2-14-6所示。

(2)在立轴上旋入定位螺塞,用专用工具(拉马),拉出滑动圈或活塞(活动底盘),如图2-14-7所示。

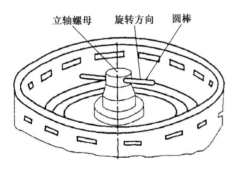

图2-14-6 拆锁紧螺母

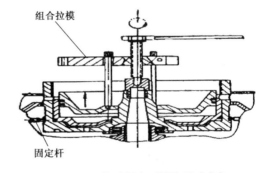

图2-14-7 使用专用工具拆卸活动底盘

(3)然后用同一个专用工具(拉马)吊出分离筒本体。

(4)倒转分离筒本体,拆卸分流挡圈螺钉,如图2-14-8所示。取出分流挡圈,如图2-14-9所示。

2. 分流挡圈的检修

(1)分离挡圈拆卸下来后,用轻柴油或煤油清洗干净,不可用硬物刮铲结垢。若结垢严重应用化学药剂浸泡。

(2)清通各个孔道,并用压缩空气吹通。

(3)检查分流挡圈是否变形,或有人为破坏。若分流挡圈变形将影响分油机的平衡,导致分油机不能正常工作。

图 2-14-8 拆卸分流挡圈螺钉

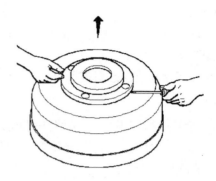
图 2-14-9 取出分流挡圈

(4)分流挡圈上若有密封圈,应小心拆卸密封圈,检查工作状况,若发现老化或变形严重应更换。

3.滑动圈和分流挡圈的装复

(1)分流挡圈的装复按照拆卸的逆过程装复。用压缩空气吹通分流挡圈上的小孔,适当抹点润滑油。分流挡圈上若有密封圈,装复之前应检查密封圈是否需换新。装复分流挡圈,并上紧螺钉。切忌用榔头等工具硬将分流挡圈砸入。

(2)清洁干净分离筒后,首先用专用工具吊起分离筒,装复分离筒本体。

(3)装复滑动圈(活动底盘)时,应注意活动底盘上的定位孔是否对准销的位置,待活动底盘上边缘对齐分离筒本体上的排渣口下边即可。

(4)装复底盘架,此时应注意底盘架的导销孔要对准分离筒本体上的导销(定位销)。并将立轴螺母抹上二硫化钼润滑油,并按逆时针方向拧紧。

(四)配水盘和导水座的拆卸与检修

DZY-30 分油机配水盘原理如图 2-14-10 所示。

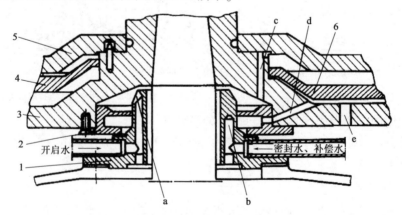
图 2-14-10　DZY-30 分油机配水装置简图
1-配水盘;2-分流挡板;3-分离筒本体;4-活塞(密封位置);5-分离筒底;6-活塞(开启位置);a-开启水孔;b-密封(补偿)水孔;c-通活塞上部水孔;d-通活塞下部水孔;e-排泄孔

1. 配水盘、导水座的拆卸

(1)移走分离筒体后即可拆卸配水盘及导水座。

(2)若分油机机架体内有较多的油泥时,首先应清洁干净。然后,根据不同的配水盘安装方式,采用不同的拆卸方法。

(3)拆掉与导水座连接的开启水和密封水的水管,即可取出导水座。

2. 配水盘、导水座的检修

(1)清洁干净配水盘、导水座,清通相关孔道,并用压缩空气吹干净。

(2)小心取下密封件,观察工作状况,若变形严重或老化应换新。

(3)注意观察配水盘和导水座有无腐蚀、变形、裂纹等,如果严重应换新。

3. 配水盘、导水座的安装

(1)安装时应首先安装导水座,安装各密封件,并注意与密封水和开启水管的连接。

(2)安装配水盘应注意检查密封件是否正确安装,上紧螺钉时不可用力太猛,防止螺钉断裂。

(五)比重环的选择与更换

1. 比重环的选择

不同机型的分油机,比重环选择的方法有差别。但是要考虑的主要影响参数有待分油的密度、分离温度、分离流量这些因素。因此选择比重环时必须阅读设备说明书,根据说明书的要求来选择。

这里以三菱SJ30型分油机为例说明比重环选择的方法,仅供参考,如图2-14-11所示。

2. 选择举例1

(1)待分油的状况:

油的密度(15℃)925kg/m³　　　　分离温度70℃　　　　分离流量3.000m³/h

(2)找到比重925kg/m³对应曲线①和对应温度70℃的垂直线的交点,然后画一条水平线与100℃的垂线相交。

(3)连接步骤(2)作出的交点与分油速率3000L/h对应的点,得到直线③。

(4)读取直线③与比重直径线的交点即为所选比重环直径。该例所选比重环直径为$\Phi$79mm。

3. 选择举例2

(1)待分油的状况:

油的密度(50℃)944kg/m³　　　　分离温度98℃　　　　分离流量1.250m³/h

(2)找到比重944kg/m³对应曲线④和对应温度50℃的垂直线的交点,沿着下降曲线⑤找到和处理温度98℃的垂直线对应的交点,然后画一条水平线与100℃的垂线相交,作出交点。

(3)连接步骤(2)做出的交点与分油速率1250L/h对应的点,得到线⑥。

(4)找到直线⑥和比重环直径的交点,所对应的即为比重环直径。该比重环对应的直径为$\Phi$71.5mm。

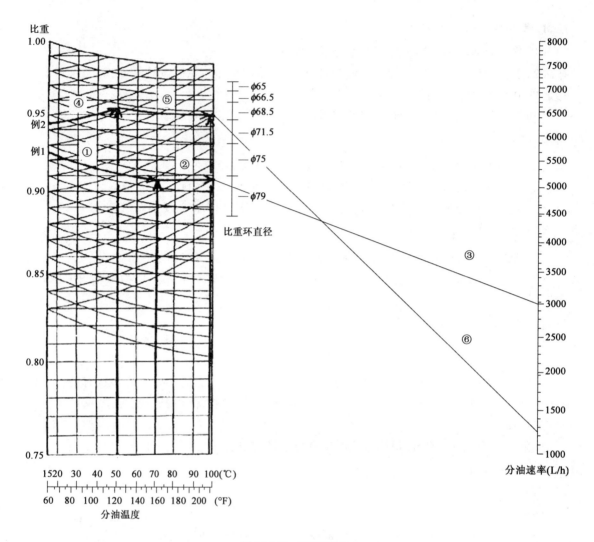

图 2-14-11　比重环选择

4. 比重环的更换

(1) 拆下比重环的步骤见分离筒拆卸部分。

(2) 比重环安装时需注意各密封件的工作状况,发现变形或老化时应更换,正确安装好密封件。

(3) 放上选择好的比重环。

(4) 锁紧比重环的锁紧螺母。

## 思考题

1. 拆装分油机需要哪些专用工具?举例并指认实物。

2. 拆卸分离筒前,应注意什么问题?

3. 分离筒紧固螺母(或旋塞)在拆、装时应注意哪些问题?
4. 分油机处于分水与分杂状态时,其结构上有哪些区别?
5. 分油机在安装时,有哪些地方需要定位?
6. 分油机中比重环的作用及如何正确选择?

# 任务十五　活塞式空气压缩机的拆检

## 一、拆检目的

(1)掌握活塞式空压机的拆检程序;
(2)掌握正确测量和检查空压机各主要部件的方法;
(3)掌握空压机气阀阀片的研磨工艺。

## 二、拆检要素

(1)气缸盖、活塞连杆的拆检;
(2)高、低压吸排阀组件的拆检与研磨修理;
(3)曲轴、轴承和轴封的测量、检查。

## 三、拆检设备状态

船用活塞式空压机一台,现需检修。

## 四、拆检步骤

船用空气压缩机是船舶安全航行必不可少的辅助设备之一,它的主要作用是提供船舶所必需的压缩空气。现以图 2-15-1 所示 CA – 60/30 型水冷式空气压缩机为例说明拆检过程。

图 2-15-1

(一)空压机气缸盖的拆检

1. 空压机拆卸前的准备工作

(1)首先了解空压机说明书的内容及有关规定,在未弄清机器的结构、原理、性能和修理目的之前,不要盲目拆卸。准备好拆装用的工具,更换所需的备件等。
(2)切断电动机电源,关闭空压机与外部管路有联系的阀门,打开管路泄放阀放气。
(3)拆卸要为装配创造条件,拆卸时要看准标记,核准符号。若没有标记,需刻上标记,标记要清晰不易掉落。

2. 空压机气缸盖的拆卸

(1)拆卸进、排气管连接到气缸盖的螺栓,以及气缸盖上的相关附件。

(2)按照由两边向中央分2~3次逐步松开螺母,卸螺栓时要对称拆卸,不要将螺母一下子都拿掉,要对称地留几个,逐步拿去。拆掉螺母,取下缸盖,取出一级进、排气阀。

3. 空压机气缸盖的安装

(1)清洁一级进、排气阀,并用压缩空气吹净。

(2)安装一级进、排气阀,安装时,若有紫铜垫片,应退火后使用或换新。

(3)安装气缸盖。选择合适的工具,螺母要交替、对称拧紧,扭紧力均匀适当。

(4)装配油、水或气管路,注意垫片的正确制作和使用(橡胶垫、石棉垫、石棉橡胶垫等),防止泄漏。

(二)活塞、连杆的拆检

1. 活塞、连杆的拆卸

(1)拆掉气缸盖后,即可拆卸活塞连杆。

(2)拆掉曲柄箱道门螺栓,打开曲轴箱道门,拨掉连杆大端螺母开口销,做好标记。

(3)盘车到合适位置,松开连杆大端的螺母、螺栓,取下螺母、螺栓及下轴承盖。注意防止轴承掉落。

(4)盘车将曲柄销转到上止点,在活塞顶部拧入吊环,吊出活塞连杆组件。注意盘车过程曲轴只能上行,以防轴承掉落;活塞和缸套不能相互碰撞或和其他部件碰撞。

(5)用拆卸柴油机活塞环的方法拆掉活塞环。

(6)拿掉一侧的活塞销挡圈,取出活塞销,将活塞与连杆分开,注意活塞销上有字一侧应与连杆上有字一侧对应,不可装反。活塞连杆拆解后用柴油清洗干净并擦干。

2. 活塞、连杆的检查

(1)检查活塞、连杆有无裂纹、划伤:其方法是用目测法或借助放大镜观察表面有无裂纹。如果活塞表面有轻微划伤,可用手工修磨方法消除。

(2)检查活塞连杆大端轴承,曲柄销轴承,若有严重划伤或磨损,应更换。

(3)检查活塞环,及环槽有无异常磨损。

3. 活塞连杆的组装

(1)清洁活塞连杆组件,并用压缩空气吹净,尤其各孔道需吹通。

(2)活塞销及轴承需抹上滑油,将连杆小端装入活塞,装入活塞销,注意活塞销上有字一侧应与连杆上有字一侧对应。安装活塞销时,需轻轻滑入,若不能顺利滑入,可以轻微摆动连杆,切不可盲目用榔头硬敲入。

(3)安装活塞环,搭口错开120°~180°,活塞环上抹上润滑油。

(4)将活塞连杆组件吊起,装入气缸中,安装时应注意活塞环,防止卡在缸套口上。活塞环顺利进入气缸后,需注意观察连杆大端,防止碰到曲轴,防止上轴瓦掉落,待下降到合适位置后,盘车将曲轴转入连杆大端。

(5)安装连杆大端下轴承盖,交替上紧螺栓,若有力矩要求,应用扭矩扳手分2~3次上紧到规定扭矩,并装上防松装置。

(6)拆掉活塞上的吊环,盘车检查,应转动顺畅无卡滞,活塞连杆组件安装完毕。

(三)高低压吸、排阀的拆卸与检查及研磨

1.高低压吸、排阀的拆卸

(1)拆卸空压机吸、排阀前先仔细阅读说明书,做好标记,切忌盲目拆卸。

(2)船用空压机一级吸、排阀一般都在气缸盖上,部分空压机需先拆卸气缸盖才能取出吸、排阀,且吸、排阀是组合式阀。

(3)级差活塞式船用空压机二级吸、排阀一般都在气缸两侧,可单独拆卸。拆卸时只需拆掉压盖上的螺栓,即可取出二级吸、排阀。

2.高低压吸、排阀的清洗与检查

清洗空压机吸、排阀件是维修保养工作中的一项重要内容。清洗的方法和质量将直接影响空压机的修理质量和使用寿命。清洗不彻底,有可能造成空压机不能正常运转。

(1)浸泡

空压机的吸、排阀会被油垢污染,尤其是高、低压的排气阀通常会有积炭。取出空压机吸、排阀后应放在盛有煤油、柴油或化学清洗剂(除炭剂)的容器中浸泡。除炭剂能渗透沉积的污垢、溶解油料、油脂和油液,能使积炭、烟灰、灰垢松脱、软化,以便清除。对清除空压机阀件,在常温下浸泡4~8小时便可获得满意的清洗效果。

(2)去除积炭

被除炭清洁剂浸泡后的阀件,可用刮刀、断锯条刮除非光滑配合面上的积炭或用钢丝刷刷掉积炭;对光滑的阀片和阀座配合面上的积炭可用铜、铝制的软刮刀刮除。

(3)吹净

清洗时,零件不要搁叠一起,以免碰伤。阀件清洗后,用压缩空气吹干或用棉布擦干。

(4)检查

检查气阀的阀片、阀座是否有划痕、凸台,若比较轻微可用平台研磨的方法修复,若太严重,应换新;检查弹簧,弹力是否足够,若弹力不够,变形严重应换新。

3.气阀阀片的研磨

(1)准备

若阀座和阀片磨损或擦伤不大,可用研磨的方法进行修复。先将阀座与阀片清洗干净,若有毛刺,可用油石或刮刀修平毛刺。准备好研磨平台及研磨砂,研磨平台需放平。

(2)研磨

研磨可先粗磨,粗磨可采用180~280号研磨砂作为研磨剂,研磨前,先把研磨平台的工作面清洁干净,然后在平台上涂上研磨剂,滴少量机油,把阀片需研磨面贴合在平板上,在平板的表面以"8"字形的推磨方式研磨,如图2-15-2所示。研磨时用力要均匀,并周期性地将研磨件转180°或90°研磨,这样可防止研磨面偏斜,研磨到平整光滑为止。然后进行精磨,精磨用400~600号研磨膏,每隔数分钟将零件擦净,用煤油清洗,并用压缩空气吹净后检查。

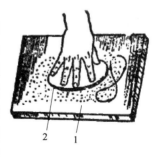

图2-15-2 研磨
1-平板;2-阀片

(3)气密检查

阀座、阀片经研磨修复后,其阀片升程应符合规范要求,然后再进行气密检查。具体方法是将洁净的煤油灌入组装好的气阀孔道中,若无明显的渗漏,说明气密性良好,若煤油很快漏完,则说明气密性差,必须重新研磨,直至符合要求。

(四)曲轴、轴承和轴封的测量、检查

1. 曲轴检查、测量

活塞连杆组件拆除后,可检查曲轴曲柄销表面是否有划痕、磨痕。测量曲柄销直径,方法同柴油机曲柄销的测量,计算圆度、圆柱度,分析曲柄销是否过度磨损。

2. 轴承间隙测量

(1)曲柄销轴承间隙测量

用压铅丝或塞尺测量,首先将曲柄销轴承下盖拆下,选择合适的软铅丝,其直径一般为被测规定间隙的1.5倍,截取三段能包住轴颈120°的软铅丝,用机械凡士林将软铅丝轴向等距粘于连杆大端轴承下盖中,再把轴承盖装好,把螺栓上紧到规定的扭矩,再拆下轴承盖,取下软铅片并清洁,用外径千分尺测量铅丝片厚度,在每道软铅片上选取3个测量点,并做好记录。最后根据测量值求出平均值即为曲柄销轴承间隙。

(2)主轴承间隙测量

主轴承间隙测量方法与曲柄销轴承间隙测量方法相似,一般采用压铅丝法测量。

3. 轴封检查

检查轴封工作状态,若老化或者弹性变差、有破损现象时及时换新。

4. 曲轴、轴承和轴封的装复

(1)安装时注意事项

①装配前,应将拆下的各零件清洗干净;将各部件和摩擦部位涂上适当的润滑油。

②装配部件,应按顺序进行,防止漏装、错装。

③装配时应按说明书对主要装配间隙进行测量和调整。

(2)装复

①把组装好的曲轴组件从大端孔水平穿入放妥,再装入轴承座和飞轮等部件。

②安装轴封等部件。安装主轴承及上盖,轴承紧固螺母应对称上紧,若有力矩要求,应严格按照力矩要求上紧。

③经检查一切完好后,清理曲轴箱内部,然后盖上曲轴箱道门。

(五)空压机拆检过程中的注意事项

(1)装配前后的尺寸及相互位置,应切实做好记录,以便检查。例如气缸套的磨损量、轴瓦的装配间隙、活塞环的各种间隙等。

(2)在震动条件下工作的螺栓、螺母,必须切实装好防松装置。

(3)不要用煤油、汽油清洁气缸、阀室或曲柄箱,因这些油液挥发出的低燃点气体,易引起空压机曲柄箱、导管和气瓶的燃烧爆炸。

(4)拆检工作要小心仔细、防止零部件的损伤、划伤。尤其是零部件的配合面、定位面、基准面和定位孔,要严加保护,保证它们不被划伤、碰伤或生锈。

(5)拆卸后,零部件要顺次放在垫有木板的地面上。活塞与活塞杆可垂直悬挂;轴瓦应反扣,瓦背向上。零部件间不能相互搁靠,要分开放稳。轴承垫片要放好,做好标记,不可混用。油管、空气管及接头、旋塞以及零部件上的敞开洞孔要用布包好或盖好。

(6)所有要检验的零部件,要先清洗干净去掉毛刺,消除缺陷,再行测量。

(7)螺母拆卸后,应拧在被拆下的相对应螺栓上。拆下来的所有螺帽、垫圈、键和销等应集中放在小零件箱内,不要乱扔。每次拆下的开口销,不能继续使用的,须换新。

(8)在拆检过程中,要尽量避免敲打。尽可能使用专用工具进行拆检,尽量不破坏任何零部件。拆检由数个螺栓固定的零件,应均匀松开或均匀扳紧。

## 思考题

1. 简述活塞式空压机的拆装程序及空气压缩机阀片的研磨方法及检查方法。
2. 简述活塞式空压机是如何实现卸载起动的?
3. 检修后的空压机气阀应进行哪些方面的检查?
4. 空压机吸、排气阀怎样区别?

# 任务十六　制冷压缩机拆检

## 一、拆检目的

(1)掌握制冷压缩机的结构特点;
(2)掌握制冷压缩机活塞连杆组件拆检的基本流程及方法;
(3)掌握制冷压缩机吸、排阀组拆检要点及修理方法;
(4)掌握制冷压缩机曲轴、轴承和轴封检查要点。

## 二、拆检要素

(1)气缸盖、活塞连杆的拆检;
(2)吸、排阀组的拆检与检查及研磨修理;
(3)曲轴、轴承和轴封的检查。

## 三、拆检设备状态

2F10制冷压缩机一台。

## 四、拆检步骤

(一)活塞式制冷压缩机基本结构及工作原理

活塞式制冷压缩机主要由缸头、气阀、缸体、曲轴、曲柄箱等组成,现以2F10型制冷压缩机为例,其结构如图2-16-1所示,工作原理如下:电动机带动曲轴运转,当活塞下行时,进气阀打开,排气阀关闭,低温低压制冷剂蒸气被吸入气缸,当活塞上行时,进气阀关闭,排气阀打开,高温高压气体排出,经冷凝器冷却后变成液体,再送入系统进行制冷。

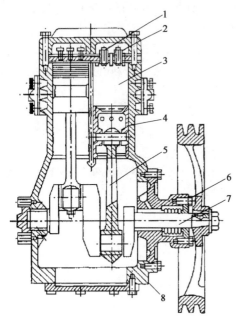

图 2-16-1　2F10 型制冷压缩机
1-吸气阀;2-排气阀;3-气缸;4-活塞;5-连杆;6-轴封;7-曲轴;8-机体

(二)制冷压缩机拆检

1. 制冷压缩机拆检准备

(1)关闭储液器或冷凝器出口阀;

(2)将控制箱转换开关转至手动位置,启动压缩机;

(3)观察吸入压力表的压力略高于大气压时,停止压缩机;

(4)将吸入端双向截止阀的阀杆顺时针方向旋入,将压缩机与吸气管路隔断;

(5)将排出端双向截止阀的阀杆顺时针方向旋入,将压缩机与排气管路隔断;

(6)此时,压缩机在系统中已经被隔离,拆除压缩机与吸、排管路的连接;

(7)拆除压缩机地脚螺栓,将压缩机拆出。

2. 气缸盖的拆检

(1)拆卸气缸盖前,检查有无标记,若无可用钢錾子做上标记,以便原样装复。

(2)对称均匀松开缸头螺栓,拆下气缸盖。

(3)取下气缸盖,可看到装有气阀组件的阀板。观察阀板有无标记,若无需做标记。

(4)取下阀板,可看到气缸及活塞顶部。

(5)气缸盖的检查:清洁气缸盖,检查气缸盖内侧有无裂纹、擦伤等。若有裂纹应更换气缸盖,若擦伤,可用细砂纸打磨。

3. 活塞连杆的拆检

(1)放掉曲轴箱润滑油,将压缩机倒置,拆卸曲轴箱底板螺栓,取下曲轴箱底板。

(2)盘车到合适位置,拆卸连杆螺栓,取下下轴承盖及下轴瓦。

(3)拆卸如图2-16-1所示左侧曲轴箱上的盖板。

(4)拆卸皮带轮,拆卸轴封装置。

(5)拆卸皮带轮侧盖板,从皮带轮侧拉出曲轴,然后,可从曲轴箱中取出活塞。

(6)活塞环的拆卸:该机型的缸径与活塞较小,是属于小缸径活塞环,拆卸活塞环时一定要非常小心,以免活塞环断裂。可用3~4片5mm左右的白铁片或铜片,分别从活塞环搭口处塞入,使白铁片或铜片处于活塞环内侧与活塞外圆表面之间,并将几片白铁片或铜片均匀分布于活塞外圆表面,然后用手慢慢推出。检查活塞环是否有裂纹、过度磨损或弹性丧失,若有其中一项,则活塞环应换新。

(7)检查活塞有无裂纹:可用目测或借助放大镜观察表面有无裂纹;检查活塞有无划伤和磨损,若有轻微划伤可用手工修磨方法消除,若有严重划伤和磨损,需更换活塞。

(8)连杆大端轴承的检查:若连杆大端轴承有较小擦伤、拉痕,可采用油布打磨予以消除。

4. 吸、排阀组的拆检及研磨修理

(1)拆卸吸气阀组上的紧固螺母,取出吸气阀片、弹簧等。

(2)拆卸排气阀的紧固螺钉,拆下限位圈、排气阀片、弹簧等。

(3)检查阀板平面是否平整、有无锈蚀、气流通道是否堵塞、阀座密封面是否腐蚀磨损。若阀板平面变形较严重,则换新阀板;若气流通道有堵塞,则将气流通道疏通;若平面上有锈蚀或阀座腐蚀等,可将阀板在研磨平台上研磨。

(4)若阀片密封不严,可在研磨平台上研磨修复。粗磨可采用180~280号研磨砂作为研磨剂,研磨前,先把研磨平台的工作面清洁干净,然后在平台上涂上研磨剂,滴少量机油,把阀片需研磨面贴在平板上,在平板的表面以"8"字形的推磨方式研磨。研磨时用力要均匀,并周期性地将研磨件转180°或90°研磨,这样可防止研磨面偏斜,研磨到平整光滑为止。然后进行精磨,精磨用400~600号研磨膏,每隔数分钟将零件揩净,用煤油清洗,并用压缩空气吹净后检查。

(5)检查:阀座、阀片经研磨修复后,其阀片升程应符合规范要求,然后再进行气密检查。具体方法是将洁净的煤油灌入组装好的气阀孔道中,若无明显的渗漏,说明气密性良好,若煤油很快漏完,则说明气密性差,必须重新研磨,直至符合要求。

5. 曲轴、轴承和轴封的检查

(1)轴承的检修:若轴承处有划痕或磨损较严重,则换新轴承。

(2)曲轴的检修:若曲轴的轴颈处有划痕、腐蚀或毛刺等,若不严重时,可用油石打磨,以消除损伤痕迹。

(3)轴封检查:检查机械轴封石墨摩擦环及密封橡皮环是否良好,若石墨端面有划痕或腐蚀,可研磨消除;若密封橡皮环老化,则换新。

(三)制冷压缩机的装配

(1)将已经检修好的压缩机部件清洁后,用压缩空气吹净,尤其是孔道等。

(2)活塞组件的装配。采用拆卸活塞环的方法,相反操作程序将活塞环套装于活塞环槽中。

(3)调整活塞环开口位置,相邻活塞环开口错开120°~180°,活塞环上抹上润滑油,将活塞从曲轴箱中装入气缸内,装入时一定要保证活塞环正确进入气缸。

(4)将曲轴从曲轴箱皮带轮侧装入曲轴箱,此时,一定要注意,尽量避免曲轴碰伤连杆大端的内表面,并注意连杆大端与曲轴的位置一定要对正。安装连杆大端下轴瓦,并交替上紧螺栓。

(5)曲轴安装到位后,安装曲轴二端轴承,装好曲轴箱一侧的端盖板。安装曲轴箱底板。

(6)曲轴伸出曲轴箱一侧,先装上端盖板,再装轴封装置,特别注意机械轴封端面一定要清洁干净,保证其密封性能,装上皮带轮。

(7)组装阀板,安装阀板到气缸盖上,注意垫片需换新,安装缸盖。

(8)安装制冷压缩机到基座上,连接相关管系。

### 思考题

1. 叙述小缸径活塞环的拆卸方法及注意事项。
2. 叙述机械密封装置的密封原理。
3. 制冷压缩机阀片组拆装时注意事项有哪些?

## 任务十七　离心泵拆检

### 一、拆检目的

(1)掌握离心泵正确拆卸程序;
(2)掌握合理的离心泵拆检工艺,符合技术规范;
(3)掌握离心泵主要零部件的检测方法。

### 二、拆检要素

(1)联轴节与泵壳的拆检;
(2)叶轮、轴和轴承的拆检;
(3)轴封的检查与更换。

### 三、拆检设备状态

单级卧式离心泵一台,现需拆检。

### 四、拆检步骤

(一)联轴节与泵壳的拆检

离心泵是一种叶轮式泵,它依靠叶轮的高速回转使液体获得能量,产生吸、排作用,从而达到输送液体的目的。离心泵是船舶广泛使用的一种泵,一般多用作船舶压载水泵、舱底水泵、冷却水泵和消防水泵等。离心泵主要由叶轮、泵壳、叶片、泵盖、泵轴、轴承等组成。船用离心泵结构形式多样,但基本构造及原理大同小异,现以单级卧式离心泵为例讲解拆检步骤,其典型结构如图 2-17-1 所示。

1. 拆装时注意事项

(1)对一些重要部件拆卸前应做好标记,以备原样装复。

(2)拆卸的零部件应妥善安放,以防失落。

(3)对各接合面和易于碰伤的地方,应采取必要的保护措施。

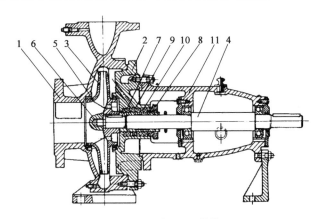

图 2-17-1　离心泵的结构

1-泵体;2-泵盖;3-叶轮;4-轴;5-密封环;6-叶轮螺母;7-轴套;8-填料压盖;9-填料环;10-填料;11-悬架轴承部件

2. 拆检步骤

(1)关闭离心泵的吸、排截止阀,打开泄水塞,确认截止阀正确关闭,放空离心泵内部残水。

(2)断开电源开关,并挂上"禁止合闸"警告牌。拆卸电动机接线,并做好标记。

(3)拆下离心泵吸、排管连接螺栓,并将离心泵入口管移走。

(4)在联轴节处做好标记,拆除固定电动机的螺栓,然后将电动机移走。小型离心泵可以将与马达连接的联轴节脱开,拆掉泵座螺钉,将泵整体拆下来。

(5)使用拉马拆卸联轴节,具体方法是:将轴固定好,先拆下固定联轴节的锁紧帽,再用专用工具——拉马的拉钩钩住联轴节,而其丝杆顶正泵轴中心,用扳手慢慢转动拉马手柄,即可将联轴节拉出取下。在钩拉过程中,可用铜锤或铜棒轻击联轴节,如果拆不下来,可用棉纱蘸上煤油,沿着联轴节四周燃烧,使其均匀热膨胀,这样便容易拆下,但为了防止轴与联轴器一起受热膨胀,应用湿布把泵轴包好。

(6)拆掉离心泵吸入端泵体。

3. 泵壳的检查

泵壳在工作中,往往因机械应力或热应力的作用出现裂纹。检查时可用手锤轻轻敲击泵壳,如出现沙哑声,则表明泵壳已有裂纹,必要时可用放大镜或探伤剂查找。

如果裂纹出现在承受压力的地方,且裂纹不大时,可进行补焊,也可用环氧树脂修补。如裂纹出现在不受压力和不起密封作用的地方,则可在裂纹两端各钻一个 3mm 的小圆孔,以消除局部应力集中,防止裂纹继续扩大。若裂纹较大,已无修补价值,应予以换新。

(二)叶轮的拆检

1. 叶轮的拆卸

用套筒扳手或专用扳手拆下叶轮轴上的左旋螺母,取下止动垫圈。叶轮即可从轴上取下,如取不下来,可将专用工具的两根螺钉拧入叶轮上有丝牙的平衡孔中,中心丝杆顶正轴端中心,慢慢转动手柄,将叶轮从泵轴上拉出。如果叶轮锈于轴上而拉不动,可在键连接外刷上少量渗透剂,稍等片刻,再拉出叶轮,取下轴上平键。

2. 叶轮的检查

一般铜质叶轮穿孔不多时,可用黄铜补焊。叶轮进口处的划痕或偏磨现象不太严重时,可用砂布打磨,在厚度允许的情况下,也可光车。叶轮遇有下列缺陷之一时,应予换新。

(1)表面出现较深的裂纹或因腐蚀而出现较多的砂眼或穿孔;
(2)开式叶轮的叶瓣断裂,轮壁因腐蚀而显著变薄,影响了机械强度;
(3)叶轮进口处有较严重的磨损而又难以修复,或叶轮已经变形。

检查叶轮密封环间隙是否合适,测量叶轮口外圆和密封环内圆上下、左右两个位置的直径,分别取平均值,其差值的一半为其间隙,如间隙太大,仅靠更换密封环无法恢复间隙时,可先把叶轮入口外径光车,然后配以合适的加厚密封环镶嵌在入口泵盖上。

(三)轴和轴承的拆检

1. 轴的拆卸

拆卸填料压盖,拆卸泵盖螺钉,取下泵盖及填料。拆下轴承箱上前后两端轴承盖,然后用一木块垫在联轴器端轴头上,用紫铜棒轻轻敲打木块,就可把泵轴连同轴承一起拆下。

2. 轴承的拆卸

拆卸轴承时尽量不要损伤轴承,用三爪拉马的拉钩钩住滚动轴承内圈,丝杆顶正轴端,慢慢转动手柄,滚动轴承即可被拉出。

3. 轴的检查

(1)泵轴外观检查

泵轴拆洗后外观检查,若发现泵轴已产生裂纹、表面严重磨损或腐蚀而出现较大的沟痕以至影响轴的机械强度、键槽扭裂扩张严重等情况时,应予以换新。

(2)轴的直线度检查

泵轴不得弯曲变形,拆洗后可在车床上检查:将泵轴一端装于车床卡盘中,在卡盘处注意垫好铜片,另一端用尾架顶针顶住泵轴中心孔,将百分表架置于车床中拖板上,装好后将顶针顶于泵轴中间的外圆柱面上,用手慢慢转动卡盘,观察百分表指针变化,记录下最大值和最小值及轴向位置,百分表读数的最大值和最小值之差的一半即为轴的弯曲量。

也可在研磨平台上检查泵轴弯曲量。检查时,在平台上放置两块 V 型铁,将泵轴置于其上,百分表架放在平台上,将百分表顶针顶在泵轴中间的外圆柱面上,用手慢慢转动泵轴,观察百分表指针的变化量,记录最大值和最小值,并在相应的位置做标记。

上述测量实际上是测量轴的径向跳动量,一般轴的径向跳动量,中间不超过 0.05mm,两端不超过 0.02mm,否则应校直。

(3)泵轴的校直

校直最简易的方法是捻打,捻打时应将泵轴放在硬木或垫有铜皮的铁块上,凸面朝上,用铜锤捻打,并随时进行测量。另一方法是用手摇螺旋压力机来校直,如图 2-17-2 所示,具体方法是:在平台上放置好两块 V 形铁,将泵轴置于其上,同样将弯曲的凸面朝上,然后将校直机的钩头钩住泵轴,丝杠顶住泵轴弯曲部位的凸面,在相应位置上应垫好铜片,缓慢而连续地转动手柄,施加一定的压力,直至完全校直为止。

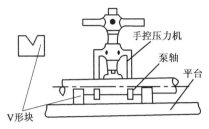

图 2-17-2  手摇螺旋压力机

4. 轴承的检查

滚动轴承常见故障有:滚子和滚道严重磨损,表面腐蚀等。一般来说轴承磨损严重,其运转时噪声较大,主要是因磨损后其径向和轴向间隙变大所致。检查时若发现松动,转动不灵活等缺陷或运行时间已达到规定值时应换新。

滚动轴承径向间隙的测量方法:将轴承平放于平板上,磁性百分表架置于平板上,装好百分表,然后将百分表顶针顶在轴承外圆柱面上(径向),一只手固定轴承内圈,另一只手推动轴承的外圈,观察百分表指针变化量,其最大值与最小值之差即为轴承的径向间隙。

滚动轴承轴向间隙的测量方法为:在平板上放好两高度相同的垫块,将轴承外圈放在垫板上,使内圈悬空,然后将磁性表座置于平板上,装好百分表,将百分表顶于内圈上平面,然后一只手压住外圈,另一只手托起内圈。观察百分表指针的变化量,其最大值与最小值之差即为轴承的轴向间隙。轴承的轴向间隙超过要求时,应换新。

(四)离心泵的安装

离心泵零部件检查后经过合理的修理或更换后即可进行装配。

1. 离心泵轴和叶轮的安装

(1)组装滚动轴承,将装好滚动轴承的轴装入轴承箱中,上好轴承两侧端盖。轴承端盖上紧后,必须保证:

①轴承端盖应压住滚动轴承外圈。

②轴承端盖对外圈的压紧力不要过大,轴承的轴向间隙不能消失。用压铅法测量此轴向间隙时,最大可取 0.1~0.2mm,然后用手盘动转子,应灵活轻便。

(2)套上填料压盖,装上泵盖和轴承支架的连接螺栓,注意轴承支架和泵盖的相对位置。

(3)把叶轮及其键、螺母等装在轴上,转动转子,看叶轮与泵盖是否出现碰擦现象,若有应查明原因。

2. 离心泵轴封的检查与更换

(1)根据填料腔的大小和泵的性能选择合适填料。将填料缠绕在轴套上,测量好填料长短,平行斜切,切口为 30°~45°,切口应平整光滑无松散现象。

(2)将切好的 4~5 根填料装入填料腔时,需注意相邻两根填料切口应错开 120°或 180°,且每根填料要压平。若有水封环,应将水封环放在几道填料中间,并使其与冷却水管口对准,直到填料腔被填料充满,最后一圈切口朝下。

(3)填料加完后,装上填料压盖,紧好压盖螺丝,用力要均匀,压盖与轴套四周间隙应一致,防止偏磨,填料松紧要合适,螺丝上紧后再松开 1~2 圈。待泵组装完毕,运转正常后,根据填料漏水量,调节填料松紧程度,漏水量以每分钟不大于30滴为宜。

3. 泵体的安装

可将泵体平放,双手提起组装好的泵盖、轴、轴承支架等,放入泵体中,要注意泵体与泵盖的相对位置,对称均匀上紧紧固螺栓。

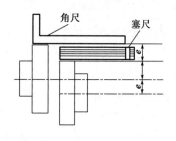

图 2-17-3　联轴节同心度和平行度校正
e-偏距

4. 联轴节的安装

将泵轴与电机轴通过联轴节连接,要注意两轴间的同心度和平行度。一般传动轴联轴节相邻处有精加工面,其同心度和平行度的校正方法如图 2-17-3 所示:在联轴节上、下、左、右四个位置,用角尺靠在联轴节一侧的外圆周表面,塞尺检查角尺与联轴节另一侧外面周表面之间的间隙,若间隙均匀,表示同心度较好;用塞尺沿联轴节圆周测量两个端平面之间的间隙来调整两轴平行度。

5. 外管的连接及测试

装上电线,安装离心泵进出口管路,注意垫片应换新。打开进口阀,往泵腔注水,排出空气,调整填料压盖紧度。空气排除后,可试运转离心泵。

**思考题**

1. 一般离心泵为什么无自吸能力,在船上是如何解决其引水问题的?
2. 离心泵的密封装置一般有哪几类?如何正确更换填料密封中的填料?
3. 离心泵防内漏是靠什么起作用的?拆检过程中应注意哪些问题?

# 任务十八　往复泵拆检

## 一、拆检目的

(1)掌握往复泵的拆检程序及注意事项;
(2)掌握往复泵的工作原理及其结构特点;
(3)掌握往复泵、吸、排阀及泵缸的检查和测量方法。

## 二、拆检要素

(1)活塞的拆检;泵缸与活塞的测量、检查;
(2)胶木胀圈的检查与更换;吸、排阀的拆检与研磨。

## 三、拆检设备状态

单缸双作用电动往复泵一台。

## 四、拆检步骤

电动往复泵被船舶广泛用于舱底水泵。如图 2-18-1 所示为船舶常见的单缸双作用电动往复泵泵体部分结构图,该往复泵通常被电机通过皮带减速后驱动偏心轮轴,偏心轮上装连杆,连杆通过十字销与活塞杆相连,活塞杆上装带有胶木胀圈的活塞,依靠活塞的往复运动,产生吸、排作用,从而通过吸、排阀组,吸入和排出液体。

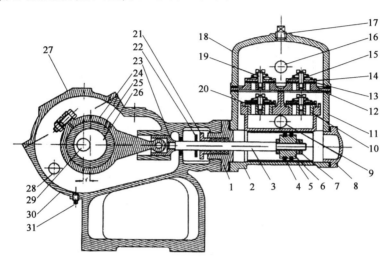

图 2-18-1 典型单缸双作用往复泵的结构图

1-填料箱;2-缸体;3-活塞杆;4-活塞环(胶木胀圈);5-缸套;6-活塞;7-螺母;8-缸盖;9-吸入口;10-阀座;11-缸体;12-垫片;13-阀片;14-排出阀;15-弹簧;16-排出口;17-放气塞;18-排出腔;19-阀杆;20-阀体;21-填料压盖;22-防漏盘;23-十字头;24-连杆;25-轴承;26-偏心轮;27-曲柄箱盖;28-液位镜;29-轴;30-曲柄箱;31-泄放塞

(一)往复泵的拆卸

1. 拆卸前准备

切断电源,并在电源开关处悬挂"禁止合闸"指示牌。拆卸电机连接线,并做好标记,防止装复时接反。拆卸电机基座螺栓,移走电机。

关闭吸、排管路上的截止阀,拆卸吸排管路与泵体的连接螺栓。

2. 活塞的拆卸

(1)拆卸缸盖,如图 2-18-1 所示 8。

(2)拆卸填料压盖螺栓,并在填料箱和泵体上做好标记,便于原样装复。

(3)拆卸缸体螺栓,托起缸体并小心移出缸体,注意不要损坏活塞及活塞环。

(4)逆时针转动活塞,可将活塞杆从十字头拧下。

(5)拆卸活塞杆的锁紧螺母,取出活塞。拆卸填料压盖,取出填料箱及填料。

(二)泵缸和活塞的测量和检查

1. 泵缸的测量和检查

缸套表面检查:用煤油或轻柴油清洗缸套表面,认真检查缸套是否有裂纹、擦伤和拉毛等现象,缸套的两端是否有凸台等,发现有裂纹,缸套应换新。其他现象如较轻微,用油石打磨再用细帆布抛光。

缸套磨损情况用量缸表或内径千分尺测量,测量后可根据说明书要求,确定修理方法。

2. 活塞的检查

检查活塞表面有无腐蚀、拉痕、偏磨等现象。若出现偏磨,则表明活塞杆对中不良,应检查并重新找正。如有拉痕,应查明是磨粒磨损还是别的原因,并解决。

(三)胶木胀圈的检查与更换

活塞环材料根据液体、温度、压力的不同而定,常用铸铁、青铜和夹布胶木、电木等。对于输水泵,活塞环常用夹布胶木,为了增加弹力,活塞环内侧开一圈凹槽,其中装一个弹性元件——磷青铜丝,夹布胶木活塞环在水中浸泡会发胀,以致使环的间隙变小而咬缸,因此使用这种材料制成的活塞环时,应将环放在80℃左右的热水中浸泡一段时间,使之完全胀开后再加工切口,以保证工作时有合适的间隙。活塞环检查的主要内容是:

搭口间隙检查:将活塞环平放在泵缸中磨损最小的位置,用塞尺测量搭口间隙的大小。

轴向间隙的检查:将活塞环装入活塞环槽中,用塞尺沿圆周上 X 和 Y 方向各测两个点或沿整个圆周测量环与环槽的端面间隙。

如搭口间隙或轴向间隙超出极限,应更换。表 2-18-1 列出非金属材料制成活塞环的安装间隙及其磨损极限。

**活塞环安装间隙及磨损极限**(单位:mm)  表 2-18-1

| 活塞环直径 | 切口间隙 | | 天地间隙 | | 径向间隙 |
|---|---|---|---|---|---|
| | 安装间隙 | 极限间隙 | 安装间隙 | 极限间隙 | |
| <100 | 1.5 | 4.0 | 0.15 | 0.30 | 1.5 |
| 100～150 | 2.0 | 5.0 | 0.20 | 0.40 | 2.0 |
| 150～200 | 2.2 | 5.5 | 0.25 | 0.50 | 2.2 |
| 200～300 | 2.5 | 6.5 | 0.30 | 0.60 | 2.5 |
| >300 | 3.0 | 7.5 | 0.40 | 0.80 | 3.0 |

环槽深度可用深度游标卡尺或带深度测量的游标卡尺测量。环的厚度可用千分尺测量。

活塞环的切口通常切成45°,拆检时检查其切口是否有缺损,如缺损严重,应换新,安装时相邻环的切口位置要错开。若没有备件更换,胶木胀圈可用电木板自己车制。

(四)吸、排阀的拆检与研磨

1. 吸、排阀的拆卸

(1)拆卸排出腔(如图 2-18-1 所示 18)安装螺栓,取下排出腔,拆下排出阀组。

(2)拆卸吸入阀组。

2. 吸、排阀的检查与研磨

(1)解体吸、排阀,注意解体后应成对放置,避免弄混。

(2)检查阀面、阀座的磨损情况,及弹簧的弹力情况。

(3)发现阀面磨损、腐蚀导致密封不良,可在平板上研磨修复。方法如同空压机阀片研磨。

3. 试验

阀组研磨修复后应进行密封性检查,防止泄漏。在组装好的吸入阀、排出阀中注入煤油,5分钟内应无泄漏。

(五) 往复泵的装复

1. 活塞杆及活塞的安装

(1) 安装胶木胀圈,可将胶木胀圈先用热水浸泡后安装。
(2) 安装活塞到活塞杆上,注意锁紧螺母。
(3) 安装填料箱,安装填料,注意相邻填料切口应错开90°~180°。
(4) 安装填料压盖,可先不上紧螺栓,套上防漏盘。
(5) 将活塞杆逆时针拧紧在十字头上。
(6) 小心套上泵体,并注意胶木胀圈正确进入泵缸,上紧泵体螺栓。
(7) 安装缸盖8。

2. 吸、排阀的安装

吸、排阀安装时需注意与泵体的密封,若有填料应换新,若为紫铜垫圈,应退火后使用。上紧的力度不可太大,防止阀体损坏。

3. 运转试验

起动泵之前,应全面检查各部件的装配质量,盘车检查转动是否自如,在曲柄箱加入足量的润滑油,各摩擦运动部件加好润滑油。

全开吸、排截止阀,可在泵腔中灌入适当的水,避免起动时干摩擦。起动泵时,应注意观察各仪表的读数,如:吸入真空度、排出压力、滑油压力等,监听各运动部件的声响,检查填料箱及各连接处是否有漏泄,若泄漏太多,可紧填料压盖螺栓。

试验一切正常后,切断电源,关闭吸、排截止阀。

## 思考题

1. 简述往复泵的工作原理及结构特点。
2. 往复泵为什么要设空气室？简述空气室的作用原理。
3. 简述往复泵的拆检步骤及检查与测量要点。

# 任务十九　齿轮泵拆检

## 一、拆检目的

(1) 掌握齿轮泵的拆检程序及拆检注意事项;
(2) 掌握用压铅丝法测量齿轮泵端面间隙和啮合间隙。

## 二、拆检要素

(1)联轴节与泵壳的拆检;
(2)轴向间隙的测量与端盖的研磨;
(3)安全阀的拆检与调节;
(4)轴、轴承和轴封的检查与更换。

## 三、拆检设备状态

船用外啮合齿轮泵一台,现需拆检。

## 四、拆检步骤

齿轮泵种类较多,结构各异。常见的外啮合齿轮泵如图 2-19-1 所示,其主要由主动齿轮、从动齿轮、泵壳、轴、轴承等组成。

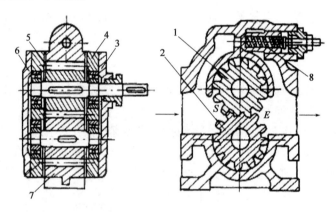

图 2-19-1 齿轮泵结构
1-主动齿轮;2-从动齿轮;3-泵壳前盖;4-前端板;5-后端板;6-泵壳后盖;7-泵壳;8-安全阀

齿轮 1、2 分别装在泵体中的两根平行轴上,并用键固定在各自的轴上,齿轮的外周与两侧都被泵体和前后两端盖所包围,形成密闭的空间,这个空间又被啮合着的轮齿分隔成两个彼此隔离的吸入腔和排出腔。当齿轮按图示方向回转时,在吸入腔,啮合的齿逐渐退出啮合,该齿间的容积随之增大,压力将相应地降低,液体在压差的作用下,从吸入管进入左侧的空间,直至充满整个齿间,此即泵的吸入过程。进入轮齿间的液体随着主、从动齿轮的继续回转,而被带到右侧压力较高的空间,这时由于轮齿啮入并逐渐插入齿间,从吸入空间带来的油液被挤入右侧空间,并由此排出,此为泵的排出过程。

(一)联轴节与泵壳的拆检

1. 拆卸的准备

(1)预先准备好拆卸工具。
(2)切断齿轮泵电源,并在电气控制箱挂上"严禁合闸"警告牌。

(3)关闭管路上吸、排截止阀,旋开排出口上的螺塞,将管系及泵内的油液放出。

2. 联轴节的拆卸

(1)拆卸吸、排管路。
(2)拆卸联轴节螺栓,有的联轴节不需要拆卸螺栓,直接拉出即可与电动机脱开。
(3)拆卸泵的底座螺栓,及定位销,即可整体移走泵。
(4)用三爪拉马拆卸联轴节。

3. 泵的解体

(1)在泵体上做好标记,便于装复。
(2)用内六角扳手将输出轴侧的端盖螺钉拧松,注意对称拆卸螺钉。
(3)用螺丝刀轻轻沿端盖与泵体的结合面处将端盖撬松,注意防止划伤密封面。
(4)将端盖板拆下,取出主、从动齿轮,注意将主、从动齿轮的啮合位置做好标记。
(5)取下轴承,并放在干净的软布上,以便检查。
(6)用煤油或轻柴油将拆下的零部件清洗并放于容器内妥善保管,以备检查和测量。

(二)轴向间隙的测量与端盖的研磨

1. 端盖的检查与研磨

检修时应仔细检查齿轮、泵壳、泵端盖工作表面是否有擦痕、槽痕或裂纹等缺陷,如发现上述情况,应予以修理消除,必要时换新。检查齿轮齿面腐蚀及点蚀,要求锈斑和点蚀不超过齿面积的25%,轮齿不应有裂纹或折断。

检查端面有没有泄漏的痕迹,若有,应研磨端面。研磨端面时,应清洁干净齿轮端面和研磨平台。在研磨平台上研磨时,注意手压上去的力应该均匀,8字形研磨,防止磨偏。若需研磨的比较多,可先用粗砂研磨,后用较细的研磨膏研磨。研磨完毕,用轻柴油或煤油清洗干净,并用压缩空气吹干净。

2. 齿轮泵的间隙测量

(1)测量齿轮泵的轴向间隙(端面间隙)。

齿轮泵的轴向间隙是其内部的主要泄漏处,通常用"压铅丝"测量。具体方法是:选择合适直径的软铅丝,其直径一般为被测规定间隙的1.5倍,截取两段长度等于节圆直径的软铅丝,用机械凡士林或油脂将圆形软铅丝粘于齿轮端面,装上泵盖,对称均匀上紧泵盖螺钉,然后拆卸泵盖,取下软铅片并清洁。在每一软铅片上选取4个测量点,用外千分尺测量软铅片厚度,做好记录。测量方法如下:

①选用合适外径千分尺,测量前用干净的软布清洁两个测量面,然后校核零位。

②被测铅丝片应放置于测量砧座中间,测量力要合适(转动外径千分尺的微分筒,使测量表面与铅丝片表面刚好接触,然后转动棘轮,当听见"嗒、嗒、嗒"三声后即停止)。

③读数准确:根据几个测量点得出的平均值即为齿轮泵的轴向间隙,齿轮轴向间隙应在 0.06~0.10mm,此间隙可用改变纸垫厚度来加以调整。如果齿轮端面擦伤而使轴向间隙过大时,也可将泵壳与端盖的结合面磨去少许,以资补救。

(2)测量齿轮泵的径向间隙。

齿轮泵的齿轮与泵壳之间的径向间隙由构件的几何尺寸来保证,一般用塞尺测量。具体方法是:将主、从动齿轮正确装好,轴伸出侧的端盖不装,用塞尺测量各齿顶与泵壳间隙,做好记录。最后依据间隙最小值得出齿轮泵的径向间隙,齿轮泵的径向间隙应保持在0.02~0.04mm,最大不超过0.08mm,间隙过大时,更换新齿轮。

(3)齿轮泵啮合间隙测量。

齿轮泵啮合间隙可用压铅丝法测量,步骤如下:

①选用合适直径的软铅丝(一般软铅丝直径在0.25~1mm),具体操作如下:

a. 装配好主动齿轮。

b. 沿从动齿轮一只轮齿的齿宽方向将三段软铅丝等距离粘贴在该轮齿上,使粘贴软铅丝的轮齿处于排出腔,装配好从动齿轮。

c. 在联轴节上做标记,装配好轴套和泵盖。

d. 用手逆时针转动联轴节(防止损伤轴),使粘贴软铅丝的轮齿转到吸入腔,拆卸联轴节及泵盖。拆卸从动齿轮,取下软铅丝片并清洁。

②用外径千分尺测量每段软铅丝片在轮齿啮合处的厚度,并做好记录。

③测量数据分析:每段软铅丝片在轮齿啮合处的厚度即为啮合间隙(若一侧已被压断,则另一侧啮合处软铅丝的厚度即为啮合间隙)。将所测间隙最大值与正常的间隙范围(一般为0.04~0.08mm)相比较,作为零件可继续使用或换新的依据。

对于直齿型齿轮泵,也可用塞尺测量齿与齿间啮合间隙。具体方法是:装配好主、从动齿轮,轴伸出侧端盖不装,用塞尺测量两啮合齿接触面的间隙,测量点要选在齿轮上相隔大约120°的三个位置,然后求平均值,齿轮啮合间隙应在0.04~0.08mm,最大不超过0.12mm,间隙过大时,应成对更换新齿轮。

(三)安全阀的拆检

1. 安全阀的拆卸

(1)旋下安全帽,测量安全阀调节螺钉的长度,并记录。

(2)旋松安全阀调节螺钉的锁紧螺母,旋松调节螺钉。

(3)旋下安全阀紧固螺母,取下安全阀弹簧及阀瓣。

2. 安全阀的检查

(1)检查阀瓣,若有裂纹,应换新;若有划痕可研磨修复,研磨只能采用对磨的方法,研磨时需注意对中,防止磨偏,研磨完毕需清洗干净,并用压缩空气吹干净。

(2)检查弹簧有无裂纹;新旧弹簧并列放在一起,同时压下,比较弹性。

(3)检查调节螺钉的螺纹有无损坏、卡阻。

3. 安全阀的装复

(1)清洁干净阀瓣、阀座,并用压缩空气吹净。

(2)安装阀瓣、弹簧,装上紧固螺母,注意检查紧固螺母密封圈或垫片是否装好。

(3)调节螺钉上至拆卸时测量的位置,必要时压力测试。

(4)旋紧调整螺钉的锁紧螺母,旋紧安全帽,并注意垫片或密封圈是否正确安装。

(四)轴、轴承、轴封的检查与更换

1. 轴的检查

(1)检查泵轴表面有无裂纹、麻点、碰伤等缺陷,如有应予消除,必要时换新。

(2)检查轴封位置轴的磨损情况,若磨损较大,应堆焊后光车修复,并检查磨损大的原因,防止再次出现异常磨损。

(3)检查轴键槽处有无裂纹,若有裂纹应换新。

2. 轴承的检查与更换

检查轴承是否有不正常划痕和磨损,尤其是轴承与齿轮接触的端面。轴承与轴的间隙值应符合表的2-19-1所示的规定。齿轮泵一般为滑动轴承,原则上安装间隙均应小于该泵的径向间隙。若是滚动轴承,应检查磨损情况,磨损太大,应换新。

**轴与轴承的间隙值**(单位:mm)   表2-19-1

| 轴颈直径 | 安 装 值 | 极 限 值 |
| --- | --- | --- |
| ≤30 | 0.03~0.05 | 0.10 |
| >30~50 | 0.03~0.06 | 0.12 |
| >50~80 | 0.04~0.08 | 0.14 |

注:在任何情况下,轴承间隙应小于齿轮的径向间隙。

3. 轴封的检查与更换

(1)若轴封为一般的填料轴封,应检查填料有无老化、损坏痕迹,若有应换新。

(2)现在齿轮泵大多数为机械轴封,机械轴封有一动环与一静环,在使用时静环固定于机壳上,动环则套装在轴上,并随轴旋转,在动环与静环之间形成相互运动的接触面,该接触面一般采用碳晶材料。若泄漏,应拆下仔细检查配合面情况,若配合面有较大划痕或磨损,应换新;若无备件,可临时采用研磨修复的方法修理。

(五)齿轮泵的安装

1. 齿轮泵的组装

(1)清洁干净齿轮泵各部件,并用压缩空气吹净,抹上滑油。所有纸垫片应换新。

(2)将检修好的主、从动齿轮两轴装入左侧(非轴伸出侧)端盖的轴承中,装复时应按拆卸所作标记对应装入,切不可装反。

(3)装上右侧端盖,对称拧紧螺栓,边拧边转动主动轴,以确保端面间隙均匀一致。

(4)安装填料,及填料压盖。

2. 联轴节的安装

(1)将联轴节安装在轴上。

(2)将齿轮泵安装在基座上,对准联轴节,调整同轴度,保证转动灵活。

(3)安装吸、排管系,再次用手转动,观察是否灵活。

(4)起动泵,测试运行,观察压力、噪声是否正常。

## 思考题

1. 什么是齿轮泵的"困油"现象?在结构上如何解决?
2. 简述齿轮泵的特点,及其在船上的用途。
3. 简述压铅丝测量齿轮泵间隙的步骤及注意事项。

# 任务二十　液压柱塞泵拆检

## 一、拆检目的

(1)掌握液压柱塞泵的拆装要点,熟悉其内部结构;
(2)掌握液压柱塞泵检查要点,了解其工作原理;
(3)了解液压柱塞泵流量调节原理,并掌握流量调节机构的拆装。

## 二、拆检要素

(1)泵壳、柱塞、缸体的拆检;
(2)压力调节阀、流量调节阀、变量机构的拆检;
(3)泵轴、轴承、轴封和配油机构的检查。

## 三、拆检设备状态

CCY14-1型斜盘式轴向柱塞泵一台,或SCY14-1B液压柱塞泵一台。

## 四、拆检步骤

CCY14-1斜盘式轴向柱塞泵结构如图2-20-1所示,传动轴11与缸体花键连接而带动缸体2转动,使均匀分布在缸体上的七个柱塞5绕传动轴中心线转动。每一柱塞端部有一滑靴6,由定心弹簧8通过内套9、钢球A、回程盘7将滑靴紧紧地压在与轴线成一定倾斜角的斜盘20上,并使其支承于其上。这样,当缸体旋转时,柱塞同时做往复运动,完成吸油和压油动作,液流经过通道a流进或流出。此外,定心弹簧8通过外套10将缸体压在配油盘1上,起初始密封作用。滑靴和配油盘均采用流体静力平衡结构,平衡了大部分轴向推力。

伺服变量机构原理是:高压油流由通道a经通道b、c并经过单向阀22进入变量壳体21的下腔d。当拉杆14向下运动时,推动伺服活塞15向下运动,则d腔的高压油经由通道e进入上腔g,推动变量活塞17向下运动,带动耳轴24并由此带动斜盘20绕钢球A的中心旋转,以达到变量的目的。当拉杆14向上运动时通道e堵塞,上腔g的高压油经过通道f卸压,则变量活塞15向上运动,同样产生了变量。泵的实际流量占其公称流量的百分比可从刻度盘18

上读出。当液流的进、出口方向与泵的进、出口标牌标示出的方向相符合时,刻度盘18上指出的值在"正向"的一边;反之,则在"反向"的一边。

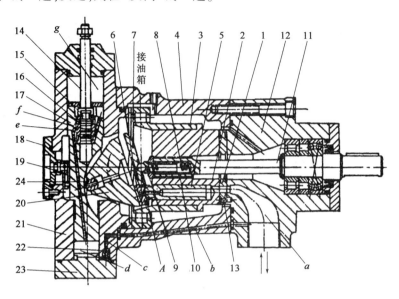

图2-20-1　CYC14-1斜盘式液压柱塞泵结构图

1-配油盘;2-缸体;3-轴承套;4-泵外壳;5-柱塞;6-滑靴;7-回程盘;8-定心弹簧;9-内套;10-泵体中心孔;11-传动轴;12-泵体;13-配油盘定位销;14-拉杆;15-伺服活塞;16-大活塞;17-变量活塞;18-刻度盘;19-传动销;20-斜盘;21-变量机构壳体;22-单向阀;23-变量机构盖板;24-耳轴

如图2-20-2所示为SCY14-1B型液压柱塞泵,工作原理与CCY14-1型液压柱塞泵相似,其主要差别是变量机构是手动调节。

（一）CCY14-1型斜盘式轴向柱塞泵的拆卸

1. 拆卸前准备

（1）切断电源,在电源开关处悬挂"禁止合闸"指示牌。

（2）关闭吸、排管路阀门,打开泄放阀或泄放旋塞,排空管路滑油。

（3）拆卸吸、排管路连接螺栓,拆卸泵底座螺栓。

（4）将从系统中拆卸下的柱塞泵,置于拆装平台上摆放好,并用抹布清洁泵体表面。

2. 柱塞泵的拆卸

（1）在泵体与两端盖间分别打上标记,便于原样装复。

（2）用内六角扳手拆卸柱塞泵变量机构侧端盖连接螺栓,然后用螺丝刀从泵体与端盖结合面处嵌入,轻轻用力撬松端盖,双手均匀用力,将端盖从泵体上卸下,拆下端盖后,将斜盘一侧朝上放置,避免碰伤斜盘,如图2-20-3所示。

（3）将柱塞从泵缸中拔出,如图2-20-4所示,特别注意柱塞是精密偶件,拆卸时一定要做好标记,以便装配时对号入座,将拆下的柱塞放置在橡皮垫上,以免损伤柱塞、滑履。

（4）取下回程盘、钢珠、铜球铰、定位套、弹簧等。

图 2-20-2　　　　图 2-20-3　　　　图 2-20-4

（5）将泵轴伸出端慢慢抬起，与工作台大约成60°左右，让缸体从泵体中慢慢滑出，放置于工作台上。

（6）从泵轴伸出端端盖上拆下配油盘，并放置于橡皮垫上，避免碰伤。

（7）取出斜盘，拆下变量机构端盖螺栓，并取下端盖，拉出滑阀，取出差动活塞，取出销轴。

（二）CCY14-1型斜盘式轴向柱塞泵部件的检修

1. 柱塞与缸体的检查与修理

（1）检查缸体柱塞孔的磨损情况，缸体端面是否有划痕，若有用油石轻轻打磨，以消除划痕。

（2）检查柱塞表面是否有划痕，若有可采用绸布加滑油进行擦抹，以消除划痕。

（3）检查柱塞与滑履的连接处，连接是否牢固可靠。

（4）检查滑履磨损是否严重，若有划痕，可在研磨平台上研磨，检查滑履平面是否有凹坑，以确定是否能储油，确保滑履的静压支撑和润滑。

（5）检查滑履上的小孔是否堵塞，若堵塞一定要将其疏通，否则滑履易被磨损。

2. 配油盘的检修

（1）配油盘结构如图2-20-5所示。检查盲孔是否被脏物填满，若填满则必须清除。

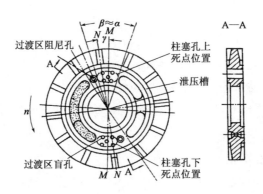

图 2-20-5　配油盘结构

（2）检查配油盘与缸体配合的端面磨损情况，若发现有划痕，可在研磨平台上研磨，以消除端面的痕迹。

（3）检查配油盘上阻尼孔（或三角沟槽）是否堵塞，若发生堵塞，一定要疏通，否则，柱塞泵就会发生困油现象。

3. 变量机构的检修

(1) 变量机构的结构图如图 2-20-6 所示。检查滑阀的磨损情况,若有轻微的划痕,可采用帆布加滑油进行擦抹,以消除痕迹。

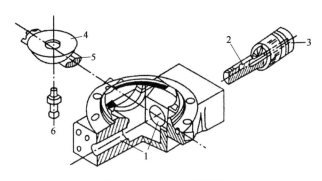

图 2-20-6　变量机构结构图
1-变量壳体;2-销轴孔;3-差动活塞;4-倾斜盘;5-耳轴;6-销轴

(2) 检查差动活塞的磨损情况,若有轻微的划痕,可采用帆布加滑油进行擦抹,以消除痕迹。

(3) 检查差动活塞上的油孔道是否堵塞,若堵塞一定要将其疏通,以保证滑履的静压支撑和润滑。

(三) CCY14-1 型斜盘式轴向柱塞泵的装配

1. 变量机构的装配

将差动活塞、滑阀、销轴、斜盘等部件清洗干净,先将销轴装入差动活塞的轴孔中,然后将差动活塞装入轴伸出端端盖的活塞孔中,再将滑阀连同拉杆装入差动活塞的滑阀孔中,最后将斜盘背面插口对准销轴装入耳轴承内,变量机构组装完成。

2. 缸体柱塞的组装

在缸体一侧的中心孔中装入定位套、弹簧、钢珠,将柱塞装入回程盘孔中,然后将柱塞一一对应装入缸体孔中,并将缸体沿泵体一侧装入泵体内。

3. 柱塞泵的装复

将配油盘按旋转方向,定位于泵盖的定位销上,然后分别将两侧端盖,按标记对正装上,对称均匀上紧内六角螺栓。

# 思考题

1. 吸、排油窗口间的密封区盲孔的作用是什么?
2. 柱塞滑履及配油盘有何作用?
3. 简述变量机构的结构和动作原理。
4. 斜盘式轴向柱塞泵内部泄漏的途径有哪些?

# 任务二十一　锅炉常用阀件拆检

## 一、拆检目的

（1）掌握截止阀、止回阀、截止止回阀、蝶阀、安全阀的拆检程序；
（2）掌握截止阀、止回阀、截止止回阀、蝶阀、安全阀的结构特点；
（3）掌握截止阀、止回阀、截止止回阀、蝶阀、安全阀检查要点，掌握阀的研磨工艺。

## 二、拆检要素

（1）锅炉截止阀、止回阀、截止止回阀的解体与组装；
（2）锅炉截止阀、止回阀、截止止回阀密封面的研磨；
（3）蝶阀的拆检，锅炉安全阀的拆检。

## 三、拆检设备状态

辅锅炉常用的截止阀、止回阀、截止止回阀、蝶阀、安全阀各一只。

## 四、拆检步骤

### （一）锅炉截止阀的拆检

截止阀作为一种极其重要的截断类阀门，对其所在管路中的介质起着切断和节流的作用，其密封是通过对阀杆施加扭矩，阀杆带动阀瓣沿阀座的中心线做垂直运动，阀杆在轴向方向上向阀瓣施加压力，使阀瓣密封面与阀座密封面紧密贴合，阻止介质沿密封面之间的缝隙泄漏。截止阀的密封副由阀瓣密封面和阀座密封面组成。截止阀安装时有方向性，对介质的流向有要求，一般阀体上有箭头指示。截止阀的长度大于闸阀，同时流体阻力大，长期运行时，密封可靠性不强。

截止阀根据通道方向可分为：直通式、直流式、角式、柱塞式截止阀。在锅炉给水系统中，给水阀一般是由给水截止阀和给水截止止回阀串联组合在一起使用。

1. 拆卸前准备

（1）首先按正常操作规程停止锅炉，在电气控制箱上挂好"设备检修，严禁操作"的警示牌。
（2）待锅炉负荷下降时打开下排污阀，排除部分炉水，使炉内水位低于给水阀位置。
（3）待锅炉中已无蒸气压力时，打开空气阀。
（4）待锅炉自然冷却后，拆除给水阀的连接法兰螺栓，将给水阀拆下，准备解体。

2. 截止阀解体

锅炉给水截止阀常见结构如图 2-21-1 所示，解体步骤如下：

(1)拆除手轮固定螺母,取下手轮8。

(2)拆除阀盖安装螺栓,将阀盖与阀体脱开。如阀盖与阀体配合过紧,可用螺丝刀在四周缝隙内撬动,或顺时针旋转阀杆,阀盖即易顶起而脱开。

(3)松开填料压盖螺栓,将阀杆从阀盖中旋出。

(4)将阀瓣从阀杆端拆下,取出填料函中填料。

3.检查与修复

清洗各零部件,以便检查。截止阀主要检查阀瓣与阀座配合密封面,检查要点如下:

(1)若阀瓣与阀座密封面无明显的凹坑、沟槽,可直接用阀瓣与阀座对研进行修理。

(2)阀座密封面有较大可见凹坑、沟槽,可用电钻带动研磨工具消除,或用铸铁车制专用工具研磨,磨料可用研磨砂或砂布。

(3)阀瓣密封面上的凹坑、沟槽可先用车床精车,然后研磨,精车时注意阀头的锥度应与阀座保持一致,加工量应尽可能小。

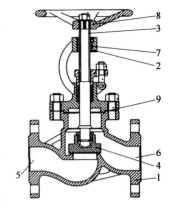

图 2-21-1　截止阀结构图
1-阀体;2-阀杆支架;3-阀杆;4-阀瓣;5-介质进口腔;6-介质出口腔;7-阀杆导筒;8-手轮;9-阀盖

经过车床加工的阀瓣及阀座必须经过对研修理,方法是在阀瓣密封面处均匀涂以细研磨膏和少量机油、放入阀座密封面处对研。对研时,阀杆与阀体应保持垂直,不得有歪斜和晃动,防止研偏。可用锌棒自制一个专用工具:形状如阀盖,只是中间钻孔同阀杆一样大即可,锌棒较软,不会损坏阀杆。对研时应经常检查密封面结合情况,及时更换磨料。在接触面符合要求后,用干净碎布擦净,在密封面上涂以少量机油进行抛光。

研磨截止阀时应防止阀头转动,可在阀头处加垫片。对于截止止回阀,应制作专用工具固定。研磨后需进行密封性试验,可采用煤油渗透法或铅笔划线法检查。

(4)发现下列情况之一,应予以换新。

①阀杆、阀盖、阀体出现不同程度的裂纹。

②阀瓣、阀座配合密封面有严重凹坑、沟槽、腐蚀、划伤严重,无法修复时。

③阀杆填料处出现严重磨损、轴向划伤和螺纹损坏。

4.装复

阀的装复按拆卸解体相反顺序进行,即后拆的先装、先拆的后装。

(1)安装阀瓣到阀杆上,上好锁紧片。

(2)在阀杆螺纹上抹上润滑油或润滑脂,套上填料压盖,将阀杆旋进阀盖中。

(3)换新阀盖密封垫片,将阀盖和阀杆组合件装入阀体中,确认阀瓣处于开启(或能开启)状态下,对角逐次均匀上紧压盖螺栓。

(4)安装阀杆填料时,尺寸和质量要符合要求,抹上润滑脂,填料切口应斜向45°,上下相邻两层填料应错开120°~180°,填料压盖上紧要适宜,手应能转动手轮。

(5)锅炉给水阀装复后,应点火升压,检查给水阀各连接处密封情况。

(二)锅炉止回阀的拆检

止回阀是指启闭件为圆形阀瓣并靠自身重量及介质压力产生动作来阻断介质倒流的一种

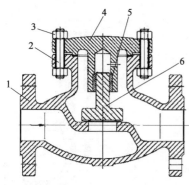

图 2-21-2 锅炉止回阀结构
1-阀体；2-阀盖螺栓；3-阀盖螺母；4-阀盖；5-导套；6-阀瓣

阀门。属自动阀类，又称逆止阀、单向阀、回流阀或隔离阀。阀瓣运动方式分为升降式和旋启式。升降式止回阀与截止阀结构类似，仅缺少带动阀瓣的阀杆。典型结构如图 2-21-2 所示，介质从进口端（下侧）流入，从出口端（上侧）流出。当进口压力大于阀瓣重量及其流动阻力之和时，阀门被开启。反之，介质倒流时阀门则关闭。旋启式止回阀有一个斜置并能绕轴旋转的阀瓣，工作原理与升降式止回阀相似。

止回阀常与截止阀串联使用于锅炉给水系统中，可以阻止水的回流，起到安全隔离的作用。缺点是阻力大，关闭时密封性差。

1．止回阀的拆卸

（1）首先将止回阀从管道系统中隔离，并拆卸两端法兰连接螺栓，取下止回阀。

（2）在阀盖与阀体连接处做好标记，拆卸阀盖螺栓，如阀盖与阀体配合过紧，可用螺丝刀在四周缝隙内撬动，取下阀盖。

（3）取下阀瓣，清洗并检查阀瓣与阀座。

2．止回阀的检查

检查止回阀时，应重点检查阀瓣和阀座的密封情况，发现磨损、腐蚀、划伤不太严重时，可研磨修复，但发现下列情况之一，应予以换新。

（1）阀瓣、阀座、阀体出现不同程度的裂纹。

（2）阀瓣、阀座配合密封面磨损、腐蚀、划伤严重。

3．止回阀的装复

（1）清洁止回阀各组件，并用压缩空气吹净。

（2）对准阀座放入阀瓣。

（3）换新密封垫片，对准拆卸时所做标记，盖上阀盖，均匀对称上紧阀盖螺栓。

（三）截止止回阀的拆检

截止止回阀兼有截止阀和止回阀功能，其结构形式与截止阀相似，但阀杆与阀瓣不是固定连接，典型结构如图 2-21-3 所示。当阀杆下降将阀瓣紧压在阀座上时，起截止阀作用；阀杆上升后，则起止回阀作用。常用于需同时安装截止阀和止回阀的管道上（如水泵的出口端），或在安装位置受到限制的场所。

截止止回阀拆检、安装步骤及注意事项与截止阀类似。唯一的差别是安装时不可将阀瓣和阀杆固定，应保持相对活动。组装前应先将阀瓣放在阀座上，安装阀盖和阀杆组件时，需将阀杆对准阀瓣中间的孔。

（四）锅炉蝶阀的拆检

蝶阀是用圆盘式启闭件往复回转 90°左右来开启、关闭或调节介质流量的一种阀门。蝶阀不仅结构简单、体积小、重量轻、材料耗用少、安装尺寸小、驱动力矩小、操作简便、迅速,并且还可以同时具有良好的流量调节功能和关闭密封特性,是近十几年来发展最快的阀门品种之一。蝶阀的使用非常广泛。其使用的品种和数量仍在继续扩大,并向高温、高压、大口径、高密封性、长寿命、优良的调节特性,以及一阀多功能发展。其可靠性及其他性能指标均达到较高水平。

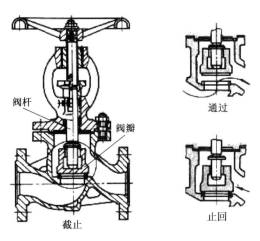

图 2-21-3　截止止回阀结构

蝶阀的结构形式较多,按驱动方式可分为:电动式、气动式、液动式、手动式。常见结构如图 2-21-4 所示。

1. 蝶阀的解体

(1)从管路系统中隔离出蝶阀,拆卸连接螺栓,取出蝶阀。

(2)在阀体及阀盖上打上标记,然后将阀门置于开启状态。

(3)拆下传动装置或拆下手轮螺母,取下手轮。

(4)拆卸填料压盖10,拆卸端盖1。

(5)将阀板转到合适位置,取下销钉,取下阀板。

(6)取出阀体上填料,清洗所有零部件。

2. 蝶阀的检查

(1)检查阀体表面有无裂纹、砂眼等缺陷,法兰结合面是否平整、凹凸,其径向间隙是否符合要求(一般 0.2 ~ 0.5mm)。

(2)检查阀座、阀板的密封面有无锈蚀、划痕、磨损、裂纹等缺陷。

(3)检查阀杆是否弯曲、表面是否有锈蚀,磨损深度不应超过 0.1 ~ 0.2mm,阀杆螺纹是否完好。

(4)各螺栓、螺母的螺纹应完好,配合适当,不滑牙。

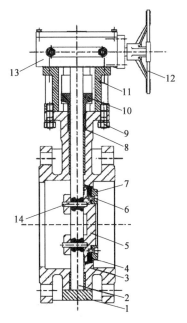

图 2-21-4　蝶阀结构图
1-端盖;2-阀杆;3-阀体;4-密封装置;5-阀板;6-内六角螺钉;7-压板;8-填料;9-螺栓组件;10-填料压盖;11-套筒;12-手轮;13-传动装置;14-销

(5)传动装置动作灵活,各配合间隙正确,手轮转动灵活。
(6)检查如图 2-21-4 所示 4 密封装置是否老化、破损,若老化、破损应及时换新。

3.蝶阀的安装

(1)各零部件清理干净,清点齐全,垫片、密封件换新后,按拆卸相反的顺序组装。
(2)换新密封装置(如图 2-21-4 所示 4),装上压板 7。
(3)将阀杆插入阀体,注意穿过阀板 5,到定位销位置时,装上定位销。安装阀板时,阀座是锥形的,需注意方向,不可装反。
(4)安装阀杆密封填料,尺寸和质量要符合要求,填料需抹上润滑脂,填料切口应斜向 45°,上下相邻两层填料应错开 120°~180°,填料压盖上紧要适宜,转动阀杆自如。
(5)装上传动装置。

(五)锅炉安全阀的拆检

为了防止锅炉压力过高造成损伤甚至发生爆炸,锅炉一定要装设安全阀,它是锅炉重要的安全附件。其动作可靠性和性能好坏直接关系到设备和人身安全。拆装锅炉安全阀需严格按照操作流程进行,装配完成后,需验船师在场进行压力试验并铅封。

锅炉安全阀结构形式较多,辅锅炉常见的是直接作用式安全阀,其结构如图 2-21-5 所示。工作原理是依靠工作介质的压力产生的作用力,克服弹簧或重锤等施加于阀瓣的机械载荷,使阀门开启。它具有结构简单、动作迅速、可靠性好的优点。但因为依靠机械加载,其负荷大小受到限制,因而不能用于高压、大口径的场合。同时,当被保护系统正常运行时,关闭件密封面上的压力取决于整定压力同系统运行压力之差。当这个压力差不大时,要达到良好的密封比较困难。为了取得良好的密封,往往将密封面和阀瓣经过特殊的设计,使用优良的材料和精细的加工得以实现。

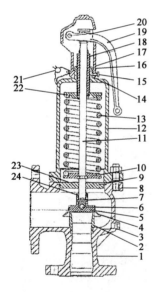

图 2-21-5 直接作用式安全阀
1-阀体;2-阀座;3-泄放螺塞;4-提升盘;5-阀盘;6-钢球;7-销;8-螺栓;9-导板;10、22-弹簧座;11-阀杆;12-罩壳;13-弹簧;14、23-垫片;15-螺杆;16-罩帽;17-锁紧螺帽;18-调节螺栓;19-手动强开杠杆;20-插销(带开口销);21-铅封;24-升程限位环

1.拆卸

(1)锅炉泄压冷却后,将安全阀从锅炉本体上拆卸下来。解体前在接合处做好标记。
(2)取下罩帽 16,拆卸手动强开杠杆 19,测量调节螺栓长度并记录。旋松调节螺栓。
(3)拆卸罩壳 12,取出弹簧,弹簧座。
(4)拆卸阀盘,注意钢珠别掉了。
(5)清洗各零部件,摆放整齐,供检查。

2.检查与研磨

(1)检查弹簧有无裂纹、严重锈蚀和变形,弹簧性能是否良好。测量弹簧长度,做好标记和记录。
(2)检查阀瓣、阀座密封面,如有表面损坏,深度较小或微小裂纹,可直接研磨修复;若损坏较大,可先用车削修复后再研磨。有缺陷或必要时,可用着色探伤方法确认。

研磨时彻底清洁所需研磨的表面及零件,先用150~220研磨砂粗研,然后用400~500的研磨砂精研,最后用1000~1200研磨砂纸抛光精研,每次研磨完毕后,必须清理干净。

(3)清理干净阀杆表面污垢,检查阀杆是否弯曲变形。
(4)检查螺栓、螺母的螺纹,尤其调节螺栓,应装配灵活,无松动现象。
(5)检查阀体及其连接焊缝有无砂眼、裂纹。

3.安全阀的组装

(1)清洁干净零部件。将阀盘安装在阀杆上,注意正确装入钢珠,并插入销7。
(2)安装导板9,装入弹簧座、弹簧,并装上罩壳,罩壳与阀体之间若有紫铜垫圈应退火后使用;调整调节螺栓至拆卸前位置;安装手动强开杠杆及罩帽。
(3)组装完毕,必须在专用试验台上试验开启压力和密封性,其均符合说明书要求后,才能装回锅炉本体,安全阀试验需验船师和轮机长在场。

## 思考题

1.如何保证截止阀、截止止回阀研磨时的对中?
2.截止阀与截止止回阀的区别在哪里?
3.分析蝶阀阀面泄漏的原因,并提出解决措施。

# 任务二十二　锅炉水位计拆检

## 一、拆检目的

(1)掌握锅炉水位计拆检程序及注意事项;
(2)掌握制作锅炉水位计垫片的方法;
(3)掌握锅炉水位计上紧及安装方法。

## 二、拆检要素

(1)水位计的解体与清洁;
(2)更换垫片、组装水位计。

## 三、拆检设备状态

玻璃板式水位计1只。

## 四、拆检步骤

(一)玻璃板式水位计拆检

水位计是指示锅炉内水位高低的仪表,它在保证锅炉安全工作方面起着重要作用。常用

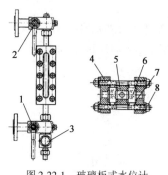

图 2-22-1 玻璃板式水位计典型结构

1-通水阀;2-通气阀;3-排污阀;4-盖板;5-主体;6-玻璃板;7-密封垫片;8-双头螺栓

的锅炉水位计有玻璃管式和玻璃板式两种,设计压力等于或小于0.78MPa的锅炉可以采用玻璃管式水位计,但必须要有防护设施。玻璃板式水位计是为了提高水位计的承压能力,在金属框盒内镶嵌耐热钢化玻璃板来代替玻璃管,为了清晰显示水位,在平板玻璃水侧刻有沟槽,这样有水的部分会因光的折射作用显得发暗。压力较高的锅炉可在玻璃板式水位计的平板玻璃靠水一侧加衬云母片,以保护平板玻璃不受腐蚀。常见的玻璃板式水位计结构如图2-22-1所示。

1. 玻璃板式水位计拆检前准备

(1)停炉,并在电气控制箱上挂好"设备检修,严禁操作"的警告牌。

(2)待锅炉负荷下降时,打开下排污阀,放掉部分炉水,使炉内水位低于水位计通水阀。

(3)锅炉泄压,待锅炉内已无蒸汽压力时,打开空气阀。

在确认通水阀和通气阀均能正确关闭的情况下,锅炉可以不用泄压,但需关闭通水阀、通气阀,打开排污阀,直接拆卸水位计本体部分。

2. 水位计的拆检

(1)待锅炉冷却后,打开通气阀、通水阀和冲洗阀,将水位计组件从锅炉本体上拆卸下来。

(2)解体水位计之前先做好标记,便于装复时原样装复。

(3)拆卸水位计上的双头螺栓,卸螺栓时应交替旋松螺母,不可一个螺栓卸掉后再拆另一个,因为这样可能导致太大应力而损坏玻璃板。螺栓、螺母卸下后应按顺序放好,成套放置,防止弄丢。

(4)取下前后盖板,取出玻璃板,玻璃板应轻拿轻放,防止破碎。

(5)清洁拆卸下的组件,清除玻璃板及盖板之间的垫片,以备检查。

3. 水位计的检查和修理

(1)检查玻璃板,若划痕较深、腐蚀严重应换新;若腐蚀不太严重,可将玻璃板在研磨平台上研磨,玻璃板和金属框架之间的接触面应研得很平,保证充分贴合。

(2)检查双头螺栓、螺母,不应出现滑牙、卡滞等现象。

(3)可分别将前后盖板、主体放在研磨平台上,观察是否变形,若变形应换新。

(二)更换垫片、组装水位计

1. 制作垫片

(1)选择正确的垫片材料,一般采用耐高温、高压的石棉材料,不可使用橡胶材料,防止装上后垫片破裂导致事故。

(2)根据水位计前后盖板上的凹槽形状,做出2个垫片。垫片需刚好放在凹槽中,不可超出凹槽,也不可挡住玻璃板沟槽部分。

## 2. 水位计组装

（1）安装之前，需在垫片上抹上耐高温的润滑油，便于下次拆卸时好清洁。

（2）将双头螺栓插入后盖板螺栓孔中，放平后盖板，依次放入垫片、玻璃板、主体等，盖上前盖板，注意上下对齐。

（3）套上螺母之前，需在双头螺栓上抹上耐高温的润滑油。拧紧螺母时应特别注意对角交替均匀上紧，螺栓上紧顺序如图 2-22-2 所示。

图 2-22-2　水位计螺栓上紧顺序

（4）水位计组装完毕，安装到锅炉本体上。

## 思考题

1. 简述玻璃板的研磨方法。
2. 简述玻璃板水位计垫片制作注意事项。
3. 简述玻璃板水位计螺栓上紧方法及注意事项。

# 任务二十三　锅炉燃烧器拆检

## 一、拆检目的

（1）掌握辅锅炉燃烧器整体拆卸程序和注意事项；
（2）掌握辅锅炉喷油器的工作原理及结构特点；
（3）掌握辅锅炉喷油器的拆检要点及常见故障的处理。

## 二、拆检要素

（1）辅锅炉燃烧器的解体与组装；
（2）辅锅炉燃烧器的清洁。

## 三、拆检设备状态

辅锅炉燃烧器组件一套，发现运行状况不良，须拆检。

## 四、拆检步骤

### （一）辅锅炉燃烧器的拆卸

船用辅锅炉燃烧器一般为燃油燃烧器，可分为轻油燃烧器和重油燃烧器，是船舶燃油锅炉中的重要设备。船用辅锅炉燃烧器的结构形式较多，但基本都由布风器、点火电极、喷油器等组成。布风器的主要作用是提供一定速度、方向和流量的空气与燃油混合。点火电极的主要作用是依靠点火电极间产生的火花点燃油气混合物。喷油器的主要作用是将一定温度和压力的燃油喷入炉膛并雾化,与布风系统提供的空气混合。

燃烧器的核心部件是喷油器,常用的有压力式、回油式、旋杯式。喷油器工作一段时间后,其头部因长期受高温火焰的烘烤而易积炭,甚至使喷孔堵塞。雾化片的切向槽和喷孔长期受燃油的冲刷腐蚀而磨损。这些都会引起燃油雾化质量变差,破坏正常燃烧。因此必须定期拆下喷油器进行清洗检查。辅锅炉高、低火型燃烧器结构如图 2-23-1 所示。

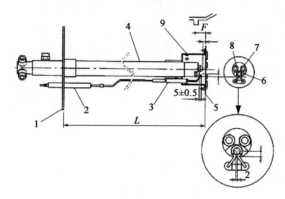

图 2-23-1　辅锅炉高、低火型燃烧器结构

1-挡板;2-电导杆;3-点火电极;4-喷嘴管;5-配风盘;6-点火喷油器;7-低火喷油器;8-高火喷油器;9-布风器

1. 锅炉燃烧器拆检准备

(1) 停止锅炉,关掉电源,在电源开关处挂上"禁止合闸"警示牌。

(2) 关闭喷油器进、回油阀,拆除燃油系统与喷油器的连接油管,并防止油液泄漏。

(3) 拔掉点火电极接线。

2. 锅炉燃烧器的拆检

(1) 拆卸燃烧器的安装螺栓,将燃烧器组件从锅炉炉膛中取出。

(2) 拆卸点火电极前,先测量下两电极的位置,或者做好标记,避免装复后位置改变,无法点火。

(3) 清除喷油器周围积炭,拆卸喷油器,取下过滤器、雾化片、阀芯。

(4) 清洗各零部件。在清洗雾化片时,如发现有难以清除的积炭,应先用柴油或化学药剂浸泡使积炭变软后再清洗。切忌使用钢质工具硬刮或硬剔,防止损伤表面,出现划痕,影响雾化质量。雾化片上的沟槽和喷油嘴上的孔应仔细清通。

(5) 电极上的积炭应小心清理,切不可用硬物刮、铲。

(6) 清除燃烧器、布风器表面积炭,检查是否有裂纹、异常磨损、腐蚀等。

(二) 雾化片的研磨与组装

1. 检查雾化片的状况

喷油器的核心部件是雾化片。若发现喷油器雾化不良,有滴油现象,应检查雾化片与喷嘴体配合密封面。雾化片检查时,发现喷孔磨损过大,表面出现裂纹等缺陷,应予换新。当雾化片切向槽因冲刷或腐蚀而增大时,可用研磨的方法使其沟槽变浅。

## 2. 研磨雾化片

对于平板式雾化片,可在研磨平台上研磨;对于锥形雾化片,需对研修复。研磨时需用研磨柴油机喷油器针阀偶件的1000目以上的研磨膏研磨,而且应特别注意雾化片的各个部位受力需均匀,防止磨偏。研磨砂研磨后,应清洗干净,并用压缩空气吹净,再用滑油研磨,进一步提高配合面的配合质量。

## 3. 组装

喷油器装复前,须先清洁干净各零部件,并确保各零部件符合要求。

(1)将雾化片装在阀芯上,并拧紧在喷油嘴上。装上滤器和滤器盖。
(2)将喷油器安装到燃烧器上。
(3)根据图2-23-1所示距离安装点火电极。(若说明书查不到点火电极距离要求,可使喷油器与点火电极相距5±0.5mm,点火喷油器中心孔与点火电极距离8~10mm,点火电极间相距2~3mm)
(4)将组装好的燃烧器组件装回锅炉本体。
(5)安装燃烧器和燃油系统的连接油管,打开燃油进、回油阀。安装点火电极连线。
(6)燃烧器装复后,应点火试验,检查各连接处密封情况和燃烧状况。

### 思考题

1. 简述点火电极拆卸和安装的注意事项。
2. 锅炉喷油器的常见故障有哪些?
3. 指出点火喷油器和高、低火喷油器的区别。

# 任务二十四　换热器拆检

## 一、拆检目的

(1)掌握管壳式换热器拆卸程序、清洗方法、检查要点等;
(2)掌握板式冷却器拆卸程序、清洗方法等。

## 二、拆检要素

(1)冷却器的拆卸;
(2)海水侧的清洗;冷却器密封性检查与泄漏处理;
(3)冷却器的装复。

## 三、拆检设备状态

管壳式换热器(以冰机冷却器为例)和板式冷却器(以淡水冷却器为例)各一台。

## 四、拆检步骤

（一）壳管式冷却器的清洗

管壳式换热器又称列管式换热器，是以封闭在壳体中管束的壁面作为传热面的间壁式换热器。这种换热器结构简单、造价低、流通截面较宽、易于清洗水垢；但传热系数低，占地面积大。可用各种结构材料（主要是金属材料）制造，能在高温、高压下使用，是目前应用最广的冷却器类型。

管壳式换热器由壳体、传热管束、管板、折流板（挡板）和管箱等部件组成，如图 2-24-1 所示。壳体多为圆筒形，内部装有管束，管束两端固定在管板上。进行换热的冷热两种流体，一种在管内流动，称为管程流体；另一种在管外流动，称为壳程流体。为提高管外流体的传热系数，通常在壳体内安装若干挡板。挡板可提高壳程流体速度，迫使流体按规定路程多次横向通过管束，增强流体湍流程度。换热管在管板上可按等边三角形或正方形排列。等边三角形排列较紧凑，管外流体湍动程度高，传热系数大；正方形排列则管外清洗方便，适用于易结垢的流体。

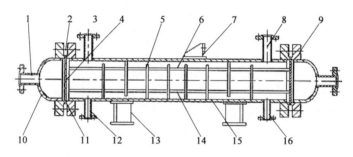

图 2-24-1　管壳式换热器结构图

1-管箱；2-螺栓；3-螺母；4-管板；5-折流板；6-环热管；7-耳架；8-排气口；9-设备法兰；10-封头；11-垫片；12-排液口；13-支座；14-拉杆；15-筒体；16-壳程接管

1．清洗前的准备

（1）关闭冰机电磁阀，冰机停止后，关闭冰机电源或将冰机的自动控制打到"MANU"位置。

（2）关闭冰机海水泵，关闭冰机海水进、出口阀。

（3）打开冷却器放残阀，确认冰机海水进、出口阀没有泄漏。

2．拆卸冷却器

（1）拆卸冷却器端盖上的连接管。

（2）拆卸冷却器两侧端盖。

3．清洗冷却器

选择合适尺寸的专用管刷，逐一清通每一个管子，并用淡水逐一冲洗每一个管子。

4．冷却器的密封性检查和泄漏的处理

（1）若怀疑冷却器内部泄漏，可以将清洗干净的冷却器，用压缩空气吹干。

(2)由于冷剂侧通常是有压力的,在怀疑泄漏的管子,管子与端板的连接处涂上肥皂液,观察有无气泡,若有气泡,证明该处泄漏;也可用冷剂检漏仪或观察有无结露现象均可检测冷剂是否泄漏。(对于其他冷却器或加热器,需在被冷却介质侧加压测试。)

(3)若发现有泄漏:若是管子破裂泄漏,可用紫铜塞将其塞住;若是管子与端板连接处泄漏,可用专用的扩管器对管口处扩张,若不行就只能送厂修理或换新。

5.冷却器防腐锌块的检查

(1)在冷却器两侧端盖上都有防腐锌块,应检查腐蚀情况:若腐蚀量较少,证明锌块与端盖接触不好,应检查接触螺栓是否良好接触;若腐蚀量较大,应及时更换。

(2)防腐蚀锌块的更换,更换锌块要特别注意密封垫片11的状态,应保证良好,同时要注意螺栓同锌块和盖板的接触情况,应保证良好接触。

6.冷却器的装复

(1)冷却器清洗完毕,没有泄漏情况发生,防腐蚀锌块检查、更新完毕,即可按拆卸的反方向装复冷却器。

(2)装复两侧盖板,安装盖板时要注意密封垫片情况,必要时,换新垫片。上紧螺栓时,应交叉对角交替上紧。

(3)安装连接管,注意垫片状况,必要时,换新垫片。

(4)起动冰机海水泵,打开冷却器冷却水进口阀,打开排气阀,待空气排除完毕,打开冷却器出口阀,检查端盖、连接管处是否有泄漏,若没有泄漏,即可恢复运行。

(5)将冰机置于"AUTO"位置,打开电磁阀,冰机系统恢复运行。

(二)板式热交换器的清洗

板式换热器是由一系列具有一定波纹形状的金属片叠装而成的一种高效换热器。各种板片间形成薄矩形通道,通过板片进行热量交换。板式换热器是液—液、液—汽进行热交换的理想设备。它具有换热效率高、热损失小、结构紧凑轻巧、占地面积小、应用广泛、使用寿命长等特点。在相同压力损失情况下,其传热系数比管式换热器高3~5倍,占地面积为管式换热器的三分之一,热回收率可高达90%以上。根据外形可分为四大类:可拆卸板式换热器、焊接板式换热器、螺旋板式换热器、板卷式换热器。

船舶常见的是可拆卸板式换热器,由许多经过冲压而成的波纹薄板按一定间隔,四周通过垫片密封,并用框架和压紧螺杆重叠压紧而成,板片和垫片的四个角孔形成了流体的分配管和汇集管,同时又合理地将冷热流体分开,使其分别在每块板片两侧的流道中流动,通过板片进行热交换。其典型结构如图2-24-2所示。

1.清洗前准备

(1)打开淡水冷却器淡水管路旁通阀,关闭淡水进、出口阀。

(2)关闭海水进、出口阀。

(3)打开冷却器接口管路上的泄放阀、放气阀,排空冷却器内部淡水、海水,并确认各阀正确关闭。

图 2-24-2

(4)测量各压紧螺杆处固定压紧板和活动压紧板之间的距离,并做好记录,这一步非常重要,装复时需以测量数据为准上紧。

**2. 板式热交换器的拆卸**

(1)用专用扳手交替旋松压紧螺母,待完全松弛后,取下所有压紧螺杆。

(2)将活动压紧板推到紧靠支架侧。

**3. 清洗与检查**

(1)依次取下各板片,注意不要弄错顺序。也可不卸下板片,就在冷却器支架上清洗。

(2)取下板片清洗时,用棕毛刷刷洗海水侧,同时用淡水冲,一般只需刷洗海水侧。

(3)若就在支架上清洗,需将待清洗的板片移到紧靠支架侧,让板片挂在上导轨上,先用棕毛刷刷,然后用淡水冲。注意垫片与板片之间需清洗干净,防止安装后泄漏。

(4)检查板片是否变形,若变形需更换;检查垫片是否老化,若老化严重需更换。

**4. 安装**

(1)按拆下的相反顺序装回板片和垫片,需一块一块仔细检查垫片是否装好,垫片与板片之间是否清洁干净,防止装复后泄漏返工。

(2)挂上压紧螺杆,套上螺母。上紧时需交替上紧,边上紧边测量,防止压偏。上紧到拆卸时所测量的距离即可。

(3)关闭接口管路上的排泄阀,微开淡水进口阀,待淡水管路上放空气阀出水时,关闭放空气阀;微开海水进口阀,带海水管路上放空气阀出水时,关闭放空气阀。

(4)检查各板片间是否泄漏,若有泄漏,在泄漏处做好标记,需重新拆卸后查明原因,再按上述步骤装复。

**思考题**

1. 管壳式冷却器管子泄漏如何处理?
2. 管壳式冷却器端盖为何要放置锌块?如何判断锌块是否正确地起作用?
3. 板式冷却器是否会腐蚀?为什么?
4. 板式冷却器拆卸前为什么要测量固定压紧板和活动压紧板之间的距离?若没有测量该距离导致压紧螺栓上得过紧或过松的后果是什么?

## 任务二十五　自清过滤器拆检

### 一、拆检目的

(1)掌握自清洗过滤器的拆检方法、清洗方法、检查要点等;

(2)掌握自清洗过滤器的结构特点。

### 二、拆检要素

(1)转换阀的正确操作与压盖的拆卸;

(2)滤芯与滤器壳体的清洗;滤芯及密封件的检查与更换;

(3)滤芯与压盖的装复;滤器恢复运行。

### 三、拆检设备状态

FUJIJET FILTER FS/FM TYPE 自清洗燃油过滤器,发现压差过大,按下手动冲洗按钮,效果不明显,现需拆开彻底清洗。

### 四、拆检步骤

目前,在自动化船舶上燃油系统和滑油系统中广泛采用自清洗滤器。其主要优点是可根据油压差自动清洗,且清洗时不停止过滤。与传统过滤器相比有如下特点:自动化程度高、压力损失小、不必进行人工清除滤渣,但需定期拆检。自清洗滤器种类较多,根据清洗介质可分为空气反冲洗和油反冲洗。自清滤器结构形式多样,FUJI 滤器结构如图 2-25-1 所示。

(一)自清洗滤器拆洗步骤

1. 拆卸前准备

(1)关闭自清洗过滤器控制电源。

(2)打开旁通阀,关闭进、出口阀。

(3)打开放气阀,此时有少量油流出,油不应该持续流出,如果有油持续流出,证明进、出口阀关闭不严,应设法关闭整个系统,必要时检修进、出口阀。

(4)确认进、出口阀完全关闭后,打开泄放阀,排泄滤器内燃油。

2. 拆卸过滤器

(1)拆卸上盖螺栓,取下上盖 11 和电机。

(2)拆卸滤芯轴上螺母 12。

(3)取出滤芯 6,用承油盘接住,避免燃油滴落在机舱。

3. 清洗滤芯

(1)用轻油或煤油清洗滤芯,若效果不佳,可用化学药剂"fuel care"浸泡 1 小时,若没有化学药剂,用煤油或柴油浸泡 1 天。

(2)清洗滤芯,若发现上面有较多黏附物时,可用蒸汽吹洗,也可用高压(8MPa 以上)热水吹洗,效果最好。

(3)用压缩空气吹通。

4. 滤芯检查

(1)可在滤芯中放入一个灯,观察透光率,发现有黑的地方,证明没有清洗干净,应重复上

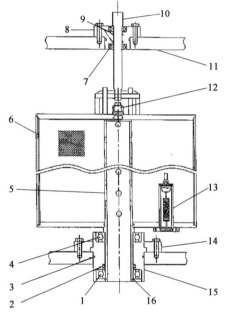

图 2-25-1 FUJI JET FILTER 自清洗滤器结构图
1-轴承;2-密封环;3-密封环;4-轴承;5-滤芯轴;6-滤芯;7-轴承;8-驱动轴压盖;9-密封环;10-驱动轴;11-过滤器上盖;12-螺母;13-安全阀;14-滤芯轴轴承座 A;15-滤芯轴轴承座 B;16-密封环

面清洗步骤。

(2) 若滤芯有较大的透光情况,证明滤芯有破洞,应及时更换。

(3) 在各个部位透光率均匀一致的情况下,证明清洗效果较好。

5. 安装滤器

(1) 清洁滤器腔室。

(2) 将滤芯 6 安装在滤芯轴 5 上。注意密封垫片情况,务必安装到位。

(3) 上紧螺母 12,装上过滤器压盖 11,装压盖时要注意垫片情况,上紧螺栓。

(二) 自清洗滤器的恢复运行

1. 起动燃油供油泵

(1) 打开滤器旁通阀,关闭滤器进口阀和放空气阀。

(2) 打开滤器电源,将滤器的"排泄阀"放在"AUTO"位置。

(3) 打开通向各个压力表、压力检测开关的阀门。

(4) 起动燃油供应泵。

2. 用油充满滤器(排除空气)

(1) 稍稍打开放空气阀和滤器进口阀。

(2) 检查各压力开关、压力表、放空气阀的状况,防止泄漏。

(3) 当滤器用燃油充满,空气排除完后,关闭放气阀,并打开滤器进口阀。

(4) 打开滤器出口阀,关闭滤器旁通阀,并注意滤器压差不超过 0.03MPa。

3. 确认自清洗滤器工作正常

(1) 确认排泄管路上的排泄阀处于"DRAIN VALVE AUTO"位置。

(2) 按下"START"按钮,手动冲洗过滤器。手动冲洗期间检查:

① 马达的转向。

② 高压泵的排出压力应在 9～12MPa,可以通过压力调节螺栓来调节。

③ 如果清洁很好,安装正确,可以听到喷射的声音。

④ 注意检查管路压力和滤器的压差。

(3) 检查所有均正常后,将冲洗选择按钮置于"AUTO"位置,滤器投入正常工作。

## 思考题

1. 拆卸自清洗过滤器前准备工作有哪些?
2. 假设过滤器进、出阀无法关闭,而又要清洗过滤器,该如何操作?
3. 安装好过滤器后,假设没有放空气,会产生什么样的后果?

# 项目三  船舶动力装置操作

通过本任务的学习,使其学员达到《STCW73/78 公约》马尼拉修正案及中华人民共和国海事局《海船船员适任实训大纲》对船员所规定的实际操作技能要求,满足国家海事局签发船员适任证书的必备条件。

本任务学习目标:

(1)熟悉实训室各设备系统;

(2)掌握正确识读系统图的方法;

(3)掌握机舱各设备操作的基本原则;

(4)掌握机舱各设备的操作及其操作注意事项。

因其每一个船舶和每一个实训室系统有差异,具体操作时应避免僵化思维,应重点注意操作过程的逻辑性。

本任务的评分标准如表3-0-1 所示。

轮机工程动力装置操作训练单项成绩评定表  表3-0-1

| 姓名 | | 专业 | | 实训任务 | | | | | |
|---|---|---|---|---|---|---|---|---|---|
| 学号 | | 班级 | | 上课时间 | | | | | |
| 任务 | 考核要素 | | 权重系数 | 标准 | | | | 成绩 | 考核人 |
| | | | | A 95 | B 85 | C 75 | D 55 | 百分制 | |
| 1 | 知识 | 实训背景知识 | 0.1 | | | | | | |
| 2 | | 设备使用知识 | 0.1 | | | | | | |
| 3 | | 操作安全知识 | 0.1 | | | | | | |
| 4 | 能力 | 设备起动准备 | 0.1 | | | | | | |
| 5 | | 设备运行监测 | 0.1 | | | | | | |
| 6 | | 设备操作控制 | 0.2 | | | | | | |
| 7 | 素质 | 实训出勤 | 0.1 | | | | | | |
| 8 | | 实训态度 | 0.1 | | | | | | |
| 9 | | 团结合作、沟通交流 | 0.1 | | | | | | |
| 10 | | 总计 | | | | | | | |

# 任务一　船舶主柴油机开航前备车准备工作

## 一、操作目的

掌握船舶主柴油机开航前备车准备工作和管理要点;熟悉船舶主柴油机各系统工作原理及系统应具备的功能;能正确操作各系统,使主机达到备车状态。

## 二、操作要素

(1)主柴油机暖机操作;
(2)主柴油机备车时压缩空气系统、滑油系统、冷却系统、燃油系统操作;
(3)主柴油机转车与冲车;起动与试车。

## 三、操作设备状态

船舶靠港,MAN B&W 6S60ME-C 主机完车状态,"FINSH WITH ENGINE"指示灯亮;主机保持暖缸,温度约60℃;主机燃油系统保持运行,燃油增压泵、循环泵正在运行,燃油温度保持在135℃;使用燃油锅炉;燃油分油机、滑油分油机停止状态;主机滑油泵运行;一台发电机运行,另外二台发电机为备用状态。机舱设备在靠港期间做了常规保养(如清洗滤器、清洗冷却器等),机舱现在无正在开展的检修工作。该主机机动操纵不需换油。

## 四、操作步骤

(一)船舶主柴油机各系统准备

备车是指船舶开航或抵港前,为保证船舶动力装置处于随时可起动和机动操纵的状态而进行的一系列准备工作。备车的主要目的是保证主机各部件均匀加热和向各摩擦表面供给润滑油,并测试动力装置及机舱各主要设备功能是否正常。

开航前1h,驾驶台通知机舱备车,根据柴油机的功率不同,备车持续时间在0.5~1h之间。由于机型、辅助设备及动力装置的布置不完全相同,备车的工作内容也不尽相同,其基本内容如下:

1. 冷却水系统准备

(1)如果冷却水系统在停用状态,应检查系统各阀门是否开闭正确,起动冷却水泵,检查压力、温度,若温度低于20℃,需用暖缸设施将水温调整到50℃以上;若冷却水系统保持暖缸状态,且温度在50℃以上,检查压力,如果压力波动,应在各放气阀处排除空气。

(2)检查主机膨胀水柜水位是否正常,管路有无泄漏,水量不足时应补充到2/3水位。

(3)起动海水泵,检查海水系统压力是否正常,有无异常泄漏。

2. 滑油系统准备

(1)检查主机滑油循环柜油位,油量不足应及时补充相同牌号滑油到规定油位。

(2)如果抵港后停用滑油泵,开航前应提前4h起动滑油泵。若油温太低,可提前起动滑油分油机循环分离主机油底壳滑油,同时对滑油加温,再起动油泵;若油温不是太低,对于油冷式活塞,可起动滑油泵利用淡水对主机暖缸的热量来对滑油加温到合适温度。通过主机底层观察镜观察十字头滑油回流情况是否正常。

(3)检查废气涡轮增压器滑油流动情况。(对于废气涡轮增压器设有独立润滑系统时,应起动增压器滑油泵,并需注意油位),揭开增压器帆布罩。

(4)检查气缸油相关阀门是否正确打开,气缸油系统有无泄漏。

(5)检查轴系(中间轴、尾轴)滑油流动情况,并注意检查温度是否正常。

(6)检查主机所有需人工加注润滑油的部位,并加注同牌号润滑油或润滑脂。

3. 燃油系统准备

(1)检查轻油日用柜和重油柜日用柜油位,起动燃油分油机,排放油柜残水。

(2)检查燃油沉淀柜和日用柜温度:日用柜 70~90℃;沉淀柜 50~60℃。

(3)检查燃油系统温度和压力,并检查自动细滤器的压差情况,压差偏大,可手动反冲洗。检查燃油黏度控制系统出口温度和黏度是否正常:对 HFO180 燃油正常雾化所需温度约 118℃;HFO380 约 135℃,对应黏度为 12.5CST。

(4)开启需用油的油舱加热阀,提前对燃油舱加热,燃油舱温度保持在 30~38℃。

4. 压缩空气系统准备

(1)检查空气瓶压力,起动空气压缩机,将二个空气瓶补满。

(2)打开空气瓶到主机的出口阀,检查主空气系统,在所有放残位置放残(空气瓶和主空气管这两个位置必须放残)。打开控制空气系统阀门,检查控制空气系统,在所有放残位置放残(控制空气干燥器和主机遥控储压气瓶等位置)。

(3)检查柴油机排气阀空气系统压力是否正常,要注意该控制空气必须在滑油泵起动之前供应,这对保障排气阀正常关闭非常重要。

(4)打开主起动阀,并置于"自动"位置。

5. 蒸汽系统准备

(1)检查锅炉是否正常,保障燃油系统加热、油舱加热等所需蒸汽足够。

(2)检查锅炉热水井液位是否正常,检查水面是否有油,若表面有油,应查明原因。

6. 电力系统准备

(1)检查备用发电机油底壳油位、油温、水温等,若均正常,起动备用发电机。

(2)待备用发电机排气温度上升到 200℃时,并电,保障充足电力。

(3)并电完成后,可根据驾驶台要求给锚机、绞缆机等甲板机械供电。

7. 驾机通信系统测试

(1)电话驾驶台,核对时钟,以驾驶台为准,精确到秒。

(2)电话驾驶台,核对车钟。方法:驾驶台依次操纵车钟手柄,每一个档位停顿一下,并电话告知车令,集控室操纵车钟手柄回令,并电话重复车令。

(3)到舵机房,检查舵机房与驾驶台的通信,并操舵试验,核对舵角,发现异常报告轮机长,并查明原因。

（二）主柴油机的转车与冲车、试车

1. 转车

（1）燃油手柄必须放在停车"STOP"状态。

（2）打开示功阀,合上盘车机并起动,注意察看盘车机电流读数,若电流读数过大,证明有卡阻现象,应查明原因。同时观察气缸是否有液体从示功阀排出,若有应查明原因。主柴油机曲轴至少完整转一圈,转车的同时,操作气缸注油器向气缸壁表面注油润滑。

（3）转车15min,脱开盘车机,并锁定。集控室"盘车机脱开"指示灯亮起。

2. 冲车

（1）通知驾驶台,并获得驾驶台同意。按下"ST BY"按钮,指示灯亮。

（2）打开主机各缸示功阀。

（3）驾驶台给出正车"DEAD SLOW AHEAD"车令,集控室回令。

（4）将燃油手柄从"STOP"推到"START"。观察主机转速表,发现转速表移动,或听到气缸气体喷出的声音,立即将燃油手柄拉回"STOP"位置。

（5）冲车期间注意观察是否有杂物（质）、残水和积油等从示功阀吹出,如有异常,应查明原因,及时处理。

（6）冲车时注意观察主机、增压器的转动是否平稳,有无其他异常响声。应特别注意观察增压器油池是否搅动,若没有搅动可能是增压器油泵抽不到油或增压器卡死,应确认增压器正常转动,发现异常立即查明原因。

（7）冲车完毕,关闭示功阀。

3. 试车

（1）确认关闭示功阀,人员离开缸头后,方可试车。

（2）将车钟手柄从冲车的"D.S AHEAD"位置拉到"D.S ASTERN"位置,等待驾驶台回令后,观察换向是否到位（可根据"WRONG WAY"指示灯是否熄灭来判断）。

（3）将燃油手柄从"STOP"推到"START",观察主机转速表,一旦达到倒车发火转速（或听到气缸排气声音）,应立刻将燃油手柄推到"D.S ASTERN"对应供油位置,观察主机运行平稳后,将燃油手柄拉到"STOP"位置,停机。在港内该测试操作不可太长时间,避免缆绳受力太大。

（4）将车钟手柄从"D.S ASTERN"推到"D.S AHEAD",观察换向是否正常。

（5）将燃油手柄从"STOP"推到"START",观察主机转速表,一旦达到正车发火转速（观察主机转速表）,应立刻将燃油手柄推到"D.S AHEAD"对应供油位置,观察主机运行平稳后,将燃油手柄拉到"STOP"位置,车钟手柄拉到"STOP"位置,停机。在港内该测试操作不可太长时间,避免缆绳受力太大。

（6）试车期间注意观察柴油机各缸是否发火,可观察排气温度是否上升来判断。

（7）测试期间,要特别注意运转方向是否与车令一致。新柴油机或刚检修过的重要零、部件,如经过调整或更换过的轴承、缸套等的工作情况是否正常。

(8)测试期间,注意检查增压器、调速器、各缸排气阀是否工作正常,燃油系统、滑油系统、淡水系统、空气等系统的压力和温度是否正常。

(9)试车完毕,证明主机能够随时起动,备车完毕,通知驾驶台,等待开航指令。

**思考题**

1. 主机为何要进行转车操作?转车前要做哪些具体准备工作?
2. 柴油机冲车的目的是什么?如何进行操作?
3. 主机试车的目的是什么?简述试车的操作程序。

## 任务二 船舶主柴油机起动后的参数监测与调整

### 一、操作目的

掌握船舶主柴油机起动后参数检测与调整要点和管理注意事项。

### 二、操作要素

(1)冷却水温度、压力检测及调整;
(2)燃、滑油的压力、温度检测及调整;
(3)增压空气压力、温度检查。

### 三、操作设备状态

船舶离港,集控室控制主机,"ST BY"指示灯亮起,主机已经起动,机动操纵状态。

### 四、操作步骤

(一)柴油机起动后油、水系统的检测与调整

1. 冷却水温度、压力检测及调整

(1)离港动车时,应及时将冷却水系统的暖缸加热蒸汽关掉。

(2)随时关注主机冷却水的温度。由于冷却水温度控制系统惯性大、延迟大,在加速过程中,容易出现冷却水温度高报警,并导致自动减速。因此,加速过程中,如果发现冷却水温度上升较快,应及时人工介入,关小淡水冷却器旁通阀,增大冷却量,但应注意防止大量的冷水进入气缸,导致缸套裂纹。

(3)检查主机膨胀水箱的水位是否在规定范围内,缺水需补足。

(4)检查膨胀水箱透气管是否有异常油烟气味,若有,应查明原因。

(5)根据冷却水温度上升的情况,适时起动海水泵。

(6)检查冷却淡水、海水的压力,并及时调整。

### 2. 滑油系统压力、温度检测及调整

(1) 检查主机滑油系统压力并对其调整。一般调整滑油泵的调压阀,有的机型在滤器出口处有一路回曲柄箱,这也可以调节滑油压力。

(2) 检查主机滑油系统的温度并对其调节。滑油温度的调整方法:若没有自动调温器,一般调整滑油冷却器的冷却水流量;若有自动调温器,则通过调整滑油流进冷却器的比例来实现温度调整。

(3) 检查主机润滑循环柜油位,若油位过高或者油位不正常的降低,应查明原因。

(4) 检查滑油系统过滤器前后的压差。滤器压差过大,一般意味着滤器堵塞,应清洗。滤器压差过小,意味着滤器有破损,应换新。若没有压差指示,如果发现滤器后压力降低时,就应清洗滤器。

(5) 检查油冷式活塞的回油情况,一般通过曲柄箱机盖上的玻璃观察窗检查。

(6) 检查气缸注油器的油量及注油机构是否正常工作,必要时调整。

(7) 检查主机中间轴和尾轴管滑油的温度,不能超过其规定值。

(8) 检查曲柄箱油雾浓度报警装置工作是否正常。

### 3. 燃油系统压力、温度检测及调整

(1) 检查主机的燃油系统中燃油温度,应符合燃油处理要求和雾化的要求。

(2) 检查燃油的压力,如果波动太大,应及时放气。

(3) 检查燃油日用柜和轻油日用柜、燃油沉淀柜油位,以及驳油、分油温度,保持分油和驳油。对燃油沉淀柜、日用柜定时放残。

(4) 检查燃油滤器压差,及时清洗滤器。

(5) 检查高压油管脉动情况,若喷油器有冷却液的情况下应检查冷却液的回流情况。

## (二)柴油机起动后气系统的检测与调整

### 1. 增压系统增压空气压力、温度检查及调整

(1) 检查增压器油位、油压和油温。

(2) 检查增压器的转速、增压压力值。

(3) 检查增压器运转是否平稳,注意有无异常振动和噪声,做好相应处理。

(4) 检查增压器进气滤网,发现脏污应择机清洁。

(5) 检查扫气压力和扫气温度,扫气温度不能太低,应及时调整,该温度可通过空冷器调整。检查空冷器前后压差,若压差过大,应择机清洗处理。

(6) 检查废气涡轮冷却水进出口温度,使其保持在规定范围。

(7) 检查废气涡轮的排气温度是否正常,出现异常情况,分析原因并调整。

(8) 检查柴油机各缸排气温度,各缸温差:低速柴油机≤5%;中高速柴油机≤8%,发现异常及时处理。

### 2. 起动空气系统的检查

(1) 检查起动空气瓶压力,机动操纵期间,需保障空气压力足够,及时放残。

(2) 手触摸检查每个缸的缸头起动阀的空气连接管,发现发烫,证明缸头起动空气阀有泄

漏,应择机拆卸下来修理。

3. 蒸汽系统检查

(1)检查蒸汽压力,保障维持油舱、油柜、主机用油温度所需的蒸汽量足够。
(2)检查锅炉热水井是否有油花,若有查明原因。
(3)如果废气锅炉产生的蒸汽足够系统使用,应将锅炉燃油系统换轻油,待定速航行时,停止燃油锅炉运行。

## 思 考 题

1. 冷却水温度调整的方法与要求是什么?
2. 如何判断缸头起动阀工作状态是否良好?
3. 分析滑油压力低的可能原因有哪些?

# 任务三  船舶主柴油机定速后的管理

## 一、操作目的

掌握船舶主柴油机定速后的管理要点;掌握值班期间巡回检查要点。

## 二、操作要素

(1)巡回检查;
(2)液位及温度、增压系统的检查。

## 三、操作设备状态

船舶离港,驾驶台电话通知机舱:"定速航行",并按下"AT SEA"按钮。机舱应答后,"AT SEA"指示灯亮起。主机逐渐加速到海上定速转速,开始定速航行。

## 四、操作步骤

(一)压力与转速检查

主机定速航行期间,值班人员应在规定时间间隔内对机舱各运转设备及系统进行全面检查,包括主机、辅机、舵机、锅炉、空压机、各种泵、防污染设备等,发现问题及时处理,确保各设备正常运转,保障船舶安全营运。

1. 压力检查

(1)检查主机滑油系统、活塞冷却油、齿轮箱滑油压力,并按要求调整到规定值;检查气缸油注油量,可根据情况对油量调整;检查曲柄箱油雾浓度报警装置工作是否正常。

(2)检查燃油(轻、重油)压力,并调整到规定值。检查高压油泵和喷油器的工作情况,用手触摸高压油管,感触其脉动情况,如果发现异常,及时查明原因并排除。

(3)检查主机缸套冷却水压力、主机低温淡水压力、海水压力,并调整到规定值。

(4)检查压缩空气瓶压力,保证控制系统空气压力及操纵主机所需压力。

(5)检查锅炉蒸汽压力,可改变蒸汽压力设定值调节。

2. 转速检查

(1)检查主机和增压器转速是否稳定,若波动过大应查明原因,予以排除。

(2)检查各运转设备的情况,是否有异常噪声、振动、气味以及漏油现象;检查轴系及外露轴承部分的工作状况。

(二)液位和温度方面检查

1. 液位检查

(1)检查膨胀水箱水位,并同时注意水柜水量的变化情况以及是否有油渍出现。

(2)检查燃油日用柜油位,不足时应调大燃油分油机分离量;检查燃油沉淀柜的油位,将燃油驳油泵置于"AUTO"位置,自动补油。燃油日用柜、沉淀柜及时排放残水。

(3)检查滑油循环柜油位,过低时应及时补油,如油位出现不正常的升高或降低时,应及时查明原因,并排除;扫气箱、空冷器、空气瓶及时放残;检查气缸油柜液位,发现较低时及时切换气缸油柜。

(4)检查调速器、增压器、齿轮箱油位,发现不足,及时补足至规定油位。

2. 温度检查

(1)检查并调整主机冷却水系统的温度,调整时不可太快;检查各缸冷却水温度,控制各缸温差:低速柴油机≤3℃,中高速柴油机≤10℃;中、高速机的出水温度控制在75~85℃,低速机的出水温度控制在80~90℃,进出水温差应不大于12℃。

(2)检查并调整活塞冷却油温度,用手触曲轴箱道门,判断主机轴承工作情况;通过调节滑油冷却器旁通三通阀调节主机滑油温度。

(3)检查各缸排气温度,控制各缸温差:低速柴油机≤5℃,中高速柴油机≤8℃。

(4)燃油温度和黏度的检查与调整,手动调节时可通过调整燃油加热器蒸汽阀开度;自动调节时可通过设定黏度计的黏度值调节。

(三)增压器检查

柴油机增压器是高速回转的机械,其转速可达10000~60000r/min,为了保证其在高速运转下的工作可靠性,运行中必须经常检查。

1. 运行检查

(1)检查增压器润滑系统的油位、油压和温度,参数值应符合说明书要求。

(2)检查增压器转速、增压压力值,大风大浪中航行时应注意适当放气,减少扫气箱背压,恶劣天气时,主机应减速航行,防止增压器喘振。

(3)检查增压器运转平稳性,对外部供油方式的轴承,应仔细倾听有无异常响声。

2. 运行参数控制

(1) 注意扫气箱温度应在35～50℃,不能太低,防止凝水出现;当扫气温度偏高,导致柴油机排气温度升高时,可通过调节中冷器冷却海水流量来控制温度。

(2) 检查涡轮端冷却水的进、出口温度,不易过高过低,进、出口温差不超过10℃。

(3) 检查废气涡轮增压器后的排气温度,若太高(>550℃),主机应减速。

3. 日常保养

(1) 检查压气机端消音滤网和空冷器前后压差,此压差可直接反映出滤网和空冷器的脏污程度。定期拆检清洗增压器空气过滤网。

(2) 在运转中也可对涡轮机进行水洗或干洗,具体操作根据说明书要求。

(四) 定速后部分设备的操作

1. 与驾驶台联系

询问驾驶台甲板是否需要使用吊机、锚机、绞缆机等,若不需使用,可卸载一台发电机,待排烟温度降低到200℃以下时,即停止该发电机。

2. 机舱内主要工作

调整气缸油供应量到正常航行位置;海底阀门切换到低位;起动造水机。

## 思 考 题

1. 冷却水系统中膨胀水箱的作用是什么?日常管理需注意什么?
2. 设计巡回检查最佳路线。

# 任务四 船舶主柴油机完车后的操作

## 一、操作目的

掌握船舶主柴油机完车后的操作要点及管理要点,能正确独立完成完车工作。

## 二、操作要素

(1) 停车;
(2) 完车操作。

## 三、操作设备状态

船舶在进港或锚泊过程中,驾驶台通知机舱不再用车,按下"FWE"按钮时,即开始完车操作。机舱主要设备状况:主机停止;二台发电机运行;造水机停止;滑油分油机、燃油分油机运行;锅炉使用燃油锅炉;海底门使用高位海底门。

### 四、操作步骤

(一) 停车操作

接到驾驶台停车指令时,将车钟拉到"STOP"位置,油门拉到零位,停止主机运行。

(二) 完成操作

1. 冲车

当接到驾驶台完车指令后,询问驾驶台是否可以冲车。如果不能冲车,立即完车;如果可以冲车,执行冲车操作(详见任务一)。

2. 完车后的工作

(1)按下"FINSH WITH ENGINE"按钮,"FWE"指示灯亮。

(2)关掉空气瓶出口阀、主起动阀、起动管路到空气分配器的截止阀。

(3)打开各缸示功阀,合上盘车机,转车 10~15min,同时须加注气缸油润滑。

(4)停止燃油分油机、滑油分油机;停燃油增压泵、燃油循环泵(如果到港没有换为轻油,不能停泵,需保持循环加热);将燃油锅炉转换为使用重油,如果在特殊排放区,遵守港口规定使用燃油。

(5)停主机海水泵、关闭主机海水泵进、出口阀;主机淡水泵不停,打开暖缸加热器蒸汽阀,持续保持暖缸,暖缸温度一般保持在 60~65℃。

(6)将扫气箱、涡轮端排出管等处放残阀全开。

(7)主机滑油泵继续运行,一般需 4h 后停掉。

(8)电话询问驾驶台是否需要用甲板吊机、绞缆机、锚机等大功率设备,若不需要,卸载一台发电机,待排气温度低于 200℃ 时,停止该发电机。

(9)做好《轮机日志》记录,确认主机和机舱情况正常,无不安全事项存在。

### 思 考 题

1. 完车后为什么还要让淡水泵继续运转 1~2h,滑油泵运转至少 4h?
2. 完车后转车的目的是什么?二冲程柴油机为什么转车时需加注气缸油?
3. 完车后为什么还要冲车,其目的是什么?

## 任务五　发电柴油机的起动与停车操作

### 一、操作目的

(1)掌握发电柴油机的起动前准备工作及注意事项;

(2)掌握发电柴油机的起动、停止操作程序和停车后的管理要点。

## 二、操作要素

(1) 发电柴油机起动前的准备；
(2) 发电柴油机的冲车、试车；起动与停车操作。

## 三、操作设备状态

状况良好,操作控制系统、辅助设备齐全的柴油机一台。

## 四、操作步骤

发电柴油机组同主机一样都是船舶不可或缺的重要设备。如果发电柴油机组不能正常供电,船舶上的所有辅助机械和相应设施均将无法正常运转,船舶也将无法正常运营。为安全可靠,船舶发电柴油机组通常配备 2~3 台。海船发电机通常以四冲程柴油机提供原动力,在国内培训机构实训室通常配置的是 6135 型柴油机,现以其说明发电柴油机的起动和操作要点。

(一) 发电柴油机起动前的准备

起动前检查:海水系统、淡水系统、滑油系统、燃油系统、起动系统等 5 大系统。

1. 海水系统

(1) 打开海水进、出口阀,起动海水泵,检查水流较大连续流出 → 滤网没有堵塞;水流较小 → 关闭海水阀 → 清洗滤网。
(2) 检查各个海水管路、阀件接头是否泄漏。

2. 淡水系统

(1) 暖缸情况下,淡水温度应在 40~60℃ 之间;检查淡水冷却管路、接头是否泄漏。
(2) 检查膨胀水箱水位,若过低,打开膨胀水箱补水阀,补充淡水。检查膨胀水箱调温阀(自动调节),一般水温越高,阀的开度越大;水温越低,阀的开度就越小。
(3) 淡水冷却器和滑油冷却器的海水阀可暂时关闭,待柴油机运行一段时间,油、水温度升高时,再开启调节。

3. 滑油系统

(1) 检查曲轴箱、凸轮轴、调速器等油位及油质。油位应在油尺上下刻度之间,低了需及时补油;发现油质变差应及时处理。
(2) 检查所有人工注油润滑部位,并加注滑油或润滑油脂。
(3) 检查 6135 柴油机滑油系统,系统配置有粗滤器和精滤器。粗滤器通往:① 曲柄连杆机构→轴瓦→转动的离心力(形成油雾);② 齿轮箱;③ 配气机构。滑油经"精滤器"后回到"曲轴箱",起循环过滤的作用。

4. 燃油系统

(1) 检查日用油柜油位、油温,打开日用油柜放残阀,直到有油正常流出。放残时需用小桶接住,以防污染。

(2)打开燃油总阀,查看管路有无泄漏。

(3)用燃油系统中的手摇泵向燃油系统压注燃油,并旋松喷油泵上的放气螺钉或旋松燃油滤器上的放气旋塞,排除燃油系统中空气,直至放气处不断流出的燃油无气泡,将放气螺钉或放气旋塞旋紧。然后继续泵油,直至回油管有回油时,将手泵旋紧锁定。

5. 起动系统

(1)如为蓄电池起动,检查蓄电池:电解液液位需淹没"极板",蓄电池电压24V。

(2)如采用起动变压器:检查接线是否正确(一般"红色"→" + ";"黑色"→" - "),插头有否插上,是否牢固。

(3)检查与柴油机的接线是否牢固可靠;将燃油手柄放在起动位置。

(4)盘车检查有无卡阻?四冲程柴油机至少盘车720°。

(二)发电柴油机的起动操作

1. 冲车与试车

冲车:对于有示功阀的柴油机,需打开示功阀,将燃油手柄置于"0"位,按下"起动按钮",起动柴油机,随即停止,观察示功阀是否有水或其他异物冲出。6135柴油机无示功考克,无需冲车。

试车:一切准备工作就绪后,短暂起动发电柴油机,观察转速能否达到发火转速,机油压力是否正常,确认能正常起动。若一切正常,证明发电柴油机能正常起动,发电柴油机处于随时可起动状态。

2. 发电柴油机的起动

(1)将油门操纵手柄推到空载,转速为500r/min左右的位置。

(2)将起动钥匙置于"打开"位置,按下"起动"按钮(手不松),使柴油机起动。如果5s内未能起动,应立即释放按钮,过2min后再做第二次起动,防止电机烧毁。如连续三次不能起动,应停止起动,找出原因并排除故障后再起动。

(3)柴油机达到发火转速,立即释放按钮,将起动钥匙拨回中间位置,同时注意滑油压力表,必须在起动后15s内显示读数,当柴油机转速为500r/min时,其读数应在0.5kgf/cm$^2$左右。滑油压力低,运动件润滑不良,造成干摩擦;滑油压力过高,运动件无法正常建立油膜。

(4)加速到750r/min左右,低转速运行一段时间,使柴油机各部件均匀升温。若柴油机有暖机,可使其运行10~15min后,逐渐加速至空载额定转速运行(如机器有临界转速,在速度进入临界共振阶段的转速应快速通过)。无暖机措施的柴油机,应让滑油、冷却水温度升到35~40℃时,再调整转速至空载额定转速运行。

(5)空载额定转速运转3~5min,检查柴油机各部件是否正常。例如:可用手指感触配气机构运动件的工作情况;观察燃油、滑油、淡水管路是否正常;检查柴油机转速及滑油、燃油、冷却水等的压力及温度等指标,若出现异常,应立即停车检查。待一切正常后,可带负荷运行。

(三)停车操作

1. 停车前准备

(1)卸载:将待停发电机负载转移到运行发电机。

(2)若用重油,停车前换轻油运转约30min(6135柴油机不需此步骤)。

(3)停车前观察滑油、淡水、燃油系统的压力及温度等,应在正常范围。出现异常应及时查明原因并处理,以便停车后下次能正常起动。

2.停车操作

降低转速至750r/min左右,待排烟温度低于200℃后,将停机手柄置于"停止"位置,如图3-5-1所示,直到柴油机完全停止才能松手。尽可能避免在全负荷使用后迅速停机,以防受热部件过热。

3.停车后的操作

(1)停车后,若配置有预润滑油泵、独立淡水泵的,需使其继续运转约20min,使各轴承和气缸套充分冷却;若有暖缸设备的应开启暖缸。

(2)若有示功阀,需打开示功阀,冲车3~4s,排除燃烧室内废气。

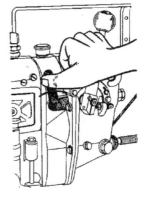

图3-5-1 停车手柄

(3)关闭燃油进、出口阀,海水进、出口阀,如果长时间不用,天气寒冷时,需放掉膨胀水箱的水,防止结冰。停车后,检查外围管路有无泄漏。

(4)关闭起动器电源。

(5)停车后,需对柴油机进行适当的保养,包括:清洗机油过滤器、燃油过滤器、滑油冷却器等。

(6)检查曲柄箱油位,分析曲柄箱油的油质,必要时净化处理,甚至换新;根据说明书要求更换调速器油、凸轮轴油;对需较长时间存放的柴油机,在停车后,应将原用机油放掉,换用封存油,再运转2min左右进行封存,如使用的是防冻液,亦应放出。

# 思 考 题

1.发电柴油机起动前准备工作有哪些?
2.发电柴油机启动后应检查哪些参数?
3.发电柴油机停车如何操作?停车后应检查哪些事项?
4.如果柴油机(燃烧重油)起动后应如何进行换油操作?

# 任务六 发电柴油机的运行管理

## 一、操作目的

掌握发电柴油机的运行管理要点。

## 二、操作要素

(1)巡回检查;

(2)液位及温度检查。

## 三、操作设备状态

状态良好、辅助设备齐全、可运行柴油机一台。本任务以6135发电柴油机为例讲解,柴油机已经起动,并正常加载。

## 四、操作步骤

发电柴油机的运行检查是轮机值班的一项重要内容,主要涉及各热工参数的检查与调整,转速与负荷的检查与调整等。

(一)巡回检查

1. 滑油系统检查

润滑油压力表:控制润滑油压力、飞轮右上方由凸轮轴送过来的压力油,经高压油管送到表上。量程:0~0.60MPa,最小分度值:0.1MPa。正常工作的润滑油压力:0.25~0.3MPa。(绿色)、其他量程表示为红色—危险。如油压过低可减少精滤器滑油流量,从而提高流经粗滤器的流量,如图3-6-1所示,顺时转动调节螺钉→油压升高;逆时转动调节螺钉→油压降低。若调节效果不佳,还可通过滑油泵安全阀调节滑油泵排出压力。

柴油机的滑油最高温度一般不超过80℃。温度过高:使其黏度降低,影响油膜的建立;温度过低:黏度上升,增加流动阻力,摩擦部位的滑油供应量会不足,且增加了摩擦面的摩擦阻力。其温度的调节是通过滑油冷却器的旁通阀来调节的。其旁通阀开大,滑油温度提高,反之则降低。

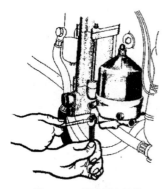

图3-6-1 滑油压力调整

2. 海水、淡水系统检查

检查海淡水系统有无泄漏,海水、淡水压力和温度是否正常?膨胀水箱有无气泡。135柴油机的膨胀水箱结构:上层:膨胀水箱;中层:淡水冷却器(管内走海水,管外走淡水);下层:集水盒。内部有两个通道:膨胀水箱→淡水冷却器→集水盒;膨胀水箱→集水盒。其两个通道开或关的功能由调温器来控制。

3. 燃油系统检查

(1)检查燃油日用柜油位,油位过低及时分油。打开日用油柜放残阀,检查是否有水。

(2)检查燃油管路系统,是否泄漏。

(3)手触摸各个缸高压油管的脉动情况:脉动厉害→喷射器卡死在关闭位置;无脉动→喷射器卡死在开启位置或无油。

(4)检查燃油滤器,发现燃油压力低于正常值时,应清洗过滤器,若清洗滤器后还是低,应检查系统。

4．配电系统检查

(1)转动线电压选择开关,检查各相电压,应在380V,且电压稳定无波动。
(2)检查频率表,应在50/60Hz,频率稳定无波动。
(3)检查电流表,电流应根据负载大小在合理范围内,且每相电流应一样。
(4)检查功率表,最大功率应为额定功率的80%,避免超负荷。
(5)检查功率因数表,正常负载的情况下,功率因数应为0.8左右。

5．其他检查

(1)用手背触摸各个缸曲轴箱道门的温度,看是否正常？
(2)用螺丝刀接触气缸盖或缸体,耳朵靠近手柄听声音,判断有无异常。
(3)听、闻其他发电机运行有无异常。
(4)观察柴油机的排烟颜色,柴油机功率发挥正常时,排烟为淡灰色;如工作不正常,则排烟为深灰色,甚至发黑;如超负荷,排烟浓重发黑。出现烧机油时会使排烟发蓝,若冷却水渗入燃烧系统时,则排烟为白色。

(二)液位及温度的检查

1．液位检查

(1)检查曲柄箱滑油液位,柴油机正常运转时应在油尺的高低油位刻度线中间。
(2)检查高压油泵凸轮润滑油的油位,正常运转时,应在油尺的高低油位刻度线中间。
(3)检查膨胀水箱液位,应在2/3位置。

2．温度检查

(1)淡水温度

检查发电机缸套淡水进、出口温度,正常进口温度最低60℃,出口应在80～85℃,最高不超过90℃。

(2)排气温度

检查柴油机各缸排气温度,各缸排气温度偏差不超过30℃,单缸最高温度不超过450℃(不同机型有所不同)。

(3)滑油温度

油底壳最高机油温度不超过60℃(不同机型有所不同)。

# 思 考 题

1．发电柴油机运行中滑油压力如何检查和调整？
2．发电柴油机机运行管理应注意哪些参数？

# 任务七　船舶辅锅炉点火、停炉操作

## 一、操作目的

掌握船舶辅锅炉点火前准备、点火、升汽、停炉管理要点。

## 二、操作要素

(1) 检查蒸汽、凝水、排污、供风、供油、给水系统，并使其处于工作状态；
(2) 锅炉附件：压力表旋塞、压力表泄放阀、空气阀、安全阀、供气阀的操作；
(3) 点火、升汽、停炉。

## 三、操作设备状态

OVS2 型组合式锅炉，停炉检修后，现需恢复运行。

## 四、操作步骤

(一) OVS2 型锅炉系统原理图

锅炉是船上不可缺少的重要设备之一，其种类较多，按受热面特点可分为水管锅炉和火管锅炉；按使用能源可分为燃油锅炉和废气锅炉。大型远洋货轮上一般采用燃油和废气组合式锅炉。要掌握锅炉的操作需先熟悉锅炉系统，OVS2 型组合式锅炉系统如图 3-7-1 所示。

(二) 锅炉点火前检查

1. 锅炉外围检查

(1) 检查锅炉外围有无影响锅炉操作的障碍物。锅炉间的通风是否正常。
(2) 检查锅炉本体附近、排烟管附近及蒸汽加热系统附近有无易燃易爆物品，检查相应的消防设备是否正常，以确保锅炉间的安全。

2. 锅炉控制系统检查

(1) 检查电源线各个接头、点火电极接线有无脱落，确认正常后即可以供给主电源。
(2) 打开控制箱电源，系统自检通过，无异常报警。
(3) 检查自动控制系统；按"试灯""报警测试"按钮→按"消声"按钮。检查各压力表、压力控制器（包括其给定值）、自动控制系统及警报系统是否正常。

3. 锅炉系统检查

(1) 蒸汽系统：先全关主蒸汽阀 V7，然后开 1/4 圈，防止主蒸汽阀受热膨胀后卡死。
(2) 凝水系统：打开蒸汽冷凝器海水进、出口阀。
(3) 排污系统：上、下排污阀 V19、V20 处于关闭位置，阀不能关闭太紧。

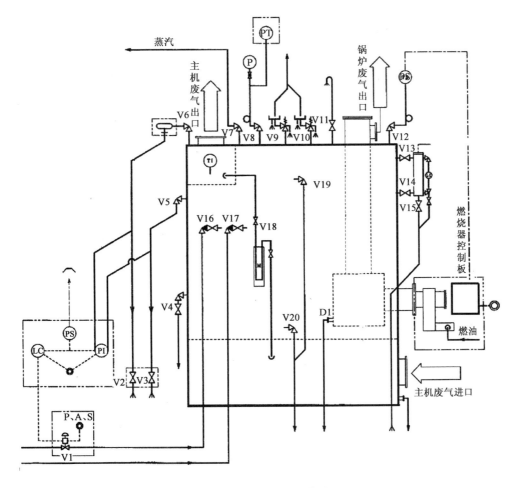

图 3-7-1 OVS2 型锅炉系统图

(4) 燃油系统及燃油设备,使其处于工作状态。检查轻油柜油位、油温,并放残。打开日用油柜通往锅炉燃油系统的出口阀。检查锅炉燃油系统上各阀处于正确位置。检查锅炉燃油管路有无泄漏。所有都正常后,起动油泵试运转。

(5) 供风系统:检查风口、风道有无障碍物,起动风机,观察风机有无异常噪声、振动,运转是否正常。

### 4. 锅炉本体附件检查

(1) 检查安全阀强开装置;检查锅炉安全阀 V9、V10,手拉安全阀是否动作灵活。

(2) 开启各压力表截止阀、检查压力表是否正常工作。

(3) 打开放空气阀 V11,待产生蒸汽后,关闭空气阀。

### 5. 锅炉系统上水及检查

(1) 检查凝水柜液位,必要时补水;凝水柜液面是否有油花,若有应查明原因。

(2) 检查锅炉给水品质(包括炉水的 pH 值、酚酞碱度、含盐量等),根据需要加入适量的水处理药剂。

(3)检查锅炉给水系统各阀处于正确位置,手动起动锅炉给水泵,检查给水管路有无泄漏。将给水泵由手动转到自动,供水直至正常水位,要求水位保持 10~30min 不变。

(4)关闭冲洗阀 V15,开启通汽阀 V13 和通水阀 V14,检查水位计液位和水位显示读数是否一致。若不一致,关闭通汽阀 V13,打开冲洗阀 V15,观察是否有水流出,液位是否有变化,若水位计显示液位正常,应检查液位检测系统。

(三)点火操作

1. 手动点火

(1)将控制按钮转到"手动"位置。

(2)预扫风:风门此时开到最大,时间 60s。

(3)预点火:关小风门,按下点火按钮,时间 2s。

(4)点火:维持小风门,保持按下点火按钮,打开燃油电磁阀,开大回油阀(小油量),时间 8s。

(5)检查:通过观察镜观察炉膛内有无火焰确认是否点火成功,若点火成功,保持正确的风、油比,进入负荷控制。可以通过火焰颜色确定燃烧是否正常,正常火焰为炽白色。若点火失败,应查明原因,重复步骤(2)。

(6)手动点火成功后,稳定燃烧 3~5min,即可转入自动控制。

2. 自动点火

将控制按钮转到"自动"位置,按下"运行"按钮,锅炉将根据预设程序执行点火过程。通过观察镜检查点火是否成功,燃烧是否正常,火焰颜色是否正常。

(四)升汽操作

1. 升汽过程

(1)点火升汽的操作:在点火升汽阶段,应力求使锅炉各部分的温度都能缓慢均匀变化,以免产生过大的热应力损坏锅炉。一般冷炉点火升汽过程,燃烧 3~5min,停 10~15min,缓慢升汽。随着蒸汽压力的提高,燃烧时间可适当延长。

(2)当空气阀有蒸汽排出时,关闭空气阀 V11(如图 3-7-1 所示,下同)。

(3)当气压达到 0.2~0.3MPa 时,手拉安全阀,冲洗阀座,试验安全阀功能是否正常。

(4)当气压达到 0.3~0.4MPa 时,对曾拆卸过的人孔和道门螺栓,再次检查拧紧。

(5)升汽过程中,如果水位上升,通过下排污,排出下面的冷水。当气压达到工作气压后,先进行上排污,以排除锅炉筒水面上的杂质及漂浮物。

(6)蒸汽压力达到工作压力后,开启回水管通道上的疏水阀,排出凝水,打开各加热装置的蒸汽阀。稍开锅炉主蒸汽阀 V7,进行蒸汽暖管,暖管 10~15min 后,全开主蒸汽阀,进行正常加热工作。各蒸汽阀全开后,应回半圈,防止气阀因为受热膨胀而卡死。

2. 升汽过程中水位计的冲洗

升汽过程中,应该冲洗水位计 2~3 次,使水位计玻璃板得以逐渐加热。冲洗水位计的程序如下:

(1)关通水阀(V14)、通气阀(V13)、关冲洗阀(V15);
(2)开通水阀(V14),开冲洗阀(V15)冲洗通水管路;
(3)关冲洗阀(V15),关通水阀(V14);
(4)开通气阀(V13)、开冲洗阀(V15)冲洗通气管路;
(5)关冲洗阀(V15);开通水阀(V14)。

冲洗水位计时间不宜太长,否则易引起水位计玻璃破裂。

(五)停炉操作

一般情况下,船舶航行期间,废气锅炉工作,燃油锅炉停止工作;靠港停泊时,废气锅炉停止工作,燃油锅炉投入运行。只有在锅炉需要检修或清洗时,才需停止锅炉。一般均在停泊时执行停炉操作,具体方法如下:

1. 供汽阀操作

(1)停炉之前,检查主机、辅机是否转换为轻油,防止停炉后,缺少蒸汽加热燃油,导致重油凝结堵塞管路。将锅炉燃油转换为轻油,燃烧控制由自动控制改为手动控制。

(2)检查各用汽设备,能关闭的先关闭,降低锅炉负荷。

(3)手动停止锅炉燃烧,并将控制开关置于"手动供风"位置。

(4)通风机继续运行2min,吹净炉内的油气后停机,并关闭锅炉风门至最小位置。

(5)关闭燃油系统各阀。全关锅炉主蒸汽阀,然后回1/4圈,防止锅炉冷却后卡死。有时为了让蒸汽压力下降快一点,可先不关主蒸汽阀,待蒸汽压力下降后再关闭。

2. 排污

(1)将锅炉给水泵控制模式置于"手动"位置,手动补水,提高炉内水位。

(2)停止燃烧后半小时,待水中悬浮杂质和泥渣沉淀后,首先上排污,随后下排污,排污时,注意水位的变化,防止部分受热面露出水面而过热。

(3)若需排空锅炉水,可在0.5MPa时放空锅炉水。若需满水停炉,应补水到高水位,防止水温下降后看不见水位。

3. 冷却

使锅炉自然冷却;若采用保汽停炉,将锅炉燃烧置于自动,保持蒸汽压力。

4. 锅炉汽包上的空气阀操作

(1)待锅炉内无压力显示时,打开空气阀,以免炉内产生真空。

(2)切断控制箱主电源,放好工具及仪器,并清洁锅炉间。

# 思 考 题

1. 锅炉点火前供水应该注意什么问题?
2. 锅炉冲洗水位计过程中能否将开、关阀调换顺序,为什么?
3. 如何判断锅炉燃烧情况的好坏?
4. 简述锅炉排污的时机,排污的目的是什么?

## 任务八　辅锅炉的运行管理

### 一、操作目的

掌握船舶辅锅炉运行管理要点;正确的排污、冲洗水位计;掌握炉水化验及投药处理要点;正确的判断燃烧情况。

### 二、操作要素

(1)检查各系统及其附件;注意观察凝水柜中是否有油;冲洗水位计和叫水;排污;
(2)判断燃烧情况;安全阀的工作状态;
(3)炉水化验和投药处理。

### 三、操作设备状态

OVS2 组合锅炉正常运行。

### 四、操作步骤

(一)检查锅炉各系统及其附件

1.锅炉系统检查

(1)燃油系统:检查燃油日用油柜油位,保持油位正常,定时放残;检查燃油管系,发现泄漏,及时处理。检查油温、油压,检查滤器前后压差,压差过大及时清洗滤器。

(2)燃烧系统:检查锅炉燃烧器点火电极接线是否松动,风门开关是否灵活,炉膛周围有无漏气的部位。

(3)蒸汽系统:发现泄漏及时处理,保证正常的供汽压力。

(4)给水系统:检查给水管路,尤其阀门填料处,发现泄漏及时处理;检查给水泵压力,泵的压力应高于锅炉工作压力 $1\sim2\text{kgf/cm}^2$,压力过低,给水不能进入锅炉;检查水泵填料,发现泄漏太大应上紧填料压盖,但不宜太紧,允许填料处可以滴漏,以润滑冷却填料处,若上紧无效,还是泄漏过大,应更换填料,若轴套处磨损过大,应检修轴套。

2.锅炉附件检查

(1)凝水柜:检查热水井水位,及时补水,注意观察热水井水面有无油花,若发现油花,应查明原因,及时处理,避免油进到锅炉内部。

(2)排污:锅炉应定期排污,保证锅炉安全经济运行,排污时应注意:

①排污前先将炉水上至高水位,排污时监视水位,防止锅炉因为缺水而造成事故。

②上排污主要是排出炉水表面悬浮物质,可降低炉水含盐量和含碱度,防止汽水共腾,可在任何负荷下进行。

③下排污主要是排出锅炉底部的沉淀残渣和污垢,一般在低负荷或停炉后进行。每次排污量可按 1/3～1/2 水位计高度考虑。

(3)吹灰:烟管系统定期吹灰使得受热面清洁,吸热量增加,可使排烟温度降低。吹灰之前,打开吹灰管路上的泄水阀,排空凝水,防止凝水进入烟管系统,导致烟管腐蚀。吹灰对锅炉蒸汽压力的稳定造成一定的影响,吹灰过程中应加强燃烧及蒸汽压力的监控,在低负荷运行及负荷不稳定时,不能进行吹灰工作。

(4)冲洗水位计和叫水:定期冲洗水位计,冲洗方法见任务八。如有电极室,应定期打开电极室冲洗阀冲洗,防止形成水垢而影响电极灵敏性。

水位计无法显示水位,状态不明时,可通过"叫水"判断水位是太高还是太低。"叫水"操作步骤如下:

①关通水阀 V14(如图 3-7-1 所示,下同)、开冲洗阀 V15、冲洗通汽阀——听声音;
②关通汽阀 V13、开通水阀 V14、冲洗通水阀——听声音;
③关冲洗阀 V15、慢慢开通水阀 V14——叫水:
水位升至顶部——需进一步判断水位状态。
若水位计无水——证明锅炉处于失水危险状态,应立即停炉,查明原因再处理。
④开通汽阀 V14:
a. 水位在正常位置——正常;
b. 水位降至水位计玻璃以下——少水,应加大给水,但应避免向热炉中一次性加入大量的冷水;
c. 水位仍在顶部——满水,应停汽,适当排污,降低水位。

(5)判定燃烧情况

注意观察炉膛火焰颜色及排烟颜色。燃烧情况判断如表 3-8-1 所示,发现异常,应检查燃烧设备、供风系统、燃油系统和风油比是否正常。

燃烧情况判断表　　　　　　　　　　　　　　表 3-8-1

| 项目 \ 状态 | 炉膛状态 | 火焰颜色 | 排烟颜色 |
| --- | --- | --- | --- |
| 燃烧良好 | 略透明 | 橙黄色 | 浅灰色 |
| 空气量太大(α 大) | 透明 | 发白 | 几乎无色 |
| 空气量太少(α 小)(或雾化不良) | 模糊 | 暗红色 | 浓黑 |
| 炉内漏水 | — | — | 白色 |

(二)安全阀的检查

1. 试验原则

(1)定期试验:每个季度末试验安全阀的工作效能,确保正常工作。
(2)安全阀试验应在锅炉正常运行时,工作压力下进行。
(3)有高低压安全阀的情况下,试验顺序:先高压后低压逐个试验。
(4)安全阀试验须经轮机长同意,并有完善的操作程序,采取必要的安全措施。试验由轮机长指挥,三管轮操作。

**2. 试验应具备的条件**

试验前确认锅炉运行正常,具备试验条件;水位指示正确;汽包压力表经校验合格,压力显示正常;试验期间,应备有专用的通信工具,以保证及时可靠的联系。

**3. 试验方法(松动试验)**

当锅炉汽压升至试验压力 80% 左右时,应借助绳索手动起跳安全阀,检查动作应良好,3~5s 后,放松绳索,使安全阀回座。如不起跳或不落座,则需重新校验。

**4. 试验标准**

所有安全阀均能在试验压力下,标准时间中起跳、回座合格;安全阀无泄漏现象。

**5. 试验注意事项**

试验前应做好安全阀在试验过程中不回座的事故预想;试验人员应带好耳塞,以防止噪声损伤耳膜;相关人员应远离试验现场,以防止安全阀泄漏伤害人身。

## (三)炉水化验及投药处理

**1. 船用锅炉给水、炉水指标**

锅炉给水和炉水质量的好坏直接影响锅炉使用寿命。船用锅炉给水控制标准如表 3-8-2 所示;船用锅炉炉水控制标准如表 3-8-3 所示。

船用锅炉给水控制标准　　　　表 3-8-2

| 水源<br>指标 | 自来水 | 软化水 | 蒸馏水 | 冷凝水 |
|---|---|---|---|---|
| 悬浮物 mg/L | ≤20 | | | |
| 总硬度 N.$10^{-3}$ | ≤3.5 | ≤0.04 | ≤0.04 | ≤0.04 |
| 含盐量(NaCl) mg/L | <30 | <30 | <10 | <10 |
| 含油量 mg/L | 近似 0 | 近似 0 | 0 | <5 |

船用锅炉炉水控制标准　　　　表 3-8-3

| 锅炉工作压力(MPa)<br>指标 | ≤1.0 | 1~2.5 | 2.5~4.9 | 封闭式锅炉 |
|---|---|---|---|---|
| 酚酞碱度 N.$10^{-3}$ | 3.0~6.0 | 2.5~5.0 | 2.5~5.0 | |
| 总碱度 N.$10^{-3}$ | <12 | <10 | <10 | |
| pH 值 | 10~12 | 10~12 | 10~12 | ≈12 |
| 含盐量(NaCl) mg/L | <1000 | <700 | <400 | |
| 磷酸根($PO_4^{3-}$) mg/L | 10~30 | 10~30 | 10~30 | |
| 含油量 mg/L | <20 | <15 | <5 | |

**2. 炉水化验**

定期化验炉水,一般每周不少于 2 次,根据化验情况及时处理炉水,主要控制盐度、碱度、

pH值,确保炉水水质符合要求。

取水样:取水样需在投药或升汽4h后才能进行。取水样操作:打开取水样考克2~3min,让炉水把考克冲洗干净;然后用炉水洗涤取样器皿2~3遍。水样要冷却到40℃以下才能化验,如因故暂时不能化验应装入干净的玻璃瓶内,盖上盖子。

(1)碱度测定

①仪器:量筒、烧杯、滴定管和搅棒。

②试剂:UNITOR 低压炉水化验箱(SPECTRAPAK 310)。

③操作过程:如图3-8-1所示。

④计算:酚酞碱性($ppm\ CaCO_3$) = (使用的药片数字×20) – 10

例如:如果使用了8片,酚酞碱性($ppm\ CaCO_3$) = (8×20) – 10 = 150 ppm。

(2)氯化物测定

①仪器:样瓶、玻璃板。

②试剂:UNITOR 低压炉水化验箱(SPECTRAPAK 310)。

③操作过程:如图3-8-2所示。

④计算:氯化物($ppm\ Cl$) = (药片数字×20) – 20

例如:如果用了4片,氯化物($ppm\ Cl$) = (4×20) – 20 = 60ppm

**注意**:如氯化物含量过高,则减少样水至25ml,因而每片药片计算为40ppm;如氯化物含量过低,则增加样水至100ml,因而每片药片计算为10ppm。

(3)pH值测定

①仪器:试瓶。

②试剂:UNITOR 低压炉水化验箱(SPECTRAPAK 310)。

③操作过程:如图3-8-3所示。

图 3-8-1　　　　　图 3-8-2　　　　　图 3-8-3

3.炉水各测试指标的控制范围

炉水各指标的控制范围如表3-8-4所示。

**各指标的控制**　　表3-8-4

| 化验项目 | | 指标 |
| --- | --- | --- |
| 酚酞碱度 | | 100~300ppm |
| 氯化物浓度 | | 最大100ppm |
| pH值 | 炉水 | 9.5~11 |
| | 冷凝水 | 8.3~9.0 |

4.炉水处理

炉水处理的目的是消除硬度,保持一定的碱度,防止锅炉腐蚀和产生水垢。

辅锅炉的炉水处理一般采用周期性投药法,即每天或隔几天根据水质情况,向热水井投一次药剂,使药剂随水进入锅炉。炉水中的钙盐形成泥渣,再通过排污的方法把其排除。如盐度超过允许值时,可采用表面排污放去一部分炉水,然后补充炉水以降低炉水含盐浓度,进行表面排污最好在投药之前,以免水中剩余药剂被排走。

### 思 考 题

1. 如何进行锅炉的水质化验操作?控制水质指标的目的是什么?
2. 简述锅炉"叫水"操作过程及原理。
3. 锅炉安全阀试验需注意的事项有哪些?

## 任务九　管路系统图的识读

### 一、操作目的

(1) 掌握管路图中常见符号的含义;
(2) 理解该管路图中实现的功能及系统原理。

### 二、操作要素

(1) 管路图各符号含义;
(2) 管路工作原理。

### 三、操作设备状态

XXX 轮管路图 3 份。

### 四、操作步骤

学生根据指定的船舶管路系统图,指出图中符号的名称,含义,并讲述系统工作原理。

船舶管路系统是专门用于输送各种液体和气体的管路、设备机械和仪表的总称。按功用分为动力管系和辅助管系两大类。

(1) 动力管系:为船舶动力装置服务的管系。按用途有燃油、滑油、冷却水、压缩空气、排气和蒸汽系统。

(2) 辅助管系:为全船服务的管系,又称通用或船舶管系。按用途有舱底水、压载水、消防水、日用淡水和卫生水系统。

(一) 管路图常见符号及名称

表 3-9-1 所示为船舶常用的管路图符号。

管路图符号及名称　　　　　　　　表 3-9-1

| 符号 | 名　称 | 符号 | 名　称 | 符号 | 名　称 |
|---|---|---|---|---|---|
|  | 蝶阀 |  | 二路电磁阀 |  | 三通电动阀 |
|  | 球阀 |  | 止回阀(扁平) |  | 鹅颈透气管 |
|  | 三通球阀(T型) |  | 止回阀(摆动) |  | 鹅颈透气管(网) |
|  | 三通球阀(T型) |  | 止回阀(提升) |  | 鹅颈透气管(网和浮球) |
|  | 二通考克 |  | 止回球阀(无弹簧) |  | 喇叭形入口 |
|  | 三通考克(T型) |  | 针阀 |  | 盲板 |
|  | 三通考克(L型) |  | 气控阀 |  | 液位镜 |
|  | 脱气 |  | 减压阀 |  | 充注帽 |
|  | 流量控制阀(浮球式) |  | 气控速闭阀 |  | 弹性软管 |
|  | 流量控制单向阀(浮球式) |  | 钢丝速闭阀 |  | 漏斗 |
|  | 直球阀 |  | 液压遥控蝶阀 |  | 喷射泵 |
|  | 角球阀 |  | 自闭阀 |  | 离心泵 |
|  | 直止回球阀 |  | 安全阀 |  | 自动滤器 |
|  | 角止回球阀 |  | 防浪止回阀 |  | 节流阀 |
|  | 闸阀 |  | 防浪摆动阀 |  | 节流孔 |
|  | 带锁球阀(常开) N.O. |  | 温控三通阀 |  | Y型滤器 |
|  | 带锁球阀(常闭) N.C. |  | 温控三通活塞阀 |  | 泥箱 |
|  | 软管阀 |  | 温控三通气动阀 |  | 过滤器 |

续上表

| 符　号 | 名　称 | 符　号 | 名　称 | 符　号 | 名　称 |
|---|---|---|---|---|---|
| | 出海阀 | | 分离器 | | 隔离法兰(开、关) |
| | 管段 | | 疏水阀(浮球型) | | 带排出阀的疏水阀 |
| | 带阀液位镜(平型) | | 带阀液位镜(圆柱型) | | 液位镜(浮子型) |
| | 液位镜(表浮子型) | | 带阀和显示液位镜(缓冲型) | | 双联滤器 |

(二) 管路实训实例

1. 冷却海水系统,如图 3-9-1 所示。
2. 主机高温淡水冷却系统,如图 3-9-2 所示。
3. 主机燃油系统,如图 3-9-3 所示。

图 3-9-1　　　　　图 3-9-2　　　　　图 3-9-3

## 任务十　压载水系统的操作与管理

### 一、操作目的

掌握压载水系统的正确起动、停止操作过程和管理要点。

### 二、操作要素

(1) 压载水系统的起动程序;
(2) 压载水系统的运行管理;
(3) 压载水系统的停止程序。

## 三、操作设备状态

根据压载水系统,操作压载水。

## 四、操作步骤

(一)压载水系统原理图

船舶压载水系统主要由压载水泵、压载水管路、压载舱及有关阀件组成。系统的作用是:根据船舶营运的需要,对全船压载舱进行注入或排出,以达到调整船舶的吃水和船体纵、横向的平稳及安全的稳心高度;减小船体变形,以免引起过大的弯曲力矩与剪切力;降低船体振动;改善空舱适航性的目的。典型压载水系统如图 3-10-1 所示。

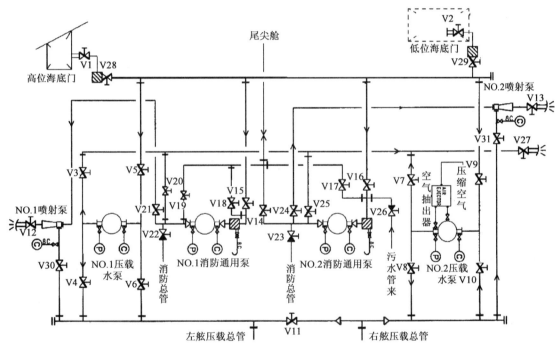

图 3-10-1 典型压载水系统图

(二)压载泵起动、停止

1. 压载泵起动前准备

(1)检查船舶电网负载情况,起动备用发电机,确保充足电力准备。

(2)按下起动器"STOP"按钮,并锁定,压载泵盘车,检查有无卡阻。

(3)检查泵轴承润滑情况,压载泵的地脚螺栓是否松动,有无妨碍泵运转的障碍物。

(4)检查电动机电线是否损坏,脱落;检查管路有无泄漏。

2. 压载泵的起动

(1)先起动 NO.1 压载泵,打开压载舱出口阀,及 V6、V27,关闭 V4、V5、V3 阀。

(2)按下起动器"START"按钮,打开 V3 阀,开始排出压载水。

(3)再起动 NO.2 压载泵,打开 V10,关闭 V7、V8、V9 阀。

(4)按下起动器"START"按钮,打开 V7 阀,开始排出压载水。

(5)起动压载泵后,检查压载泵电流,刚开始排出时,因为水位较高,电流值一般偏小,排出速度较快。随着水位下降,电流值逐渐增加到额定值。

(6)检查压载泵出口压力,一般应保证出口背压在 0.1MPa 比较合适。

(7)检查压载泵填料密封情况,如果泄漏较大,上紧填料压盖,如果压盖上到底了,需及时更换填料。应保证填料处有适当漏水(每分钟 7~8 滴左右),以防填料烧毁。

(8)当压载舱水位较低时,压载泵电流较小,可能电流不稳定,意味着吸入了空气,这时应该关小吸入阀;若关小吸入阀,排出压力还是不稳定,应停止压载泵,改用真空泵抽出剩余压载水。

3. 压载泵的停止

(1)先关压载泵排出阀(以防止高压液体回流)。

(2)按起动器"STOP"按钮,停泵。

(3)关闭相关阀件,如长期不用,应将泵内积水放空,防止冷冻。

(三)压载水系统的运行管理

1. 运行检查

(1)观察泵的密封填料处是否有泄漏,泄漏严重,应该上紧填料压盖,如压盖已经上到底了,应该更换填料;如无泄漏,应该松点压盖,避免烧填料。

(2)经常监听泵是否运转平稳,有无异常声音,观察吸、排压力、电流是否正常。

(3)检查轴承温度,一般不超 70℃。

2. 用真空泵排出压载水的步骤如下

(1)检查消防通用泵,处于备用状态。

(2)打开 V14、V12,关闭 V18、V19、V20、V22、V21 等阀。

(3)按下起动器"START"按钮,起动消防通用泵。

(4)打开 V21 阀,检查消防泵是否运行正常。

(5)等待真空泵真空下降到 30%~50%时,打开 V30 阀,开始用真空泵排出压载水。

# 思 考 题

1. 压载水泵在什么情况下需要封闭起动,什么情况下不需要封闭起动?
2. 起动大功率的压载水泵需要注意什么问题?

# 任务十一 舱底水系统操作与管理

## 一、操作目的

掌握舱底水系统的正确起动、停止操作过程和管理要点。

## 二、操作要素

（1）舱底水系统的起动程序；
（2）舱底水系统的运行管理；
（3）舱底水系统的停用程序。

## 三、操作设备状态

某轮舱底水系统如图 3-11-1 所示，需将污水井的污水驳到污水柜中。

## 四、操作步骤

(一)典型舱底水系统原理图

船舶舱底水系统主要由舱底水泵、舱底水管路、过滤器、油水分离器及有关阀件组成。舱底水系统的作用是：根据船舶营运的需要，将全船舱底水收集到污水柜，随后通过油水分离处理后排出，达到清除船舶舱底积累的污油水的目的。图 3-11-1 所示为某轮舱底水系统中某部分。

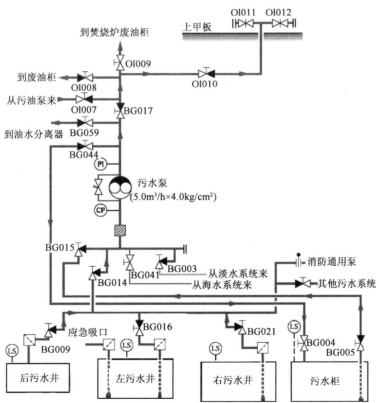

图 3-11-1　典型舱底水系统图

(二)污水泵起动与停用

1. 污水泵起动前准备

(1)起动前检查泵周围有没有障碍物,检查污水柜水位、污水井水位。
(2)检查泵齿轮箱油位是否正常;相关润滑部位是否润滑足够。
(3)检查各管路接头有无泄漏,电线连接是否正常,打开控制箱电源。
(4)检查污水井、污水泵前过滤器,必要时清洗。

2. 污水泵起动

(1)如需将右污水井的污水打入污水柜中,首先打开 BG044、BG004、BG021;关闭 BG059、BG017。
(2)打开 BG041,适当引水,起动污水泵。切忌排出阀未开的情况下起动往复泵。
(3)关小 BG041,观察吸入真空表,若有 -0.02~0.05MPa 的真空,则打开 BG014,关闭 BG041,开始正常工作。
(4)排出污水期间,应注意观察污水井液位,尽量避免吸空。若系统中进入空气,下次起动时要先抽空。

3. 污水泵停止

(1)污水井快吸空时,停污水泵。
(2)关闭 BG021、BG014、BG044、BG004 等相关阀门。

(三)舱底水系统运行管理操作

1. 泵的运行检查

(1)注意检查污水泵有无异常的声音;各管路有无泄漏情况。
(2)注意检查污水泵吸入真空表,若真空度过大,说明滤器有堵塞,应清洗滤器。
(3)注意检查污水泵排出压力表,正常时应有轻微的波动。若波动太大,可能是排出阀箱稳压阀故障;若排出压力过低,在关小阀门的情况下,压力也没有明显上升,这可能是吸入管路有漏气,管路进了空气,没有污水排出;也可能是活塞环过度磨损,污水泵内漏严重。

2. 其他检查

(1)注意检查污水柜、污水井的水位,尽量不要吸空,避免管路进入空气。
(2)若将污水通过油水分离器排出舷外时,应注意油水分离器的工作状况。打开油水分离器 15PPM 警报器,按照油水分离器操作的要求操作。污水柜的水位不要抽得太低,防止抽到太多的油。

## 思 考 题

1. 分析舱底水泵没有真空度的常见原因有哪些?
2. 舱底水泵为什么通常采用活塞式往复泵?

# 任务十二　活塞式空气压缩机的操作与管理

## 一、操作目的

掌握船舶活塞式空气压缩机的正确起动、停止操作过程和管理要点。

## 二、操作要素

（1）活塞式空气压缩机的起动操作；
（2）活塞式空气压缩机的运行管理；
（3）活塞式空气压缩机的停止操作。

## 三、操作设备状态

TANABE H64 型活塞式空压机，目前停止，现在需要起动。

## 四、操作步骤

（一）典型空气压缩机系统原理图

活塞式空气压缩机是船上重要的动力设备，通常是船舶原始动力的来源。主要产生动力空气用于起动主机、辅机；控制空气用于主机、辅机、锅炉的控制系统；日用空气用于汽笛、清洁、焚烧炉、化粪池等。TANABE H64 型活塞式空压机系统原理如图 3-12-1 所示。

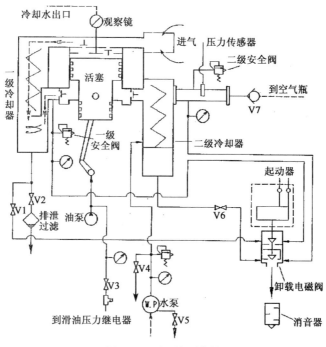

图 3-12-1　空压机系统图

(二)空压机起动、停机操作

1. 空压机起动前准备

(1)检查曲轴箱油位是否在油位观察镜两刻度之间。如果油位太低会造成润滑不良,甚至使轴承烧毁;而油位过高飞溅量太大,使耗油量和耗功增加,且过多的油量窜入气缸不仅影响空气质量,而且导致积炭过多,易使气阀和活塞环失灵。

(2)如果低压级气缸采用滴油润滑,起动前油杯中的油位应不低于1/3,并将滴油量调至每分钟1~2滴。

(3)打开V2,排泄一级冷却器凝水,随后关闭V2,打开V1、V6阀。

(4)关闭起动器电源,并锁定。用盘车杆盘车2~3转,检查运动部件是否灵活、有无卡阻等异常现象。检查完毕,打开起动器电源。(注意:切不可带电转动空压机)

(5)观察冷却水观察镜,确认有水流动。

2. 卸载起动操作

(1)开启空气瓶的截止阀,按下起动按钮,观察空压机有无异常震动、噪声等;观察电流表,此时电流应该比较小;观察滑油压力是否达到规定值。

(2)观察卸载电磁阀是否打开,卸载时间到后,是否及时关闭,同时空压机电流恢复到额定电流值,空压机投入正常运转。空压机会定时自动卸载,时间可在起动器内调整。

(3)空压机运行中,应观察压力表读数,仔细倾听有无异常声音,系统有无漏气。注意观察水位观察镜是否有水流过,若无水,应立即停机,查明原因。

3. 停机

当空气瓶压力达到上限时(3.0MPa),空气压缩机会先卸载,随后自动停机。若需手动停机,先打开卸载阀卸载,然后按下"STOP"按钮,空压机停机。停机后关闭相应阀门。

(三)运行中的管理

1. 运行检查

(1)检查高低压及排出压力表是否正常工作,读数是否在规定值内,因为工作中各级排气压力是随空气瓶的压力升高而逐渐升高。检查各级压力比分配是否均匀,工作压力是否低于额定值。可根据各级压力判断一级、二级进排气阀的工作状况。

(2)检查曲轴箱滑油液位,应保持在1/2~2/3。检查中若发现油位增高或滑油乳化,应停机查明原因。检查润滑油的温度和压力,当吸入空气温度低于45℃时,水冷空压机滑油温度应不超过70℃。油压应保持在规定范围之内(0.15~0.30MPa),不得低于0.1MPa。

(3)观察各级气缸的排气温度,一般水冷式空压机的排气温度应不超过160℃。

(4)检查水位观察镜,一旦发现压缩机供水中断,应立即停车查明原因,一般空压机冷却水进、出口温差不超过13℃。定期开启冷却器和液气分离器下部的泄放阀,排放残油和冷凝水,以免其进入空气瓶。

(5)检查空压机与电动机的振动情况,地脚螺栓是否松动,空压机管系接头密封性。

(6)检查一级润滑油杯中的油位应在规定范围之内,油位应不低于1/3,并将滴油量调至每分钟1~2滴。检查泄放阀排出水液,应在水面虽能看到油渍,但是用手捻又无油腻,否则意味着过多的润滑油进入气缸,应减少滴油量。

2.运行注意事项

运行中,切不可打开加油孔,不可将物体靠近空气吸口。

## 思 考 题

1.若中间压力太高或太低,试分析原因。
2.空气压缩机为什么要卸载起动?
3.为什么吸气滤网处要有润滑油加入?

# 任务十三　分油机的操作和运行管理

## 一、操作目的

掌握船舶燃油分油机的正确起动、排渣、停车操作程序和管理要点。

## 二、操作要素

(1)分油机起动前的准备;
(2)分油机起动、分油、排渣操作;分油机的运行管理;
(3)分油机的停车操作。

## 三、操作设备状态

三菱 SJ50G 燃油分油机,当前停止状态,现需起动分油。

## 四、操作步骤

(一)典型燃油分油机的系统原理图

离心式分油机是船舶油处理的重要设备,其工作原理是:未经净化分离的燃油由纯油、水分和机械杂质组成,它们密度不同,从小到大依次为纯油、水、机械杂质。如果把燃油置于高速回转的分离筒中,燃油随同高速回转,燃油中的纯油、水分和机械杂质所产生的离心惯性力不同,就会沿着离心力的方向分层。机械杂质在最外圈;纯油汇聚在转轴附近;水分则位于两者之间。离心分油机可以缩短燃油净化时间,提高净化效果。分油机系统原理如图 3-13-1 所示。

船舶动力装置拆检与操作

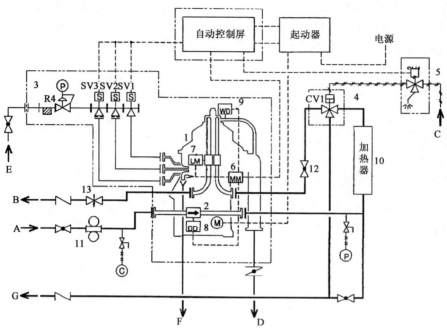

图 3-13-1 典型燃油分油机系统图

1-分油机;2-齿轮泵;3-操作水电磁阀;4-气动三通阀;5-三通电磁阀;6-检测器;7-泄漏检测;8-排渣检测;9-水分检测(选配);10-加热器;11-过滤器;12-流量控制阀;13-压力控制阀;A-脏油进口(沉淀柜来);B-净油出口(到日用柜);C-压缩空气进口;D-油渣和水出口;E-水进口;F-排泄口;G-循环出口(到沉淀柜)

(二)分油机起动、排渣、停止操作

1. 起动前准备

(1)根据分水或分杂正确装配分离筒,即分水用比重环,分杂用橡皮环。

(2)根据油的比重选择合适的比重环。

(3)检查齿轮箱上制动器(加快分油机停止的装置)和止动器(用于分油机检修时固定分离筒的装置)是否已经松开或退出到位。

(4)检查齿轮箱的油位和油质。油位应保持在规定范围内(一般在油镜刻度的1/2到2/3),油质不好(例如由于水泄漏引起的油质严重乳化)应换新油。

(5)检查控制空气、淡水供应管路,各阀件启闭正确。

(6)检查沉淀柜、日用柜的油位、油温是否正常;打开各油柜到分油机系统的进、出油阀,及阀12、13。

(7)检查加热蒸汽系统是否正常,关闭蒸汽进口阀,打开蒸汽泄水阀。

(8)检查控制箱电源是否正常,打开控制箱电源。在电气设备检修后,应检查电动机转向。分油机进、出油方向已定,加之分离筒内锁紧装置方向已定,绝不可反转。

2. 分油机手动起动

(1)起动分油机,观察电机起动过程中有否卡阻。待分油机转速达到额定转速,此时运转声音平稳,电流指示比额定工作电流(电流表上用红点标出)稍低,可开展后续工作。

(2)打开燃油加热器的蒸汽进口阀,并正确设定加热温度,一般重油设定在 95~98℃,滑油设定在 80~85℃。

(3)打开 SV3,等待约 15S 后,观察电流正常,证明活动底盘已经密封到位。

(4)打开 SV1,观察出水口,直到有水流出,证明分离筒已注满水。此时若排渣口有水流出,证明活动底盘没有密封好,应关闭 SV1,重复步骤(3),若还不行,应查明原因。

(5)打开 SV2 约 3~5s 后,听到"砰"的声音,分油机电流增大,证明排渣正常。

(6)等待分油机转速恢复正常,电流指示比额定工作电流稍低。

(7)重复步骤(3)、步骤(4)。

(8)操作气动控制阀 5,打开气动三通阀 4(CV1),开始进油。打开三通阀操作应缓慢,防止冲击导致"跑油"。

(9)检查各压力表(传感器)、温度表(传感器)显示正常;出水口、排渣口没有跑油现象;分油机马达电流指示在额定值;控制面板没有报警,即可进入正常分油作业。

3. 分油机自动起动

(1)执行手动起动分油机步骤(1)、(2)。

(2)检查燃油温度,达到设定值后,直接按下自动控制面板上的起动按钮,分油机将按程序执行密封活动底盘、进水封水、排渣等,最后自动进入分油作业。

4. 分油机的排渣操作

(1)操作气控电磁阀 5,关闭气动三通阀 4(CV1),停止进油。

(2)打开 SV1,将置换水引入分离筒,以置换分离筒内残油,当净油出口管中无油流出时表明已置换完成;关闭 SV1。

(3)打开 SV2 约 3~5s 后,当听到"砰"的声音,电流增大时,即表明已排渣。

(4)执行起动操作(6)、(7)、(8)、(9)。

5. 停止分油机

(1)关闭燃油加热器蒸汽进口阀。

(2)操作气控电磁阀 5,关闭气动三通阀 4(CV1),停止进油。

(3)打开 SV1,将置换水引入分离筒,以置换分离筒内残油,当净油出口管中无油流出时表明已置换完成;关闭 SV1。

(4)打开 SV2 约 3~5s 后,当听到"砰"的声音,电流增大时,即表明排渣结束。

(5)按下分油机停止按钮,停止分油机。

(6)关闭控制系统电源,关闭淡水控制阀、控制空气阀、燃油系统各阀。

(三)分油机运行中的管理

1. 分油机运行检查

(1)检查齿轮箱油位和油质。如发现油液发白,说明滑油可能已被乳化,应予更换。

(2)检查齿轮油泵填料函处的密封是否良好,有无泄漏现象。

(3)检查分油机转速是否正常,一般通过观察电流表确定转速,正常分油时应在额定电流下工作。

(4)检查电动机的工作温度是否正常。

(5)检查分油机运转是否平稳,如有异常振动或噪声应立即停车检查。

(6)分油机运行中,应定时查看各油、水、渣观察孔,以便确定分油机的状况。出水观察孔不应该有油出现,否则说明"跑油";排渣口不应有油或水流出,否则说明分离筒密封不良,必须停机检修。

2.分油机参数控制

(1)分离重油时,保持适宜的加热温度以降低黏度。一般重油分离温度为 95~98℃;滑油的分离温度为 80~85℃。

(2)保持最佳分油量。分离重油一般取分油机额定分油量的 50% 为最佳分油量;分离滑油,通常取分油机额定分油量的 1/3 为最佳分油量。

(3)正常分油时,净油出口应有一定的背压。在自动控制模式下,若装有压力感应器,出油口感受不到压力,分油机将按照"跑油"处理,自动停止运转。

## 思 考 题

1. 什么叫分油机的"跑油"? 分析跑油的可能原因。
2. 分油机起动时,为什么要注意电流表的变化?
3. 根据自己的理解,做出分油机自动排渣的逻辑程序图。
4. 如何正确地选择比重环?

# 任务十四 液压系统图的识读

## 一、操作目的

掌握液压系统图中常见符号代表的含义;理解液压系统的功能及系统工作原理。

## 二、操作要素

(1)系统图符号含义;
(2)系统图工作原理。

## 三、操作设备状态

舵机液压系统图和克令吊液压系统图各一张。

## 四、操作步骤

学生根据指定一个液压系统图指出各符号的名称、含义,并讲述系统图工作原理。

(一)液压系统图的组成

甲板机械通常采用液压系统,包括舵机、起货机、锚机、绞缆机等。正确识读液压系统原理图是检修液压甲板机械的基础,其主要组成部分为:

(1)动力元件:液压泵,其功用是将机械能转换为液压油的压力能(液压能)。

(2)执行元件:液压缸或液压马达,其功用是将液压能转换成工作部件运动的机械能。

(3)控制元件:各种液压控制阀,其功用是控制液压系统中液压油的流向、流量和压力,以满足工作部件对运动方向、速度和输出力(力矩)的要求。

(4)辅助元件:油箱、滤器、蓄能器、压力表、热交换器、油管与连接和密封件等。

(二)液压系统图常见符号及名称(表3-14-1)

**液压系统图常见符号**　　　　　　　　　　　　　　　表3-14-1

| 符号 | 名称 | 符号 | 名称 | 符号 | 名称 |
|---|---|---|---|---|---|
|  | 单向阀 |  | 液控单向阀 |  | 双向液压锁 |
|  | 三位四通Y型弹簧复位双作用电磁阀 |  | 三位四通O型弹簧复位液动阀 |  | 三位四通O型外控电液阀 |
|  | 或门阀 |  | 与门阀 |  | 溢流阀 |
|  | 减压阀 |  | 顺序阀 |  | 卸荷阀 |
|  | 不可调节节流阀 |  | 可调节节流阀 |  | 单向节流阀 |
|  | 普通型调速阀 |  | 温度补偿型调速阀 |  | 溢流节流阀 |
|  | 先导型比例溢流阀 |  | 先导型比例减压阀 |  | 先导型比例顺序阀 |
|  | 比例调速阀 |  | 比例溢流节流阀 |  | 比例流量型换向阀 |

续上表

| 符 号 | 名 称 | 符 号 | 名 称 | 符 号 | 名 称 |
|---|---|---|---|---|---|
| | 按钮式人力控制阀 | | 拉钮式人力控制阀 | | 按-拉式人力控制阀 |
| | 手柄式人力控制阀 | | 踏板式人力控制阀 | | 双向踏板式人力控制阀 |
| | 顶杆式机械控制阀 | | 可变形程式机械控制阀 | | 弹簧式机械控制阀 |
| | 滚轮式机械控制阀 | | 单作用电磁式 | | 双作用电磁式 |
| | 比例电磁式 | | 双比例电磁式 | | 加压或卸压控制 |
| | 差动控制 | | 液动式（外控） | | 二级（内控内泄） |
| | 电液式（外控） | | 液动式（内泄控制） | | 液动式（外泄控制） |
| | 电液式（外控外泄） | | 反馈控制 | | 直动型溢流阀 |
| | 先导型溢流阀 | | 先导型电磁溢流阀 | | 卸荷溢流阀 |
| | 直动型减压阀 | | 先导型减压阀 | | 定比减压阀 |
| | 定差减压阀 | | 直动型直控顺序阀 | | 直动型外控顺序阀 |
| | 先导型顺序阀 | | 单向顺序阀（平衡阀） | | 变向变量泵 |

续上表

| 符号 | 名称 | 符号 | 名称 | 符号 | 名称 |
|---|---|---|---|---|---|
| t° | 温度计 | M | 马达 | | 浮子 |
| | 电气接线盒 | | 过滤器 | | 细滤器 |
| | 压力表 | | | | |

(三)液压系统图实例

1. 船舶舵机液压系统图

船舶舵机液压系统如图3-14-1所示。

2. 船舶起货机液压系统图

船舶液压起货机液压系统如图3-14-2所示。

图 3-14-1　　图 3-14-2

# 任务十五　液压甲板机械的起动与停用

## 一、操作目的

(1)掌握船舶液压甲板机械起动前检查要点；
(2)掌握液压甲板机械起动、停止操作要点。

## 二、操作要素

(1)按要求进行起动前检查；
(2)按要求进行起动并进行起动后的必要检查；
(3)停止液压甲板机械。

## 三、操作设备状态

功能齐全,可用液压甲板机械一台(本任务以克令吊为例讲解),现需投入使用。

### 四、操作步骤

1. 起动前检查

（1）外部检查,确认吊塔、吊臂周围无任何障碍物。

（2）检查各阀件是否处于正常工作位置,尤其油箱出口阀应打开。

（3）检查系统密封情况,确保油泵、油马达及管系无泄漏,各齿轮箱油位正常。

（4）检查油箱中的油位及油温,若油箱中油位过低,应补充到正常油位。如油温低于10℃时,应预热,预热时为了防止局部过热,应开启副泵使油循环,直到油温符合要求,当油温低于-10℃时禁止起动油泵。

（5）确认各润滑点的润滑油脂充足。

（6）检查电气设备是否完好。遇潮湿天气,合上电源对电控箱和主电机进行除潮。

（7）夏季起动液压甲板机械应先开启冷却水系统各阀,起动冷却水泵,并确保其正常供水;风冷系统应先打开通风盖板。

（8）检查刹车装置,若为弹簧刹车装置,应检查预紧力。

（9）确认发电机功率足够,不允许短接功率允许信号,防止发电机跳电。

2. 起动操作

（1）合上电源,在温度控制器上查看当前温度,确认低油温报警灯工作正常。

（2）若天气太冷,应关闭克令吊门窗,提前开启机房加热器对机房进行加热升温。

（3）将操纵杆放在中位,点动起动电机,使克令吊空循环运转。

（4）待低油温报警灯熄灭后,首先慢慢放低吊钩,解除吊钩固定钢丝。然后慢慢拉起吊臂,空载操作克令吊的各个动作,使管路系统中的液压油进行完整的循环。

3. 起动后的必要检查

克令吊正常起动后,若起动过程中出现无输出或有异常响声,应立即停止检查。

（1）注意检查液压系统中的泄漏情况。

（2）注意倾听油泵、油缸、油马达运转是否平稳,有无异常噪声。

（3）注意油温,一般在30~50℃范围内,最高不超过60℃。起货机、锚机等在露天作业,环境温度较高,规定最高温度不超过85℃

（4）注意油箱油位,防止油泵吸空,并检查滤器的状态。

（5）注意电气控制箱或连锁的换向阀工作是否灵敏可靠。

（6）注意热交换器的工作性能。

（7）注意检查油泵的油压,应在正常范围。

4. 停止液压甲板机械操作

（1）取消吊臂下限连锁保护,操作手柄,缓慢放下吊臂,将吊臂放置在支架上;缓慢放下吊钩,挂上吊钩固定钢丝,然后微微拉紧吊钩。

（2）操作手柄置于中位,停止电机,对机械设备、油泵机组和管路系统等全面检查,以观察因运转而引起的缺陷或故障。

(3)用干净的抹布擦拭油缸外露部位,除去污物,涂换新的润滑油。
(4)关闭油箱出口阀,观察液位及液压油的质量,检查滤器,必要时清洗滤器。
(5)检查各紧固件螺栓紧固情况。
(6)关好各部分门窗,关闭电源,注意防止电机受潮。

## 思 考 题

1. 如何判断液压油的油质好坏?
2. 简述液压甲板机械各限位开关的功能及原理。

# 任务十六  液压系统的日常管理

## 一、操作目的

掌握船舶液压甲板机械的加油操作,冷却器清洁及管理要求,过滤器的清洗操作。

## 二、操作要素

(1)系统的油位及相关润滑点的维护保养工作;
(2)正确对系统冷却器和滤器清洁;
(3)制动功能的检查与调整;系统的功能试验。

## 三、操作设备状态

功能齐全,可用液压甲板机械一台(本任务以克令吊为例讲解),正在运行中。

## 四、操作步骤

(一)系统油位检查及加油

1. 油箱油位检查
(1)检查油箱油位,泵停止时,油位应在高位。
(2)泵运转时油箱内油位应保持在油箱2/3左右,泵的吸入管口与系统回油管口必须插入最低油面之下,以免发生吸空和回油冲溅产生气泡。

2. 加油操作注意事项
(1)有正吸高的泵应防止吸入管泄漏和吸入滤器堵塞,闭式系统应有足够高的补油压力,防止低压管路漏入气体。
(2)检修后,初次充油时应耐心驱除系统中的空气。充油时系统进油速度不宜太快。阀控型闭式系统通过高置油箱向系统充油固然不错,但若将空的系统灌满要花很长时间。可以先关膨胀油柜通泵进口的管路上的截止阀,拆下马达控制阀顶盖(该处一般在系统中位置最高),用手摇泵加油。泵控型系统可用手摇泵、辅泵或以小排量工作的变量主泵等向系统充油。加油时系统最高处各放气旋塞、压力表接头等均应松开,直至流出不含气泡的整股油流时再上紧。然后用手转动液压泵(如果太费力可用绳在联轴节上绕一圈帮助转),让留在系统中的空气随油移动,再在各放气旋塞处放气,耐心地重复多次,直至流出的油不再有气泡为止。即使这样仍会有空气残留在系统中。这时可瞬时起动液压泵电机(变量泵在小排量位置)3～5秒即停(阀控型装置应有人在控制阀旁,当停电瞬间将手柄扳向绞起方向,让马达转一下),然后再在各处放气。重复这种操作,并改换排油方向,直至任何部位都放不出气体为止。千万不要在确认空气放尽前使泵大流量、长时间运转,因为空气与油搅混后便不易除尽。

(3)加油时,应停止液压泵,避免搅动太厉害而使空气进入系统;加油时不应在很高的地方直接将油倒入油箱,避免冲击液体太剧烈而使空气进入系统,最好是顺着油箱壁面加油;加油后若发现油中有气泡,应等气泡消失后再使用吊机,因此,除非必要,液压系统的加油一般都是在使用吊机之前加好,避免正在使用中发现缺油而补油。

(4)加油时必须经过滤网加油,防止污染物进入油箱。

3.相关润滑点的维护保养工作

(1)定期对各润滑脂注油点加油,加油时,需一直加到有新油挤出,然后擦掉挤出的旧油。

(2)定期对回转齿轮、开式齿轮、各铰链的关节处加油,防止咬死或过度磨损。

(3)定期对钢丝加钢丝油。

(二)正确对系统冷却器和滤器进行清洁

1.冷却器清洗操作

(1)关闭冷却器冷却水进出口阀,打开冷却器泄放阀放空内部冷却水;

(2)拆掉两侧端盖;

(3)用管刷逐根清理冷却管束,用清水冲洗冷却管束;

(4)检查密封垫片,换防腐锌块;

(5)装复端盖,接通冷却水管,通水放气,检查是否有泄漏。

2.滤器清洗操作

设有压差指示的滤器,可按压差增加的限度清洗或更换滤芯。液压系统在稳定工作期时,清洗或更换滤芯的周期大约为1000h(新装或大修后初次使用要短得多)。没有工作小时记录的,一般半年至一年内应检查、清洗一次。发现滤芯上有金属碎末或磁芯上有较多铁末时应特别警惕,这可能表明系统内液压泵或马达有部件损坏。清洗操作步骤如下:

(1)关闭滤器进出口截止阀;

(2)拆下滤器压盖,抽出滤芯;

(3)在洁净轻柴油(煤油)中清洗滤芯并吹干;

(4)用挥发性溶液清洗滤芯,待挥发后装复;

(5)开启进出口阀放气,检查有无漏泄。

**注意**:若为纸质滤芯,只能换新,无需清洗。

3. 拆检滤器的注意事项

(1)拆卸时,应先关闭相关阀门,打开泄放阀,注意油的收集,防止拆开后溢出造成污染。一般拆卸时应对角卸螺栓,不可一个螺栓拆掉后再拆一个,应先都松了,确认没有油流出后,再取掉螺栓。

(2)清洁时可先用轻柴油或煤油清洗,清洗后必须用压缩空气吹干净。

(3)装复过程中防止污物带入系统,装复时,注意密封垫片必须装好,对角上紧螺栓。

(4)组装完毕必须对系统彻底放气。

(三)制动功能的检查和调整

1. 克令吊制动的类型

用液压马达作为执行机构的克令吊,都设有靠弹簧力刹车、液压松刹车的常闭式制动器。低速马达用摩擦带式制动器;高速马达用多片摩擦盘式制动器。

2. 刹车机构效能测试与安全阀的调整

(1)关闭刹车油缸控制油管截止阀(没有截止阀的可脱开控制油管并设法将其封死)。

(2)使控制手柄稍稍偏离中位(起重或变幅手柄应向升起方向)。

(3)观察工作油压升至设定值时安全保护阀件应起作用(泵控式通常是使主泵变量机构回中,阀控式是使主油路旁通至低压侧),限制工作油压继续升高。

(4)液压力应能在安全阀开启前顶开液压马达制动器,否则需更换或调整刹车弹簧预紧力。

(5)若安全阀调定值不符合要求,应重新调整。

(四)克令吊系统的功能试验

1. 测空载/重载时的最大工作速度

最大工作速度是指操纵手柄在最大偏角时克令吊的工作速度,据以判断系统工作能力和容积效率。

克令吊说明书一般都有对吊重、变幅、回转的速度要求。例如 G2526 型赫格隆克令吊的吊钩起升速度:轻载档(0~10t)50m/min;重载档(0~25t)30m/min;变幅时间(从低位升至高位)53s;回转速度 0.5r/min。

2. 变幅、回转时间

可以只测吊钩空载工况,因为回转系统负荷主要是转动机构的摩擦力,变幅系统负荷主要是吊臂重力产生的力矩,受吊重的影响有限,而且,船方最关心的是吊重速度。

3. 吊重速度

可在吊钩上挂一根细缆绳(每隔1m做一标记),用秒表测算。我国的《起重设备法定检验技术规则(1999)》并无对速度的要求,只要求:慢速起升,试验负荷是安全工作负荷的 1.25 倍(至少1.1倍);能可靠制动,空中悬挂时间不少于5min。

**4. 检查限位机构的效能(限位原理参见任务十七)**

液压克令通常有以下限位保护,应定期检查,若无法达到规定要求,应尽快查明原因并修复:

(1) 吊臂在最大仰角时限制仰起,到达最大仰角之前应先减速;

(2) 吊臂在允许的最低仰角时限制俯下(卸去吊钩上的载荷后,扳动解限开关,才能将吊臂放平),到达最低仰角之前先减速;

(3) 吊钩升至接近吊臂前端(有的是吊臂抬起而变幅绞车钢索松弛),限制继续升起吊钩或俯下吊臂,到达限制之前先减速;

(4) 吊钩放低至甲板以致起重绞车钢索松弛(有的在起重卷筒钢索接近放空时),限制继续放低吊钩,到达限制之前先减速;

(5) 若吊臂可能碰到驾驶台还有左/右转动限位。

## 思 考 题

1. 简述液压克令吊刹车系统工作原理及调整方法。
2. 简述清洗滤器的注意事项。
3. 若克令吊起动时,噪声较大,试分析原因。

# 任务十七  液压甲板机械的操作与调整

## 一、操作目的

掌握液压甲板机械工作压力的调整方法及保护装置的调整。

## 二、操作要素

(1) 系统工作压力的检查及调整;
(2) 系统相关限位、保护装置的参数调整。

## 三、操作设备状态

赫格隆液压甲板克令吊,正常使用中,需检查工作压力及保护装置。

## 四、操作步骤

(一) 系统工作压力的检查及调整

现以 SP 型赫格隆液压泵的压力调整方法为例:

补油压力、控制压力、高压溢流阀和压力补偿阀在出厂前已经预先调好,通常不需要再做调节。压力的调整一定要根据说明书中的压力值来调整,这些压力应该在系统处于工作温度下,并且在工作期间调整。注意:对不同的液压油黏度,压力可能不同。

1. 补油压力的调节

使液压泵的斜盘倾角超过50%,给执行机构加载,使工作压力值大于100bar。松开锁紧螺母,然后用内六角扳手通过调节设定螺钉来调节补油压力到需要值。补油压力的标准设定值是15bar。压力数值可根据补油压力表测得。调整完后,拧紧锁紧螺母。

2. 控制压力的调节

控制压力的数值可以通过控制压力表测得,应该在泵处于中位时(斜盘倾角为零),将控制压力设定到30bar。

松开锁紧螺母,然后用内六角扳手,通过调节设定螺钉来调节控制压力到需要值。在液压泵处于中位时,通过在相应的控制油压力表测得压力值 $P_n$。在液压泵的斜盘倾角超过50%时,通过控制油压力表测得压力值 $P_s$。根据泵规格的不同,$(P_n - P_s)$ 的范围在 5~12bar 之间。调整完后,拧紧锁紧螺母。

3. 压力补偿阀的设定

松开锁紧螺母,然后用内六角扳手,通过调节设定螺钉来设定。压力补偿值设定时应该关闭主油口或执行机构。根据技术文档的参数设定压力补偿值的大小,最大350bar。测量高压溢流压力表和低压溢流压力表的压力值。

4. 高压溢流阀 A 侧和 B 侧的设定

根据高压溢流阀的设定值来设定补偿压力(参见第3点的内容),这样做是为了使高压溢流阀的设定能够达到足够的压力。松开锁紧螺母,然后用内六角扳手调节设定螺钉。液压泵带负载情况下(全部关闭或部分关闭主油口或执行机构),增大高压溢流阀设定值,直到泵的斜盘开始有输出。根据技术文档的参数设定值的大小,最大390bar。油口完全关闭时斜盘倾角应低于3°,测量高压溢流压力表或低压溢流压力表的压力值,设定值应该比补偿压力值高40bar。

注意:对高压溢流阀的调节应该在压力补偿阀调节之前完成。

(二) 系统相关保护装置的参数调整

1. 吊臂和吊钩的限位

在吊臂和吊钩油马达的一端,分别装有传感器控制箱,它将实际滚筒位置转化为角度信号。从空滚筒到盘满钢丝绳为止,传感器最大转动角度为360°。这样传感器输出信号就表示了钢丝绳从滚筒松出的实际长度,再将此信号送到克令吊的控制箱以此来限制吊臂和吊钩的实际位置,以及吊臂和吊钩在越过某一位置时的移动速度。

(1) 起吊限位调整

如图 3-17-1 所示,$R$ 表示吊臂半径,它是从克令吊回转中心算起;$H$、$K$ 表示吊钩的升起高度,从吊臂轴承中心算起。TL25型克令吊吊臂的最大半径 $R$ 是 24m,最大起升高度 $H$、$K$ 分别是 6m 和 24m。将吊臂转到相应的角度,分别将吊钩放在最高、最低位置,松开传感器控制箱内限位凸轮的锁紧螺栓,转动该凸轮,调整到相应的位置,所有凸轮调整到正确位置后,上紧锁紧螺栓。进行操车试验,进一步确认限位位置的正确性。

(2)吊臂限位位置

TL25 型克令吊吊臂的限位位置,如图 3-17-2 所示,共有 5 个限位点,分别代表:GD1——吊臂停放位置,即航行时,吊臂的固定位置;GD2——吊臂下限位置,即到达此位置时,吊臂自动停止;GD3——吊臂下移时的速度限位,即越过此位时,速度降至25%的正常速度;GD4——吊臂上移时的速度限位,即越过此位时,速度降至25%的正常速度;GD5——吊臂上限位置,即到达此位时,吊臂自动停止。

传感器控制箱内,从上到下有 5 个限位凸轮,与上述 5 个限位点对应,用来触动限位调节开关。GD1 到 GD5 对应位置如下:GD5——此时吊臂半径最小,$R = 3.4 \text{m}$;GD4——此时 $R = 3.4 + 3 = 6.4 \text{m}$;GD3——此时吊臂半径最大,$R = 24 \text{m}$;GD2——此时 $R = 24 - 1.5 = 22.5 \text{m}$;GD1——此时吊臂的固定位置,根据船舶结构而定。

(3)吊钩限位位置

测量吊钩限位位置前,应将吊臂起升至上限位置,即图 3-17-2 的 GD5 位置,此时吊臂半径最小($R = 3.4 \text{m}$),如图 3-17-3 所示。吊钩共有 4 个限位点,它们与传感器控制箱内的限位凸轮对应,分别代表:GE1——吊钩下限位置,$K = 24 \text{m}$;GE2——吊钩下移时的速度限位,即越过此位时,速度降至25%的正常速度。$K = 24 - 2.5 = 21.5 \text{m}$;GE3——吊钩上移时的速度限位,即越过此位时,速度降至25%的正常速度,$H = 6 - 2.5 = 3.5 \text{m}$;GE4——吊钩上限位置,$H = 6 \text{m}$。

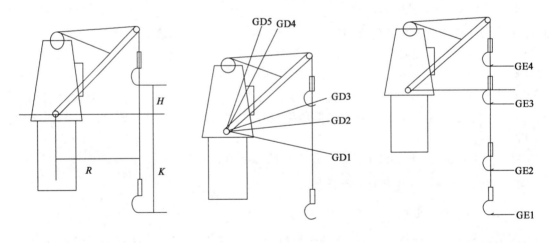

图 3-17-1　起吊限位调整　　图 3-17-2　吊臂限位调整　　图 3-17-3　吊钩限位调整

2. 松绳保护

正常工作时,吊臂和吊钩的钢丝绳处于拉紧状态。如果当吊钩已经到达甲板,还继续松吊钩,就会使吊钩钢丝绳处于松弛状态;或者当起升吊钩时,如果吊钩碰到吊臂还继续起升吊钩,就会使吊臂钢丝绳处于松弛状态。

TL25 型赫格隆克令吊装有松绳保护装置。当钢丝绳松弛时,松绳保护装置上的弹簧迫使滚轮移动,触动限位开关动作,使油泵马达回到零位,起到松绳保护的作用。

## 思 考 题

1. 简述液压克令吊压力调整程序。
2. 简述液压克令吊吊臂、吊钩限位的目的是什么？其是如何实现限位保护的？
3. 简述液压克令吊有哪些保护措施？

# 任务十八　油水分离器的操作与运行管理

## 一、操作目的

掌握船舶油水分离器的正确起动、停止操作程序和管理要点。

## 二、操作要素

(1) 油水分离器的起动、停止程序；
(2) 油水分离器的运行管理要点。

## 三、操作设备状态

USC-20 型油水分离器停止状态,需起动操作。

## 四、操作步骤

(一) 油水分离器的系统原理图

船用油水分离器是指在船上用于处理机舱舱底污水的设备,经过处理的污水含油量能达到国际公约《MARPOL73/78 公约》所要求的排放标准,是船上极其重要的防污染设备。船用油水分离器一般分两级,一级重力粗分离,二级过滤细分离。船用油水分离器典型系统如图 3-18-1 所示。

(二) 油水分离器起动操作

1. 排出污水前准备

(1) 检查油水分离器各管系是否有泄漏,紧固是否良好。
(2) 检查油水分离器供电,打开电源,给水泵、自动排油系统、油分浓度检测器供电。
(3) 打开从污水泵到出海阀之间所有的阀门 V7、V18；关闭油水分离器排泄阀 V6、V8、V19。
(4) 打开清洁水充注的止回阀 V9、V3,在二级分离室的底部,用干净的海水或淡水充满油水分离器,同时打开第一级和第二级的测试阀 V1、V2,排出空气,同时打开油水分离器顶部的放气阀。

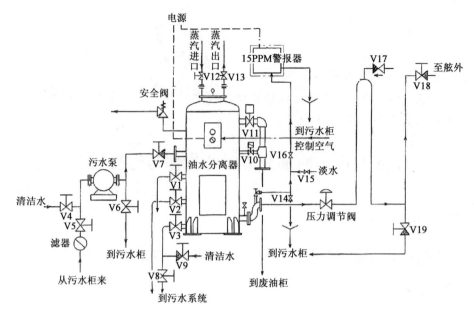

图 3-18-1 典型油水分离器系统

(5)打开 V4 阀,起动污水泵,观察油水分离器或管路上是否有泄漏,发现泄漏,应及时排除。测试运行期间,用海水循环。

(6)打开油分浓度检测器电源,打开 V16,关闭 V14,检查 15PPM 警报器是否正常工作:按下"check"按钮,应发出警报。观察 15PPM 警报器,显示 1PPM 以下为正常。

2. 排出污水

(1)确认 15PPM 油分浓度警报器正常工作。

(2)打开 V5,关闭 V4,污水进入油水分离器,开始排出污水。

(3)检查各仪表的读数是否正常。泵出口压力不能太高,安全阀整定值为 0.26MPa,排出管压力值应在 0.05~0.1MPa。如果泵出口压力值超过规定值,应检查管路是否堵塞;如没有,则表明分离筒太脏,应用清水冲洗或更换分离器滤芯,或彻底清洗分离器。

(4)将控制箱上的排油开关切换到"手动"位置上,手动开启排油电磁阀 V11,观察排油电磁阀动作是否正确。此时,排油信号灯亮,排油电磁阀处于开启状态。正常后将开关置于"自动"位置。

(5)确保 15PPM 警报器持续正常工作,显示 15PPM 均正常。

(6)如果水温比较低,可以开启蒸汽阀 V12、V13,对污水适当加热,提高分离效果,但温度不宜超过 60℃。

(7)开始正常排出污水操作。

3. 停油水分离器

(1)当含油污水处理完毕后,打开 V4,关闭 V5,用海水冲洗油水分离器。

(2)用清水冲洗期间,手动打开排油电磁阀 V11 和二级手动排油阀 V10,尽量排空油水分离器内部集油。

(3)连续运转15min后停泵,并关闭装置所有进出口阀,关闭加热装置。
(4)油水分离器停止工作后,打开V15,用淡水冲洗15PPM警报器5min。
(5)关闭所有阀门、电源。装置停止工作后,其内部应该充满清水,以备下次起动。

(三)油水分离器运行管理

1. 油水分离器运行检查

(1)应注意避免油水分离器超负荷运行,导致分离效果降低。油水分离器是否超负荷运行,可以通过低位检验旋塞V2来检查,当打开低位检验旋塞有油流出时,应该立即打开V10排油。

(2)注意水泵吸入、排出压力:如果吸入真空太小,说明管路泄漏或内部泄漏太大,无法抽取污水,应该查明原因并修复;如果吸入真空太大,应清洗吸入滤器。如果排出压力太高,应清洗油水分离器。

(3)经常观察15PPM警报器运行是否正常。

(4)正常运行过程中,定时打开二级腔室手动排油阀V10,进行手动排油,防止二级腔室集油过多。

(5)当水温较低时(寒冷季节),污油黏度较大,应该将控制箱上加热开关打到自动位置,设定加热温度(最高不超过60℃)。

2. 排水含油量检查

经常开启排水管上取样考克V14,检查排水情况,取样时,开启取样考克,让其排水1min左右,然后用取样瓶取样,取样瓶应该用碱液或肥皂水反复清洗干净,确保无油迹。如果发现取样瓶内有油迹,表示油水分离器已经污染,应该立即停止工作并清洗。

3. 记录

每次使用油水分离器,应将使用情况记录到《油水记录簿》中。

# 思 考 题

1. 何为油水分离器超负荷?应如何避免超负荷?
2. 简述油分浓度15PPM警报装置的工作原理。

# 任务十九 造水机的操作和运行管理

## 一、操作目的

掌握船舶造水机的起动、停止操作程序和管理要点。了解造水机保养注意事项。

## 二、操作要素

(1)造水机的起动与停止操作;

(2) 造水机冷却水流量、蒸发海水水位、加热水量的调整;
(3) 造水机凝水抽出及凝水水位控制;
(4) 造水机的停止操作。

## 三、操作设备状态

主机定速航行后,参数稳定,需起动造水机。

## 四、操作步骤

(一) 典型造水机系统原理图

目前,海水淡化的主要方法有蒸馏法、反渗透法、电渗析法和冷冻法。船用海水淡化方法大多采用蒸馏法,这一方法是根据盐分几乎不溶于低压蒸汽这一原理,使海水蒸发汽化,然后再将所产生的蒸汽冷凝,将盐分分离出去,得到几乎不含盐分的蒸馏水。

图 3-19-1

船用造水机是远洋船、渔船等配置的海水淡化装置,所制淡水一般用于生活用水,动力装置用水,锅炉补水等。船舶常用的真空沸腾式海水淡化装置,其系统如图 3-19-1 所示。

(二) 造水机起动

1. 启用前的准备

检查下列各阀处于关闭位置:热水进出口阀、真空破坏阀、凝水泵出口阀、给水调节阀、排污阀、与大气相通的其他各阀。

2. 启动海水泵

(1) 全开海水泵进口阀,同时打开通舷外的阀。
(2) 起动海水泵,打开海水泵出口阀(避免进入冷凝器和喷射泵的压力升高太快)。
(3) 检查喷射泵进口压力大于 0.4MPa。冷凝器空气出口阀功能正常(船舶空载时,该阀打开,进空气,避免冷凝器产生虹吸现象;满载时,如果有气体,可以通过该阀排气)。

3. 开供给水

打开给水调节阀,调节给水压力在 0.04~0.06MPa。如果给水压力太低,慢慢关小冷却水出口阀,调高给水压力。注意:冷凝器的背压必须调节到低于 8mAq($mmH_2O$)。

4. 起动化学投药系统

5. 检查蒸发器的真空度

蒸发器的真空压力一般在 -0.092MPa。

6. 进加热水

(1) 慢慢打开缸套水进口阀,直到全开;
(2) 通过加热器外壳上的放气阀,彻底释放加热器壳内的空气;

(3)缓慢打开加热出口阀,直到全开;

(4)逐渐关闭热水旁通阀,调节加热水量。调节热水量使缸套水经过造水机的进、出口温差在6～9℃内。注意:

①由于在主机缸套水冷却系统中增加了一个"冷却器",水温会降低,应注意观察主机缸套水温度的变化;

②开始产汽后,通过阀调节加热水的流量,保持合适真空度。

7. 打开盐度计电源

8. 检查凝水产量

可通过凝水泵吸口管路上的玻璃镜观察凝水情况。

9. 起动凝水泵

当凝水水位达到冷凝器水位计半高时,起动凝水泵,打开凝水泵出口阀,调节出口压力在0.14～0.22MPa,要避免玻璃镜被液体充满,否则会影响冷凝器的换热面积。

10. 检查产水量

大约30min后,造水机开始稳定运行,在固定的时间间隔检查流量计,测定产水量。

调整给水量和真空度、加热量,使造水机在最大产水量下工作。

(三)运行中的管理

1. 给水流量和蒸发器水位控制

(1)调节给水,流量保证给水倍率为3～4为宜:给水倍率太低,结垢量增加;给水倍率太大,产水量减小。

(2)真空泵正常工作也是保持给水倍率合适的必要条件。

(3)给水倍率合适且排盐泵工作正常时:蒸发器内部水位应比上管板稍高;盐水水位太高会使产水含盐量增大,太低又使产水量减少。

2. 凝水泵流量和凝水水位的控制

(1)凝水水位一般维持在水位计1/2～1/3的高度。凝水水位太高,冷凝器中被凝水浸没的管束过多,将减少冷凝器换热面积;凝水水位过低,则凝水泵又会因流注吸高太小而产生气穴现象,甚至失吸。

(2)凝水泵是不允许在无水的情况下运转的,否则轴封就可能因发热而损坏。

(3)凝水水位取决于冷凝器单位时间的凝水量和凝水泵的流量,二者相等时水位就稳定。

(4)运行中凝水水位如不合适,可适当调节凝水泵出口阀开度来调节凝水泵流量。

3. 冷却水流量和真空度的控制

(1)船用真空沸腾式海水淡化装置的蒸发温度常控制在35～45℃范围内,相应真空度为90%～94%;有的蒸馏装置将蒸发温度定为45～60℃,相应真空度为80%～90%。

(2)装置真空度通过调节冷凝器冷却水流量及控制加热水流量来控制。一般冷却海水流量控制在冷却海水温升为5～6℃。真空度太低,海水沸点升高,会使结垢加剧,产水量减少;真空度太高,沸腾过于剧烈,使所产淡水的含盐量增加。

4.加热水流量和产水量的控制

(1)产水量靠调节进入加热淡水流量来控制。

如果关小旁通阀,增大加热水的流量,则加热淡水流经蒸发器的温降减小,产水量提高;反之,则淡水产量降低。

(2)加热淡水流经蒸发器的温降约为 6~9℃。

当船舶进入热带航区时,海水温度可达 30~32℃或更高,冷凝器的传热温差减小,冷凝能力下降,海水温度升高会降低真空泵的抽气能力,这都会使蒸馏器的真空度下降,这时可加大冷却水流量,以保持足够的真空度;或减小加热水流量,降低产水量,以免沸点高,结垢加剧。

当冬季海水温度较低时,为使真空度不致太高,可减小冷却水流量,或稍开真空破坏阀。不宜加大加热水流量使淡水产量超过设计值,以致造成盐水沸腾过于剧烈,汽流上升速度过快,致使所产淡水含盐量过高。

(四)造水机的停用

当船舶即将驶近港口时,这些水域海水可能受到污染,使所产淡水不合卫生要求,应停止海水淡化装置。装置停用步骤如下:

(1)缓慢打开缸套水旁通阀,直到全开,造水机产水量会下降。

(2)缓慢关闭缸套水进口阀,直到全关;关闭缸套水出口阀,直到全关。

(3)关闭凝水排出阀,停止凝水泵;停止化学投药系统;关闭盐度计。

(4)继续运行造水机海水泵至少 30min,彻底冷却加热器,加热器完全冷却后,全关给水调节阀。

(5)关闭海水泵出口阀,停止海水泵,关闭海水出口舷外阀,及其他相关阀门。

(6)打开蒸发器上面的真空破坏阀。注意:不要打开底部排污阀,否则加热器中的海水会喷出,损坏导流板。

## 思 考 题

1.调节加热水的供应会对主机淡水系统产生何种影响?操作时应注意哪些问题?
2.试分析造水机淡水产量下降的常见原因有哪些?
3.试分析造水机真空度太低的原因有哪些?

# 任务二十　空调装置的操作和运行管理

## 一、操作目的

掌握船舶空调装置的起动、停车操作程序和管理要点。

## 二、操作要素

(1)空调装置的起动操作(包括夏季工况和冬季工况);

(2)空调装置的运行管理(包括夏季工况和冬季工况);
(3)空调装置的停止操作(包括夏季工况和冬季工况)。

### 三、操作设备状态

运行正常的船舶空调系统,模拟降温和制热工况起动空调装置。

### 四、操作步骤

(一)船舶空调系统原理图

船舶航行于世界各海域,气象条件复杂,气候多变,为了使船员、旅客有一个舒适的生活、工作环境,现代商船一般都要配置空调系统。某轮空调系统如图3-20-1所示。

(二)船舶空调系统调节的要求

1.对空气质量的要求

船舶空调主要用于满足人们对工作和生活环境舒适和卫生的要求,属于舒适性设备。对温度湿度等空气条件的要求并不十分严格,允许在稍大的范围内变动,其要求如下:

图 3-20-1

(1)温度。

国际标准冬季19~24℃,夏季21~28℃;国内标准冬季19~22℃,夏季24~28℃。

(2)湿度。

人对空气的湿度并不敏感,夏季空调控制在40%~50%;冬季在30%~40%为宜。

(3)清新程度。

清新程度就是指空气清洁和新鲜的程度。仅从满足人对氧的需要出发,在2.4m³/h。

2.回风比调整的要求

采用较高的回风比,能节省空调能耗,但空气品质会变差。用新风和回风进口风门开度来调节回风比,一般在空调装置安装后初次调试时已经调定,并做有标记。日常运行中可参照以下情况调整:

春、秋季单纯通风工况可用全新风;在外界空气特别热湿或特别寒冷以致超出了空调装置的设计条件时,可适当增加回风比,以求保持舒适的温、湿度;当外界空气特别污浊时(例如在码头装卸粉尘货时),也可暂时采用高回风比,甚至短时间内采用封闭循环。

3.舱室隔热要求

在降温工况和取暖工况时,走廊通外界和机舱的门应随手关闭,否则会增加舱室热负荷和恶化回风条件。

(三)制冷工况的操作

1.起动空调制冷装置

(1)在空调压缩机投入运行之前,应清洗空调滤网。
(2)风机检查:如是风机是皮带带动,应检查风机皮带的松紧程度是否合适,太松容易丢转,太紧会影响皮带的寿命,还会影响风机轴承的使用寿命;风机轴承需加油润滑,然后才能起动风机。

(3)在降温工况起动空调装置时,应先开风机后起动制冷压缩机。因为刚起动时,膨胀阀的温包降温较慢,致使膨胀阀的开度较大,此时,若风机未投入工作,则进入空气冷却器的冷剂就会因吸热量太小,过热度太小,造成压缩机液击。

(4)开启冷凝器冷却水进、出口阀,打开冷却水泵进、出口阀,以及通舷外的阀,起动空调冷却水泵,检查管系无泄漏。

(5)检查储液器冷剂液位和压缩机滑油液位是否正常。打开储液器出口阀,全开压缩机出口阀(开阀前可先将阀的盘根松一下,全开后再将盘根收紧,以下同)。

(6)打开压缩机电源,校验各仪表及安全保护装置,确保其处于正常状态。

(7)先点动压缩机 2~3 次,然后微开压缩机进口阀,起动压缩机。

(8)根据压缩机进口压力(吸入压力控制在 0.4~0.5MPa)慢慢开大压缩机进口阀,为的是防止压缩机产生液击。万一听到液击声,应立即关小或关闭吸入截止阀。

(9)检查压缩机吸入压力、排出压力、油压和冷凝水压力;检查曲拐箱油位,冷凝水进出口温差、风箱温度是否正常,根据当前状况,调整新风和回风比例。

**2. 制冷工况的管理要点**

根据环境温度和湿度调整回风比,并注意关闭通外界和机舱的门,防止热负荷过大。日常检查的主要工作有:

(1)检查系统的制冷剂。

系统正常运行后,储液器冷剂液位在观察镜的 1/3~1/2 之间,对于冷凝器兼储液器的液位应为观察镜的 1/4~1/2 之间。若冷剂过少,应及时补充冷剂。

(2)检查压缩机油位。

制冷系统出现油位过低现象,首先要查明系统是否少油,千万不能盲目补油。具体措施是:先检查回油阀是否正常,若回油阀工作正常,则关闭储液器出口阀,使积存在蒸发器中的滑油随冷剂一起经分油器分离后回油。观看油底壳的油位,此时的油位能正确反映系统中的真实油量。若油镜中液位低于观察镜面的 1/2,则应考虑向系统补油,补油量不能超过 2/3 镜面液位。补油完毕,再起动压缩机,若此时油位还是偏低,则不能再盲目补油,而应考虑压缩机滑油系统的其他故障。压缩机滑油的乳化变质往往和冷剂含水量有关,可更换制冷系统的干燥剂或对干燥剂再生处理加以解决。

(3)干燥过滤器的检查。

当干燥过滤器脏堵或干燥剂吸足水分后,应将其拆下清洗,更换干燥剂。拆洗前可先把冷剂回收入储液器,直至低压压力略高于大气压。然后关闭干燥过滤器前后的截止阀,拆下干燥过滤器,用汽油清洗,再用高压空气吹干,并换用新的干燥剂。装复时,出口端的接头可暂不旋紧,稍开进口端的截止阀,用冷剂驱赶干燥器内的空气,然后再旋紧接头。

(4)检查空气过滤器。

空气过滤器应定期检查清洗,如有破损应换新。在滤器前后若有 U 形玻璃管式风压计,可以测量滤器前后的空气压差,正常压降应为 0.02~0.1kPa(2~10mm 水柱),若压差过大,表明滤器过脏,需要清洗(对于铜丝网过滤器,禁用碱水清洗)。

(5)热交换器管理。

热交换器应定期检查和清洗肋片的污垢。对风冷式的热交换器可用洗涤剂溶液配合毛刷冲洗,然后用3kg/cm²以下的压缩空气吹干;对水冷式热交换器,应用专用的管刷清通,并用水冲洗,清洗后还应注意检查防腐锌块,若腐蚀严重应换新。

(6)风机的管理。

①定期清除吸入滤器和风机内部的灰尘、污垢等,以确保气道畅通和防止生锈;

②轴承定期(三个月左右)加注牛油或润滑油,以确保良好的润滑条件;

③定期检查风机皮带的松紧、磨损情况。若皮带过松又无法调整,应及时换新;

④若风机长时间停止运行,应定期将转子旋转120°~180°,以免主轴弯曲变形。

3. 停止操作

(1)全开冷凝水进出口阀,关闭储液器出口阀或供液电磁阀,继续运行压缩机,直至压缩机因低压保护自动停止,关闭压缩机进、出口阀。

(2)关闭冷凝水进出口阀,停止空调冷却水泵。

(3)根据实际情况停止或继续运行空调风机,曲柄箱加热器投入工作。

(四)取暖工况的操作

1. 起动前检查

(1)做好装置运行前的检查工作(可参照降温工况的检查要点)。

(2)用压缩空气吹通加湿喷嘴。

(3)检查加热管系及加热器是否有漏泄。

2. 起动操作

(1)起动空调时应先使加热器投入工作,然后开风机,以防外界的冷风直接吹入舱室。

在启用加热器时,应慢慢开启加热器的进汽阀,对加热器进行预热,并注意泄放凝水,否则很容易引起水击。最后开启加湿器以及泄、凝水各阀。

(2)使用蒸汽加热空气时,阻汽器后的回水管应经常保持温度适中。如若很烫,表明阻汽器失效,有蒸汽回流;如若发凉,则说明阻汽器堵塞,必须及时检修。

(3)空调装置投入运行后,应经常巡视检查风机、加热器等工作情况,做好参数调整。

3. 取暖工况的管理

(1)严格控制加湿量。

①舱内空气含湿量不应超过6.5g/kg(相应于室温22 ℃、相对湿度40%),空调器出口相对湿度不宜超过表3-20-1所示的数值(相当于含湿量为6g/kg)。

空调系统湿度的控制　　　　　表3-20-1

| 单风管空调系统送风湿度最大值(6g/kg) | | | | | |
|---|---|---|---|---|---|
| 送风温度°C | 25 | 30 | 35 | 40 | 45 | 50 |
| 相对湿度% | 30 | 22 | 18 | 13 | 10 | 8 |

②采用蒸汽加湿时应谨慎调试加湿阀的开度;当外界气温降低时,就需适当加大加湿阀的开度。

③加湿器置于加热器之后时,由于该处空气温度较高,吸收水分的能力较强,要防止加湿过量,否则送风进入舱室后,容易使舱室温度过高,甚至在舱壁结露。

④从保持舱内温度达到设计下限(30%)的要求来看(室温为 18~22℃时,含湿量为 4~5g/kg),冬季外界空气相对湿度较大,气温在 0~5℃以上时一般可以不用加湿。

(2)风机的检查(参照制冷工况的管理)。

(3)空气过滤器的检查(参照制冷工况的管理)。

4.停止操作

停用空调时,在停止风机之前首先应先关加湿阀,停止加湿,半分钟后再停风机。否则停在风管中的加温空气就会因温度渐降而在管壁上结露,导致腐蚀。且在下次起动时这些水滴会被吹入舱室。

风机停止后关闭加热器及其他常闭阀。

## 思 考 题

1.简述船舶空调夏季运行需注意的问题。
2.船舶空调冬季为什么要加湿?加湿的措施有哪些?
3.船舶空调夏季运行时,风管出现凝水,试分析其原因。

# 任务二十一  制冷装置的操作与管理

## 一、操作目的

(1)掌握起动和停止制冷装置的操作程序;
(2)掌握制冷装置的管理要点;
(3)掌握制冷装置参数调整方法。

## 二、操作要素

(1)制冷装置起动前准备;
(2)制冷装置日常管理工作;
(3)制冷装置冷凝压力的调整、温度继电器的调整、热力膨胀阀的调整。

## 三、操作设备状态

控制功能齐全的制冷装置一套,停用后需起动。

## 四、操作步骤

(一)典型制冷装置系统图

蒸气压缩制冷是现今应用最广泛的一种机械制冷,也是船舶所采用的主要制冷方式。蒸气压缩式制冷系统由压缩机、冷凝器、膨胀阀、蒸发器组成,用管道将其连成一个封闭的系统,制冷剂在制冷系统中循环流动,与外界进行能量交换,从而实现制冷。典型制冷装置系统如图3-21-1所示。

图 3-21-1

(二)制冷装置的起动和停用

1.起动前的准备及检查工作

(1)检查制冷系统有无泄漏;检查电线连接端子是否松脱,打开电源。

(2)起动前压缩机油位应在液位镜中间或偏上(观察镜两刻度线之间)。

(3)冷剂量应在冷凝器液位表的1/3~1/2之间。

(4)打开冷凝器冷却水进、出口阀,起动冷却水泵,检查管路有无泄漏,冷却水压力是否正常;打开冷凝器上放气阀,防止液击。

2.起动操作

(1)打开压缩机出口阀;打开冷凝器制冷剂进、出口阀;打开冷库冷剂背压阀;打开制冷剂管路上其他各阀,电磁阀置于"MANU"位置。

(2)点动起动压缩机二三次,然后逐步开大压缩机吸入阀,并检查吸入压力。

(3)检查油分离器和压缩机之间的回油管的温度:轻微发热,比大气温度高,说明正常。手动操作电磁阀,可控制压缩机的起停。一切正常后,将电磁阀置于"AUTO"位置。

3.停止操作

关闭冷凝器冷剂出口阀,通过低压继电器停止压缩机;按下压缩机停止按钮,关闭压缩机进、出口阀;停止冷却水泵,并关闭冷却水进、出口阀;关闭制冷剂干燥器进、出口阀。

注意:当大气温度低于零度时,停止冷却水泵后,应将冷凝器内部冷却水排空。

(三)制冷装置日常管理工作

1.补充冷剂

(1)压缩机自动运行,冷却水流量正常。关闭冷凝器冷剂出液阀。

(2)将冷剂钢瓶放在台秤上,记下质量,如果冷剂不多,可将钢瓶斜向下倒置,如图3-21-2所示。

(3)连接充注管,连接冷剂钢瓶一侧上紧,连接制冷系统冷剂充注阀一侧上紧后,旋松1~2圈。

(4)微开储存冷剂钢瓶瓶头阀,发现充注管结露时,证明充注管内空气排出完毕,拧紧充注管与冷剂充注阀一侧接头。

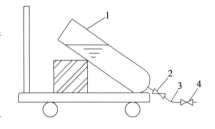

图3-21-2 冷剂充注
1-冷剂钢瓶;2-钢瓶出口阀;3-充注管;
4-冷剂充注阀

(5)开启干燥器进、出口阀,关闭干燥器旁通阀(干燥器工作)。开启钢瓶阀和充剂阀,开始充注冷剂,可根据玻璃镜观察充注情况。

(6)压缩机吸入压力达到下限停车时,贮液器液位应为4/5,此时,关闭冷剂钢瓶出口阀,停止充注冷剂;开出液阀运行一段时间,液位应为1/2~1/3。

(7)记下冷剂充注量,为完全回收充注管内冷剂,可热敷充注管,待冷剂完全回收后,关闭充注阀,拆掉充注管,打开干燥剂进口阀,系统投入运行。

2. 制冷系统检漏

制冷剂泄漏可以通过多种方法检测,一般情况下,油会同冷剂一起泄漏,因此,观察各管系外侧是否有油迹,即可初步确定是否有冷剂泄漏。但对于一些微量的泄漏,有时很难发现,船上常见的检漏方法如下:

(1)检漏灯检漏

只能测氟利昂制冷剂(如 R12),不能用于 R134a,具体步骤是:

①首先是安装好燃料筒,打开节气门,点燃气体,调节火焰,高度应在铜片之上 12.7mm 左右为宜;此火焰高度应烧至铜片变为樱红色为止。随后,降低火焰高度,使其在铜片之上 6.3mm 或与铜片持平。

②将吸气管口移到怀疑有泄漏的管系接头等部位,根据火焰颜色,判定泄漏程度:淡蓝色表明无制冷剂泄漏;火焰的边缘出现淡黄,表示轻微泄漏;黄色,表示有少量泄漏;红紫→蓝色,制冷剂大量泄漏;紫色,制冷剂严重泄漏,其泄漏量过大时,可使火焰熄灭。

③此法检漏需要注意的问题:注意通风(检漏之前房间通风);禁止吸烟;用后调节阀不要关得太紧;大量泄漏不能用检漏灯查漏,因将产生大量有毒光气和不能查出泄漏处。

(2)肥皂水检漏

要想确定细微漏点,皂泡是个比较有效的方法。有些漏点局部凹陷,试漏灯或电子检测器械很难进入,要想确定泄漏的准确位置,应采用皂泡检漏。

若零件表面有油迹,要先擦净,将有一定浓度的肥皂水涂布在受检处。若检查接头处,要整圈均匀涂上。仔细观察,若有气泡或鼓泡,则可判为有泄漏。

在制冷系统低压侧管道检漏,必须使压缩机不工作;在高压侧检漏时,就不受限制。肥皂水的浓度要掌握好,太稀、太浓都不行。该法经济、实用,适用于暴露在外表,人眼能看得到的部位,但精度较差,不能检查微漏,对找出针眼大小的泄漏最有效。

3. 更换干燥剂

打开干燥器旁通阀,关闭干燥器进口阀;用热毛巾敷干燥器,尽量回收干燥器中冷剂;关闭干燥器出口阀。

拆掉干燥器盖子,取出干燥剂。根据干燥剂的颜色可判断干燥剂状态:未吸收水分时是蓝色,吸收水分后变白色,如果全部变白色即应该更换,干燥剂可以再生处理。

将换新的干燥剂装入干燥器中,上紧盖板,将出口阀前的接头松 1~2 圈。微开干燥器进口阀,排出干燥器内部空气,待出口管路上结露,即可上紧出口阀前接头。打开干燥器出口、进口阀,关闭干燥器旁通阀,干燥器投入工作,可根据玻璃镜观察冷剂流动情况。

4. 补充冷冻机油

压缩机补充滑油时应注意使用同牌号的滑油,注意避免空气进入系统。补油的方法因压缩机结构而异,对于曲柄箱上装有加油接头的,其补油的步骤如下:

(1)用软管一端连接加油接头,另一端插入油桶中。微开加油阀,使用曲柄箱内的油排除软管内空气。关闭压缩机吸入阀,起动压缩机,将曲柄箱抽成真空,停止压缩机。

(2)打开加油阀,油桶内的油在真空下被吸入曲柄箱。当曲柄箱液位达到液位镜的1/2时,停止补油,起动压缩机,运行检查,恢复装置正常运行。

如果曲柄箱只有加油旋塞,补油时需先起动压缩机将曲柄箱压力抽到零,停止压缩机,关闭进出口阀,拆下旋塞,通过旋塞口加油到液位镜的1/2时,旋上旋塞,不要旋紧,稍开压缩机吸入阀,感觉到旋塞处有冷剂泄出时,旋紧旋塞,补油完毕。该法补油,常不可避免地带入不凝结气体,因此,应将干燥器投入运行,必要时可通过储液器释放不凝结气体。

**5. 释放不凝性气体**

关闭贮液器出液阀,起动压缩机,把制冷剂和不凝性气体一起回收到冷凝器,停压缩机,关闭冷凝器进口阀。继续向冷凝器供给冷却水,使制冷剂充分凝结,直至冷凝器进出口温度相等,此时不凝性气体会聚集在上部。

打开冷凝器顶部的放空气阀,几秒钟即关,停一会儿重复这一操作。当放空气管表面结露时,或冷凝器中的压力接近于水温对应的制冷剂饱和压力时,结束放气操作。

压缩机运行时不得放气,应在压缩机停机至少5min后放气。由于冷凝压力非常高,放气的时候,尽可能远离放气口。

**6. 制冷装置融霜**

只有大型制冷装置,一机多库的情况下才采用热气融霜,对于小型制冷装置一般采用电热融霜。电热融霜需在冷风机的翅片间和风扇、泄水盘、泄水管处安装电加热器。为了防止霜层融完,继续加热会导致蒸发管内冷剂压力和温度过高,通常采用融霜定时器。融霜定时器可自动控制每天融霜的时间和融霜时间长短,融霜时间一般以20～30min为宜。本系统采用电热融霜,采用欧姆龙(OMRON)定时器,如图3-21-3所示。操作步骤如下:

(1)将电源频率转换开关5置于与所用电源频率相符的位置。打开电源开关11,电源指示灯9亮。

(2)刻度盘7上标有24h的刻度,精确到15min。将刻度盘按箭头方向顺时针转一圈,然后转至指针8对准的刻度盘指示时间即为当时时间。切记,不可逆时针转动刻度盘,也不可用手拨动指针。

(3)有橙、白两种颜色形状不同的插销6,按照融霜启、停时刻分别将它们插入刻度盘相应的槽内(颜色不要弄错了)。定时器有二组插销,一般情况下每天融霜一次,使用一组插销,如果冷库热负荷大,霜层较厚,每天可融霜二次。设定好时间后,盖上盖子。如果断电,应当重新设定定时器,因为,定时器是靠电马达带动的。

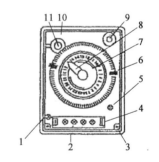

图3-21-3 欧姆龙融霜定时器
1-地线螺钉;2-接线螺柱;3-底板;
4-备用插销;5-供电频率开关;6-定时插销;7-刻度盘;8-指针;9-电源指示灯;10-负载板;11-电源开关

(4)当橙色插销接触微动开关时,该冷库的供液电磁阀关闭,风扇停止,电加热器打开,开始融霜,当白色插销碰到微动开关时,融霜结束,停止电加热,起动风扇,开启供液电磁阀,制冷系统投入工作。如果定时时间没到,霜已经融完,蒸发器温度升高,温度传感器发送信号到控制系统,停止融霜,起动风扇,开启电磁阀,制冷系统投入工作。

（四）制冷装置参数调整

1. 冷凝压力调节

冷凝压力过高，会导致制冷能力下降；冷凝压力过低，会导致膨胀阀开度变小，压缩机起停频繁。调节冷凝压力，通常要根据冷凝压力异常的原因来调节。

（1）制冷装置冷凝压力过高的调节

冷凝器传热面污垢，及时清洗冷凝器；冷却水泵排量下降，冷凝器供水压力不够，检修冷却水泵；海水温度太高，导致冷凝压力高，此时应该增大冷却水流量；冷库热负荷太大，尽力降低冰库的热负荷；系统内有空气，排除制冷系统及冷却水系统中的空气；冷凝器中制冷剂过多，使有效冷却面积减少，应抽出部分制冷剂。

（2）制冷装置冷凝压力过低的调节

冷却水温度过低或冷却水量过大，必须降低冷却水量。对于新装机组，应检查管路是否正常；若压缩机能量调节卸载机构失灵，则不能有效加载，导致冷凝压力下降；排气阀片是否损坏。如损坏，会使排气压力下降，造成冷凝压力下降。

2. 温度继电器调整

冷库的温度一般由温度继电器控制，冷库温度达到下限值时，电磁阀关闭，停止该库制冷，温度回升到上限值时，电磁阀打开，开始该库制冷。常用的温度控制有机械式 RT 型温度继电器（图 3-21-4）和电子式 EYE-U 型温度调节器（图 3-21-5）。

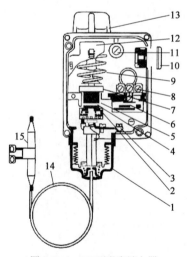

图 3-21-4　RT 型温度继电器

1-波纹管组件；2-幅差调节螺母；3-地线接线柱；4-微动开关拨臂；5-固定圆盘；6-微动开关；7-顶杆；8-接线柱；9-调节弹簧；10-控制线引入；11-接线柱；12-主标尺；13-调节旋钮；14-毛细管；15-感温包

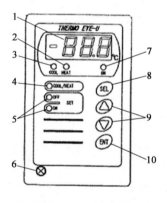

图 3-21-5　EYE-U 电子式温度调节器

1-LED 显示屏；2-加热指示灯；3-制冷指示灯；4-操作模式指示灯；5-开、关设定按钮；6-紧固螺钉；7-运行指示灯；8-选择键；9-设定值修改键；10-确定键

（1）RT 型温度继电器的调整方法

调整上部调节旋钮 13 改变弹簧 9 的弹力，可改变温度控制器的断开值（温度下限）。顺时针转动，主弹簧弹力越大，断开值升高；反之降低。调整下限，上限跟着改变。

转动幅差调节螺母 2 可以改变它与固定圆盘之间的间隙,间隙越大,电触点闭合温度与断开温度差值越大,故幅差调节螺母控制了预控温度的上限。调整幅差弹簧不改变下限。

(2)EYE-U 型电子式温度调节器

①合上电源,指示灯 7 亮起。按键 4 选择制冷模式,指示灯 3 亮起。

②按键 5 选择设定起、停温度设定模式。按键 8 选择设定值模式。

③按键 9 增加、减少设定温度值。调整到需要的温度值时,按下 10 键,设定完毕。

3. 热力膨胀阀调整

①调试应在装置运转且工况稳定时进行,调试前检查制冷剂是否充足;确保冷凝压力在合适范围;阀完好并正确安装;阀及管路没有堵塞;蒸发器结霜不太厚(冷风机通风良好)。

②以 ATX 型外平衡式热力膨胀阀(图 3-21-6 所示)为例。调整时,拆掉密封帽 7,用螺丝刀调节调节螺钉 6,即可调整弹簧预紧力,从而调整过热度。每次调整过热度增减一般不超过 0.5℃(即以转动调节螺钉 1/4 ~ 1/2 转为宜),一般调节螺杆每转一圈过热度变化为 1 ~ 1.5℃。

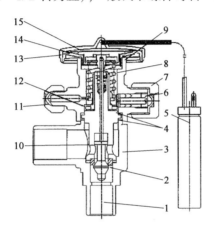

图 3-21-6　ATX 型热力膨胀阀

1-进口;2-阀芯;3-下阀体;4-填料;5-感温包;6-调节螺钉;7-密封帽;8-弹簧;9-上阀体;10-出口;11-补偿接头;12-齿轮;13-膜片外腔室;14-膜片;15-膜片内腔室

③热力膨胀阀调节滞后性较大,每次调后应观察一段时间(15 ~ 30min),故每次调节应间隔 30min 以上,调好后不要轻易改动。

④压缩机吸气管应有发凉的感觉且一般应结露。无气液换热器时,吸气管应有冰冷粘手感觉或均匀地结有薄霜。低温库蒸发器表面应全面结有均匀薄霜;高温库蒸发器表面通常应发凉并结露。

## 思 考 题

1. 简述制冷装置补充冷剂需注意的问题。
2. 比较制冷装置更换、补充滑油的几种方式优缺点。
3. 试分析制冷压缩机缸头结霜的原因,并提出调整方法。

# 任务二十二　液压舵机的操作与管理

## 一、操作目的

(1)掌握起动、停止液压舵机操作程序；
(2)掌握液压舵机日常管理要点和试验与调整方法；
(3)掌握液压舵机的应急操作方法。

## 二、操作要素

(1)液压舵机的起动；
(2)液压舵机的日常管理工作；液压舵机的试验与调整；
(3)液压舵机的应急操作。

## 三、操作设备状态

功能齐全的液压舵机装置一套。

## 四、操作步骤

(一)典型舵机系统原理

液压舵机一般采用电动机带动油泵,因而又称电动液压舵机。液压舵机用油液作为传递能量的介质,利用油液的不可压缩性及流量、压力和流向的可控性来实现舵叶偏转。舵机通过油泵把机械能转化为油液的压力能,然后通过转舵机构把压力能又转化为机械能,从而实现舵叶的偏转。某轮舵机系统如图 3-22-1 所示,现代大型散货船多为此种布置模式。

图 3-22-1

(二)舵机系统的操作

1.舵机起动

(1)检查油箱油位在 2/3,油温合适。运动部件(油缸)的润滑状况正常。
(2)检查控制杆的销在正确的位置；确认舵柄处于中位。
(3)控制箱电源正常,起动 NO.1 或 NO.2 号舵机动力系统。
(4)小舵角操舵,若噪声过大,应放气；检查是否有泄漏,若有泄漏,及时处理。
(5)检查液压系统压力是否正常。

2.舵机系统日常管理工作

(1)完成系统排气操作

①若小舵角操舵发现异常噪声和振动则应排气。选择合适位置排气,油缸上装有压力表的可在压力表处放气,应在压力侧油缸(柱塞伸出端)排气,不要在柱塞进入端排气。

②排气前,油泵应低流量工作,不允许长时间运转油泵,小舵角多次操舵。
③停止舵机运行,10min 后才可排气。
(2)检查油箱油位,若太低,使用正确型号的滑油补油到 2/3,加油口要装滤网。
(3)各润滑点润滑脂的补充

3. 按操作程序正确停用舵机

(1)停用前检查并确认舵角指示是否在中位。
(2)停止液压油泵,切断电源,外部清洁保养。

(三)舵机系统的检查与调整

1. 舵角的检查与调整

(1)检查舵角指示器、舵柄实际舵角的相互误差应在半度内,每次操舵增加 5°进行校核。若超过误差范围,可松开舵角发讯装置丝杆上的锁紧螺母,调整丝杆的位置,待舵柄指示舵角与舵角指示器指示舵角一致时,锁紧螺母。
(2)左舵和右舵 5°、15°、25°、35°转舵试验,并记录时间。
(3)连续操舵,从左舵 35°至右舵 30°转舵时间不大于 28s,超过时间可调整泵的排量(即斜盘的倾角)。

2. 泵的零位调整

一般情况不需要调整。若重大检修后,应分别参照说明书要求对液压泵、液压调节器(节流阀)、差动油缸进行调整。

3. 系统工作压力的检查及调整

调整工作压力需在系统中装压力表,一般通过调整泵的溢流阀调整工作压力,调整工作压力需慎重。

4. 系统相关保护装置的调整

液压舵机通常有最大舵角限位保护、系统压力超压保护、油箱油位低报警、系统油温高保护等。安全保护装置应定期检查,如有失效,应尽快查明原因并修复。

(1)最大舵角限位保护的调整

首先将舵机转到最大舵角(左舵 35°,右舵 35°)。此时,限位继电器应动作,停止舵机转动。若不动作或早动作,松开限位继电器底座螺栓,调整其限位开关刚好动作时,锁紧底座螺栓。

(2)系统超压保护的调整

将舵机置于正常工作,在有负荷的情况下,观察压力表是否符合规定的要求,若不符合,调整溢流阀。

(3)油箱低油位和油温高报警

油箱低油位报警装置一般是浮子式,直接调整其限位的量程即可。油温高报警装置,一般在机舱警报系统中,直接调整其设定参数即可。

(四)应急操舵

如果驾驶台的远程操作系统出现故障,舵机可以从舵机室直接操作。

舵机由一个舵柄、一个四缸液压系统组成，液压系统由两个电机驱动。根据国际海事组织的规定：两套液压动力单元需由两个独立系统运行。舵机使用的液压泵应由两个独立的电源供应：1号泵由主配电板提供；2号泵由应急配电板提供。因此，在主配电板发生电源故障时，2号泵仍能提供转向动力。

舵机配备有手动操作的隔离系统，该系统是用于在一台液压动力单元失效的情况下，从液压系统中分离液压动力单元。

1.驾驶台遥控装置失效时操舵装置的操作规程

（1）一旦驾驶台失去舵机控制，需立即通过电话与舵机室建立通信。通信电话位于舵机室平台上。该平台上有为手动控制所需的舵角指示器和罗经复示器。当使用紧急操舵时，只能运行一个动力系统。

（2）将控制箱上"LOCAL/BRIDGE"开关转到"LOCAL"（位置）控制。这个开关在自动驾驶仪控制面板上的NFU（No Follow Up）面板上，可用于舵机室的两个舵机动力系统。

（3）操作"PORT or STARBOARD"按钮，将转舵装置转向驾驶台要求方向。按下按钮，将舵转到所需位置后，释放按钮，停止转舵。

2.如果"LOCAL"电动控制失效，则可按如下方式进行舵机的手动操作

（1）选择"LOCAL"控制，转动手动隔离杆（图3-22-2所示），切断到转矩马达的电源。

（2）将操作的液压动力单元卸载阀上的红色按钮按下，转动螺丝锁紧装置（图3-22-2所示）将其锁定到位；检查按钮是否锁定在被压下的位置。

（3）通过转矩马达顶部的转矩电机轴旋钮（图3-22-3所示）执行驾驶台的指令，转动舵柄。观察舵柄舵角指示，转到指定舵角后，停止转动转矩电机轴旋钮，舵柄即停止转动。

图 3-22-2

图 3-22-3

### 思 考 题

1.简述应急舵机系统的操作过程。
2.讨论分析舵机系统常见保护装置的调整。
3.试分析舵机运行噪声大的原因，如何排除？

## 任务二十三　焚烧炉和生活污水处理装置的操作

### 一、操作目的

（1）掌握起动、停止焚烧炉和生活污水处理装置的操作程序；
（2）掌握焚烧炉、生活污水处理装置日常管理要点。

## 二、操作要素

(1) 起动焚烧炉,焚烧固体垃圾和焚烧废油;焚烧炉运行的日常管理;停止焚烧炉;
(2) 起动生活污水处理装置;生活污水处理装置的日常管理;停止生活污水处理装置。

## 三、操作设备状态

满足国际公约要求的船用焚烧炉和船用生活污水处理装置各一台。

## 四、操作步骤

(一) 焚烧炉的操作

船用焚烧炉是用来焚烧船上的污油、油渣、生活污水处理装置排出的污泥以及机舱废棉纱、食用残渣和其他可燃固体垃圾的。其中,污油是通过污油燃烧器燃烧;固体垃圾是经投料口送入炉内燃烧;生活污泥,可送入污油柜中与污油混合,经粉碎泵循环粉碎后,通过污油燃烧器喷入炉内燃烧。典型焚烧炉的燃油系统如图 3-23-1 所示。

图 3-23-1

1. 焚烧炉操作

(1) 焚烧固体垃圾。

①打开轻油系统到燃烧器各阀,关闭废油系统到燃烧器各阀,将燃油选择开关置于"D.O"位置。
②打开投料口,清除炉膛内炉灰,将适量的固体垃圾投入焚烧炉中。
③检查排烟管上的风门挡板置于"自动",打开控制面板电源,起动排风机,预扫风。
④按下"点火"按钮,从观察孔,观察固体垃圾被点燃后,即可按下"停止"按钮。
⑤保持排风机运行,待垃圾燃烧完全,火焰熄灭,炉温下降后,才可停止排风机。
⑥停止风机后,打开炉门,清除炉灰。

(2) 焚烧废油。

①废油日用柜加热 90~100 ℃,可外接空气管适当搅拌,尽量把废油中的水分蒸发完;排烟管上的风门挡板置自动位;炉膛内炉灰已清除干净。
②清洗废油管路上的滤器,轻油油路畅通无泄漏。
③确认电源已供应,起动排风机,预扫风,将燃油选择开关置于"D.O"位置,按下"点火"按钮,待炉膛火焰正常后,开启双油头燃烧。
④待炉内温度升到 650 ℃以上,打开空气阀和废油供应阀,关闭轻油供应阀,开始焚烧废油。保持废油加热,使进主燃烧器的废油温度在 90 ℃到 100 ℃之间。
⑤当废气温度在 1050 ℃左右时即可正常燃烧,燃油选择开关从"D.O"转到"W.O"位置,约 10s 后停止"D.O"燃烧。当炉内温度上升到 1100 ℃左右会自动停烧,而当炉温降到 1000 ℃则又会自动点火;炉温降到 850 ℃时则会报警。

(3) 停焚烧炉。

① 将轻油供油阀打开,关闭废油供油阀,关闭回油到废油柜阀。

② 将废油管路全部置换为轻油,约 5min 后按下"STOP",停止燃烧,排气风机继续运行,直到炉内温度降到 100℃ 以下,自动停止。关闭空气供应阀。

2. 焚烧炉管理

(1) 运行过程中,注意排气温度情况,太高,易过热,应减少废油量;太低,易熄火。

(2) 焚烧废油过程中,应特别注意废油的含水率。一般情况下,含水率低于 30% 可以正常燃烧,超过 50% 就很难持续燃烧。如果含水率高了,可以适当加 D.O 辅助燃烧;如果频繁熄火,应停止焚烧,在废油日用柜中通过排泄、加热蒸发等方法把水处理掉后,再焚烧。

(3) 熄火,待炉膛冷却后,清洁炉膛内部,清洗滤器,清洁燃烧器组件及点火电极等。

(4) 检查炉膛耐火泥的情况,必要时修补。

(5) 调整燃烧器风门大小,保证完全燃烧,不冒黑烟,通过温度控制器调整设定温度。

(6) 炉膛风门的调节:这个风门主要是调节焚烧固体垃圾时,进入炉膛的空气量。调得太大,燃烧加强,但是这样会延迟炉膛温度的上升,并导致轻质的固体(如纸片等)飞出炉膛;调得太小,燃烧缓慢,且冒黑烟。因此,应根据燃烧固体的性质、火焰情况调整。

(二) 生活污水处理装置操作

根据《MARPOL73/78 公约》规定,400GT 及以上和经核定许可载运 15 人以上的国际航行船舶,应安装经主管机关认可的污水粉碎消毒系统或生活污水处理装置,按规定排放生活污水;或配备主管机关认可容积足够储存所有生活污水的集污舱,保证把生活污水排入岸上接收装置。本操作以 TAIKO KIKAI Industries Co.,LTD 生产的 SBT-40 型生活污水处理系统为例讲解操作原理。其系统如图 3-23-2 所示。

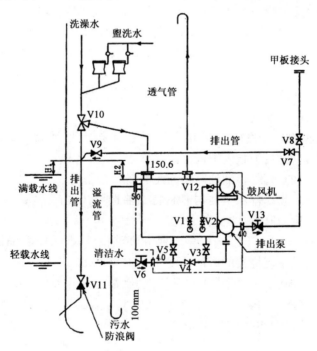

图 3-23-2 典型生活污水系统图

1. 生活污水处理装置的起动与停用

(1) 生活污水处理装置的起动。

①检查鼓风机轴承润滑、减速箱油位是否足够;检查鼓风机皮带张紧度是否合适。

②打开控制箱电源,检查控制箱上"SOURCE"灯是否亮起,无其他报警。

③打开阀 V5、关闭阀 V3、V4,打开阀 V6,向柜内加水(注意:只能往里面加注淡水,不可加海水),待控制面板上"HIGH WATER LEVEL"指示灯亮起,停止加水。

④打开排出泵吸口阀 V3 和排出阀 V7、V9、V11、V13,检查排出泵填料函有无泄漏。

⑤将控制面板上排出泵选择开关转到"AUTO",确认排出泵自动起动,检查排出泵转向是否正确。水位下降后,"HIGH WATER LEVEL"指示灯熄灭,排出泵自动停止。

⑥打开空气阀 V1、V12,关闭 V2,在控制面板上,将鼓风机选择开关打到"RUN",检查鼓风机转向是否正确。

⑦打开消毒器盖子,观察药片是否足够,可将药片装满。

⑧将三通阀 V10 转到使厕所水进入生活污水处理装置这个方向,将厕所水引入生活污水处理装置。

如果生活污水处理装置停止时间较短,可立即投入正常运行。如果大修后或初次投入使用,应经过 3~7 天的时间培养菌种,其方法是:如前所述排放泵起停三次后,关闭污水入口阀,进行"闷曝"过程;每隔一天停歇气泵半个小时,然后打开污水入口阀,待排放泵起停一次后,关闭污水入口阀;视环境温度和污水质量而定,培养时间在 5~7 天左右。

(2) 生活污水处理装置的停用。

①当船舶到达可直接排出生活污水区域时,可将三通阀 V10 转到出海位置。

②打开相应的阀门,对生活污水处理装置冲洗,冲洗完毕,停止系统。

③若短时间停止,维持鼓风机运行(防止微生物死亡),排出泵置于"AUTO"位置。

④若长时间停止,则关闭鼓风机、排出泵电源,关闭控制面板电源。下次起动时,需提前 3~7 天培养菌群后,才能使生活污水处理装置正常使用。

2. 生活污水处理装置日常管理

(1) 各系统保养时间。

由于该生活污水处理装置是生物型,必须定时保养,否则,装置内部菌群易失去平衡,从而导致处理装置失效。各主要设备的保养时间表如表 3-23-1 所示。

生活污水处理装置保养时间表　　　　表 3-23-1

| 间　隔 | 保　养　内　容 |
|---|---|
| 每周 | 检查消毒剂是否足够 |
| 二周 | 检查鼓风机齿轮箱油是否足够,清洁空气过滤器 |
| 每月 | 清洁生物滤池柜过滤网;通过反冲洗去除沉淀垃圾 |
| 两年 | 检查生活污水处理装置内部涂层 |

(2) 消毒剂存储与投放操作。

为了装置的正常运行,消毒剂的数量要求是 1~2 片/每人×每月(20 克/每片)。注意:投放药片时必须戴手套。

①消毒药片的存放

消毒剂药片虽然稳定,但有强烈氧化性。存储和使用消毒片,应注意:药片应存储在阴凉干燥的地方,避免阳光照射;药片应远离热源、火焰和外部杂质;如果药片接触了皮肤或者衣服,可刷掉药片,并用大量水冲洗;注意不要让药片接触眼睛、耳朵、鼻子等。

②消毒药片投放操作

消毒药片投放装置如图3-23-3所示,投放步骤如下:去除盖子;取出消毒器,如果消毒器的药片没装满,则加满消毒片;每一个消毒器可以装16片消毒片;原位装复消毒器,盖上盖子。

(3)鼓风机的保养。

①确认鼓风机齿轮箱滑油油位并清洁空气过滤器

通过鼓风机齿轮箱油位指示器检查鼓风机油位。如果液位低,使用推荐的滑油(一般采用增压器油)补充,一般每六个月换一次油。鼓风机轴承每六个月加润滑脂。拆卸鼓风机空气滤网的盖子,取下空气滤网,用煤油清洗表面的油、

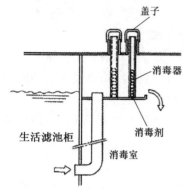

图3-23-3 消毒药片投放装置

灰等,并用压缩空气吹干,重新装回空气过滤器。

②检查鼓风机的V形皮带

每二个月检查鼓风机V形带的松紧,如果紧度不够,应调整。正常负载下,V形带在皮带轮上打滑之前的张紧力,为最大的适当张紧力。对于一般用途的V形带(A、B、C……形),参照图3-23-4所示方法,可获得其适当的张紧力。在适当的张紧力下,皮带在跨距中部(带和带轮接触点之间的距离)施加负载,皮带是柔性的,各条皮带应有高度相等的振幅。为获得皮带的适当张紧力,可按图3-23-5所示,在垂直于跨度中间加载时,将其挠度调整为$0.016 \times L$(mm)。

图3-23-4 V形带张紧度检查

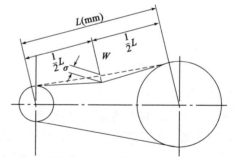

图3-23-5 V形带张紧度的测量

施加载荷的最大值和最小值如表3-23-2中所示。

不同V形带的载荷值  表3-23-2

| V形带型号 | 最小载荷值$N$(kgf) | 最大载荷值$N$(kgf) |
| --- | --- | --- |
| A | 9.8(1.0) | 13(1.3) |
| B | 18(1.8) | 25(2.5) |
| C | 39(4.0) | 54(5.5) |
| D | 79(8.0) | 98.1(10.0) |
| E | 118(12.0) | 147(15.0) |

(4)生物滤池柜清洗。

打开人孔门,清洁生物滤池柜过滤网并去除外部杂质,为防止外部杂质进入系统,主要控制厕所杂质的进入。每月应反冲洗生物滤池柜,并去除沉淀物,冲洗时应当在开敞的水域进行,或者送到岸上收集系统。反冲洗程序如下:

①停止排出泵,停止鼓风机。

②打开空气管的阀 V12、V2,关闭阀 V1。转动鼓风机开关到"RUN"位置,运行大概 30min,附着在滤网上的杂质可去除。关闭空气管的阀 V12、V1、V2。

③关闭处理水出口阀 V3;打开生物滤池柜阀 V4、V5。将手动起动排出泵,当生物滤池柜中沉淀物被排出后,停止排出泵。

④打开清洁水进口阀 V6,并将清洁水引入污水处理装置,使用淡水。当控制面板上"HIGH WATER LEVEL"警报指示灯亮起时,关闭清洁水进口阀 V6 和 V4、V5。

⑤打开处理水排出阀 V3,并将排出泵开关转到"AUTO"位置。将鼓风机开关转到"RUN"位置,反冲洗操作结束。

(5)日常检查。

每天应检查生活污水处理装置下面各项:根据表 3-23-3 所示,判断生活污水处理装置是否正常工作。

生活污水处理装置日常检查任务　　　　　　表 3-23-3

| 观察任务 | 观察现象 | 观察结果 |
|---|---|---|
| 循环 | 均匀 | 良好 |
| | 停止 | 鼓风机停止 |
| 颜色 | 透明浅棕色 | 良好 |
| | 黄色 | 生活污水负荷太大(船员厕所冲洗水量超标) |
| 气味 | 微小气味 | 良好 |
| | 像生活污水 | 生活污水负荷太大(船员厕所冲洗水量超标) |
| | 腐烂 | 鼓风机停止 |
| 泡沫 | 没 | 鼓风机停止 |
| | 一点点气泡 | 良好 |
| | 在表面大量泡沫 | 冲洗水含油肥皂 |

## 思考题

1. 试分析焚烧炉燃烧废油时中途熄火的原因,并提出相应的解决措施。
2. 生活污水处理装置运行中,鼓风机不能停止的原因是什么?
3. 简述生活污水处理装置日常管理注意事项。

## 参 考 文 献

[1] 中华人民共和国海事局.中华人民共和国海船船员适任评估规范[S].大连:大连海事大学出版社,2012.
[2] 上海柴油机股份有限公司.135系列柴油机使用保养说明书[Z].1998.
[3] 徐合力,甘念重.轮机实操与评估[M].武汉:武汉理工大学出版社,2006.
[4] 长江航运管理局.8NVD48A-2U柴油机操作管理保养说明书[Z].1972.
[5] 吕凤明.动力装置拆检与操作[M].大连:大连海事大学出版社,1999.
[6] 王贤玖.柴油机拆检指导书[M].大连:大连海事大学出版社,1993.
[7] 中国海事服务中心.船舶管理(轮机)[M].大连:大连海事大学出版社,2012.
[8] 中国海事服务中心.轮机维护与修理[M].大连:大连海事大学出版社,2012.
[9] 中国海事服务中心.主推进动力装置[M].大连:大连海事大学出版社,2012.
[10] 中国海事服务中心.船舶辅机[M].大连:大连海事大学出版社,2012.
[11] 交通运输部,海船船员培训大纲(2016)(交办海2017[33]号)[Z].2017.
[12] 中国船舶工业行业协会.现代船舶修理新工艺新技术与修理质量验收标准全书[S].北京:中国科技文化出版社,2006.
[13] 贺玉海.轮机实操与评估[M].武汉:武汉理工大学出版社,2015.
[14] 廖和德,闵桂兰.动力设备拆装[M].武汉:大连海事大学出版社,2006.
[15] 牛小兵,蒋德志,王宝军.船舶管理[M].大连:大连海事大学出版社,2012.
[16] 正合兴重工业股份有限公司.赫格隆液压克令吊安装与维护手册[Z].2010.
[17] DAIHATSU DIESL MFG. CO. ,LTD. DAIHATSU DIESL ENGINES DK-28 OPERATION MANUAL[Z].2005.
[18] DAIHATSU DIESL MFG. CO. ,LTD. DAIHATSU DIESL ENGINES 5DK-20 OPERATION MANUAL[Z].2006.
[19] DAIHATSU DIESL MFG. CO. ,LTD. DAIHATSU DIESL ENGINES 5DK-20 MAINTENANCE MANUAL[Z].2008.
[20] Sanoyas Hishino Meisho Corporation. Piping Diagram in Engine Room[Z].2009.
[21] Alfa Laval Tumba AB. ALFA LAVAL MMPX303 Separator System[Z].2006.
[22] Doosan Engine Co. , Ltd. MAN B&W 6S60ME-C Manual[Z].2008.
[23] TTS Bohai Machinery(Dalian)Co. , Ltd. TTS crane operation instruction [Z].2012.
[24] TAIKO KIKAI Industries co. , LTD. SEWAGE TREATMENT UNIT OPERATION MANUAL[Z].2010.
[25] MITSUBISHI HEAVY INDUSTRIES Co. , LTD. Mitsubishi Exhaust Gas Turbocharger Model MET18SRC Instruction Manual[Z].2010.